W0469129

048tu Foto: mf

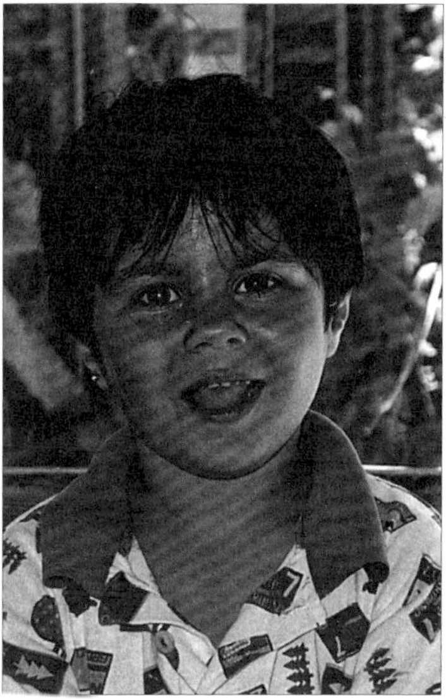

Reise Know-How im Internet

Aktuelle Reisetipps und Neuigkeiten
Ergänzungen nach Redaktionsschluss
Büchershop und Sonderangebote

www.reise-know-how.de
info@reise-know-how.de

Wir freuen uns über Anregung und Kritik.

Weitere KulturSchock-Titel:

Ägypten, Afghanistan, Argentinien, Australien, Brasilien, China/Taiwan, Cuba, Ecuador, Finnland, Golfemirate und Oman, Indien, Iran, Japan, Jemen, Kambodscha, Kaukasus, Laos, Marokko, Mexiko, Pakistan, Peru, Polen, Rumänien, Russland, Spanien, Thailand, Thailands Bergvölker und Seenomaden, Ukraine, Ungarn, USA, Vietnam, Vorderer Orient

KulturSchock – Familienmanagement im Ausland
KulturSchock – Leben in fremden Kulturen

Manfred Ferner
KulturSchock Türkei

„Durch die Türkei zu reisen ist ein Fest für jeden, der sich einer solchen Fahrt würdig zu zeigen weiß. Die tiefe Kraft eines türkischen Busbahnhofes offenbart sich dem Neuankömmling nicht ohne weiteres, genausowenig wie die der Bewohner dieses rauhen und gastfreundlichen Landes: er selbst muß ihr auf den Grund gehen, muß lernen, ihre verborgenen Schätze mit diskreter Beharrlichkeit freizulegen."

(Juan Goytisolo in „Kibla – Reisen in die Welt des Islam")

002tu Foto: td

Impressum

Manfred Ferner
KulturSchock Türkei

erschienen im
Reise Know-How Verlag Peter Rump GmbH
Osnabrücker Str. 79
33649 Bielefeld

© Peter Rump 2001, 2004

3., aktualisierte Auflage 2007

Alle Rechte vorbehalten.

Gestaltung
Umschlag: Günter Pawlak (Layout und Realisierung)
Inhalt: Günter Pawlak (Layout), Klaus Werner (Realisierung)
Fotos: der Autor (mf), Tanja Demleitner (td)
Titelfoto: der Autor (mf)
Bildbearbeitung: Becker Reprotechnik, Bielefeld

Lektorat: Liane Werner
Lektorat (Aktualisierung): Dhaara P. Volkmann

Druck und Bindung: Fuldaer Verlagsanstalt GmbH & Co. KG, Fulda

ISBN 978-3-8317-1316-5
Printed in Germany

Dieses Buch ist erhältlich in jeder Buchhandlung Deutschlands, der Schweiz, Österreichs, Belgiens und der Niederlande. Bitte informieren Sie Ihren Buchhändler über folgende Bezugsadressen:

Deutschland
Prolit GmbH, Pf 9, D-35461 Fernwald (Annerod)
sowie alle Barsortimente
Schweiz
AVA-buch 2000 Postfach, CH-8910 Affoltern
Österreich
Mohr Morawa Buchvertrieb GmbH
Sulzengasse 2, A-1230 Wien
Niederlande, Belgien
Willems Adventure
Postbus 403, NL-3140 AK Maassluis

Wer im Buchhandel trotzdem kein Glück hat, bekommt unsere Bücher auch über unseren **Büchershop im Internet:**
www.reise-know-how.de

Wir freuen uns über Kritik, Kommentare und Verbesserungsvorschläge.

Alle Informationen in diesem Buch sind vom Autor mit größter Sorgfalt gesammelt und vom Lektorat des Verlages gewissenhaft bearbeitet und überprüft worden.

Da inhaltliche und sachliche Fehler nicht ausgeschlossen werden können, erklärt der Verlag, dass alle Angaben im Sinne der Produkthaftung ohne Garantie erfolgen und dass Verlag wie Autor keinerlei Verantwortung und Haftung für inhaltliche und sachliche Fehler übernehmen.

Der Verlag sucht Autoren für weitere KulturSchock-Bände.

Manfred Ferner

KulturSchock Türkei

Der Autor bedankt sich ausdrücklich bei
Frau *Daniela Yildiz* (Grand-Saconnex, Schweiz)
und Frau *Emel Algan* (Berlin) für die hilfreichen
Korrekturen und Verbesserungsvorschläge.

Inhalt

049tu Foto: mf

Zentrale Kategorien der kulturellen Identität 107

Die interkulturelle Begegnung im Alltag 151

Anhang 223

(Die im Buch erzählten Geschichten und Anekdoten sind natürlich nicht erfunden, aber die Namen der türkischen Gesprächspartner sind zur Wahrung der Anonymität verändert worden.)

Vorwort

Bei der Darstellung der kulturellen Identität eines Landes trifft man heute – von Marokko bis Japan, von Grönland bis zu den Fidschis – auf die mehr oder weniger starke Präsenz einer sich weltweit durchsetzenden, „übernationalen" Kultur, nämlich der des „Westens". Die anscheinend unausweichlichen Veränderungen der Moderne setzen alle Gesellschaften von innen her unter Druck – in einem zweifellos „fortschreitenden", aber zweifelhaft „fortschrittlichen" Prozess der Globalisierung.

Der Dominanz der westlichen Moderne hat die islamische Kultur als konkurrierende Großkultur jahrhundertelang Widerstand entgegengesetzt, eine Auseinandersetzung, die heute noch nicht beendet ist (islamistische Bewegungen), historisch-kulturell aber entschieden sein dürfte.

Die Türkei stand und steht in einer besonders zentralen Weise im Mittelpunkt dieses Prozesses. Kein anderes islamisches Land hat sich aus der traditionellen Frontstellung gegenüber dem Westen so schnell und radikal selbst in Frage stellen müssen wie die ehemalige Großmacht am Bosporus. Und kein anderes islamisches Land hat eine derartig revolutionäre Lösung des Problems gesucht, eine, die in der „verordneten" Einführung einer neuen Kultur gipfelte – ohne dass man allerdings der alten Zeit ließ zu sterben. Womit die Türkei eine spannende und grundsätzliche Frage gestellt hat: Kann ein Volk seine Identität wechseln? Und wenn ja, wie schnell oder langsam geht das? Was passiert mit den alten Kräften und wer ersetzt sie? Und: Wieviel gewinnt man, wieviel verliert man?

Wer sich heute auf die schwierige Suche nach der kulturellen Identität der Türkei macht, muss beständig den Spagat zwischen Ost und West, zwischen Vergangenheit und Moderne, zwischen Islam und Europa sowie zwischen Stadt und Land bewältigen. Die meisten der Millionen Touristen, die an der türkischen Mittelmeerküste ihren modernen Zwei-Wochen-Urlaub verbringen, ahnen gar nicht, dass sich hinter den taurischen Bergen ein anderes Land in einer anderen Zeit mit einem anderen Denken erstreckt. Und selbst die, die auf einer Studienreise Anatoliens Kulturschätze besichtigen, notieren die Menschen dieser Region häufig nur als Hintergrund. Sie alle verpassen das Beste einer Reise – und das Spannendste:

Denn die „unsichtbaren" Unterschiede im Denken sind noch abenteuerlicher und überraschender als die auf der Straße „sichtbaren". Und bei einem wirklich forschenden Blick in den Spiegel einer fremden Kultur wird man nicht nur über die anderen staunen, sondern auch über sich selbst. Und man wird manches im eigenen Denken und Verhalten hinterfragen und in einem neuen Blickwinkel sehen, sodass die Reise nicht nur eine äußerliche Erfahrung darstellt, sondern gleichsam auch nach innen geht.

Trotz des oft verwirrenden Nebeneinanders der sich gegenüberstehenden Kulturen in der Türkei hält der Autor an der prinzipiellen Trennbarkeit und Beschreibbarkeit beider „Kulturlogiken" fest. Dabei ist der Blick in ständigem Hin und Her und im fortwährenden Vergleichen hauptsächlich auf die dem westlichen Beobachter fremde Kulturseite, also die ländlich-islamisch-türkische Identität, konzentriert.

Das Buch hat aber auch einen sehr persönlichen Hintergrund: Seit Beginn meiner Reisen, die mich im Laufe der Jahre durch mehr als 60 Staaten geführt haben, ist das Verhältnis zur Türkei immer ein besonderes gewesen und geblieben. Die Antwort auf die Frage, warum das so ist, könnte mit der sehr äußerlichen Feststellung beginnen, dass Istanbul für mich die faszinierendste Stadt der Welt ist, ein prachtvoller, widersprüchlicher, aber immer lebendiger Spiegel von Gegenwart und Geschichte, wie ihn nur wenige Städte der Welt aufzustellen imstande sind. Etwas unglaublicher mag die Antwort klingen, dass die türkischen Teegärten zwischen dem Goldenen Horn und Doğubayazit in Ostanatolien für mich die schönsten Orte der Welt sind – ein Paradies aus klapprigen Holzhockern, auf denen ich Monate verbringen könnte, ohne irgendetwas zu vermissen. Denn jenseits der wunderbaren Gesichter der alten Männer und des ach so bittersüßen *çay* gibt es für mich nichts Friedvolleres ...

Bei jedem Abschied von diesem Land hatte ich das immer stärker werdende Gefühl, reich und dauerhaft beschenkt zurückzukehren, ja kostbaren Proviant für die trostlose Wüste der Moderne eingepackt zu haben. Ich weiß nicht, wie oft ich in der Türkei spontan zu einem Gespräch samt *çay* eingeladen worden bin; was ich weiß, ist, dass Millionen Urlauber mit ähnlichen Erfahrungen zurückkommen. Und umgekehrt? Man stelle sich (den ohnehin sehr seltenen Fall) vor, ein türkischer Tourist reist durch Deutschland. Wie oft wird er wohl freundlich angesprochen, zu einem Kaffee eingeladen oder interessiert über sein Land ausgefragt? Ich fürchte, dass er zwischen München und Hamburg das Schweigen (und das Fürchten) lernen wird. Was ist das für ein Verhältnis, bei dem die eine Seite sich an Gastfreundschaft überbietet, während die andere die „Menschenware" nach Bedarf kommen und gehen lässt, von Schlimmerem ganz zu schweigen? Welche Kultur ist hier eigentlich die vorbildhafte, „höhere", zu der die andere bewundernd aufschauen sollte?

Nein, die „Bilanz" ist schief, und zwar gründlich.

Sie ein wenig – nur ein ganz klein wenig – auszugleichen und von den unbezahlbaren Geschenken etwas zurückzugeben, ist das Anliegen dieses Buches, das für eine Kultur wirbt, deren Würde und Schönheit nur der sieht, der sie auch versteht.

Manfred Ferner

003tu Foto: td

GESCHICHTE DER TÜRKEI – KAMPF DER KULTUREN

Die Geschichte der Türkei spiegelt bis in unsere Tage die kulturelle Grenze zwischen **Orient** (Morgenland = Land der aufgehenden Sonne) und **Okzident** (Abendland = Land der untergehenden Sonne) wider. Der Kampf wie auch die gegenseitige Befruchtung beider geht oft in wechselnden Richtungen über den Boden der kleinasiatischen Halbinsel hinweg. Es scheint – rückblickend –, als kämpften im jahrhundertelangen Frontwechsel verschiedene Agenten stellvertretend für beide Seiten: auf der Seite des Abendlandes Griechen, Römer sowie die europäischen Staaten der Neuzeit, auf der Seite des Orients Perser, Araber und Türken, um nur die wichtigsten zu nennen. Die damit verbundene Auseinandersetzung zwischen Christentum und Islam, zwischen westlichem Fortschritt und östlicher Beharrung, zwischen politisch individueller Freiheit und einem eher statischen Ordnungsideal ist bis heute zu verfolgen.

Und natürlich steht auch die heutige moderne Türkei auf einer der beiden Seiten – es fragt sich nur auf welcher.

Womit wir bereits bei der zentralen Frage dieses Buches wären.

Türkischer Friedhof vor antiken Höhlenwohnungen bei Ayazin

Kleinasien als Kulturgrenze zwischen Orient und Okzident in vorislamischer Zeit

Ex oriente lux –
Aus dem Osten kommt das Licht

Die erste allseits bekannte Konfrontation auf kleinasiatischem Boden, die den Charakter einer West-Ost-Auseinandersetzung trägt, versteckt sich recht heroisch hinter dem Kampf um die angeblich schönste Frau der damaligen Welt: *Helena.* Die von dem trojanischen Königssohn *Paris* nicht ganz unfreiwillig geraubte altgriechische femme fatale (verheiratet, ein Kind) war aber wohl bestenfalls der Anlass, keineswegs die Ursache für die 10-jährige **Belagerung Trojas** (ca. 1240 v. Chr.). Den ob des angeblichen Weiberraubs so empörten mykenischen Griechen ging es wohl eher um die politisch-ökonomische Liquidierung des kleinasiatischen Konkurrenten als um die Rehabilitierung eines gehörnten Ehemanns. Bekannt wurde die Massenschlächterei um *Odysseus, Achilles* und *Agamemnon* durch die homerische „Ilias" (das erste epische Werk der Weltgeschichte, geschrieben um 800 v. Chr.).

Interessant ist, dass zur Zeit *Homers* der **griechische Ausdruck barbaros** („der Nichtgrieche" = „der, der unverständlich spricht") noch nicht jene kulturabwertende Arroganz beinhaltete, mit der die späteren Griechen die Barbaren betrachteten und so sich selbst zum Nabel der kultivierten Welt hochstilisierten. Für *Homer* war der Trojaner *Hektor* ebenso kultiviert und heroisch wie der listenreiche *Odysseus,* dessen hölzernes trojanisches Pferd schließlich den Griechen zum Sieg verhalf.

Zur Zeit des Falls von Troja war weiter im Hinterland die erste kleinasiatische Hochkultur im Untergang begriffen. Das **Hethiterreich** (19.–12. Jh. v. Chr.) mit seiner Hauptstadt Hattuşa war eine hauptsächlich nach Osten und Süden (Mesopotamien und Syrien) ausgerichtete Landmacht, die kulturell stark von ihren vorderasiatischen Nachbarn – besonders Babylon – beeinflusst war. Die Übernahme der Keilschrift ließ in der Hauptstadt Hattuşa (die heutigen Ruinen liegen nahe dem Dorf Boğazkale östlich von Ankara) ein regelrechtes Staatsarchiv entstehen. Vor allem in der letzten Periode (Neuhethitisches Reich 14.–12. Jh.) ließ sich der Herrscher gemäß östlichem Absolutismus als „Großkönig" und „Sonne" bezeichnen, Attribute, die sowohl für Ägypten als auch das spätere Perserreich typisch waren. Nachdem unter dem Großkönig und Zungenbrecher *Suppiluliuma* (ca. 1385–1345 v. Chr.) und seinen Nachfolgern *Mursilis II.* (1343–1315) und *Muwatalli* (1315–1293) der machtvolle Höhepunkt erreicht worden war, zerfiel das erste kleinasiatische Großreich unter dem Ansturm westlicher Völkerschaften (um 1200 v. Chr.).

Unter diesen befanden sich auch die **Phryger,** die im westlichen Kleinasien für kurze Zeit (8./7. Jh. v. Chr.) ein Reich gründen konnten, dessen Könige die aus den griechischen Sagen bekannten klangvollen Namen *Gordios* und *Midas* trugen.

Erbe der Phryger wurde das **lydische Reich,** das kulturell stark von den mittlerweile entstandenen griechischen Küstenstädten (Milet, Phokäa u. a.) beeinflusst war und als finanzgeschichtliche Großtat die Einführung des Münzgeldes für sich beanspruchen konnte. Der letzte **lydische König Krösus** (560–546 v. Chr.) – mit dessen Namen sich bis heute ein sprichwörtlicher Reichtum verbindet – beging am Ende seines so glücklichen Lebens einen folgenschweren Interpretationsfehler: In seiner unersättlichen Gier schielte er lüstern über die Landesgrenzen nach Osten auf das neu entstandene Perserreich, denn wer viel hat, will immer noch mehr. Sich klug wähnend, ließ er beim delphischen Orakel die Aussichten für seine geplante Attacke erfragen und bekam die vielversprechende Auskunft, dass er beim Überschreiten des Flusses Halys (der heutige Kızılırmak in Zentralanatolien, der damals die östliche Grenze des Lyderreiches darstellte) ein großes Reich zerstören würde. Dem war auch so – aber gemeinerweise war es sein eigenes. Schlacht, Reich und Leben gingen 546 v. Chr. verloren, und von nun an herrschte der Perserkönig *Kyros* (559–530 v. Chr.) über ganz Kleinasien, die Griechenstädte an der Westküste mit eingeschlossen.

Das **Reich des persischen Großkönigs,** das bald auch über Ägypten und Mesopotamien siegen sollte und im Osten bis nach Indien reichte, kann als das erste Weltreich der Geschichte bezeichnet werden. Die unterworfenen Gebiete wurden in Provinzen *(Satrapien)* eingeteilt, denen ein Statthalter *(Satrap)* vorangestellt wurde. Der kleinasiatische Satrap, der sich bald mit den Griechen herumschlagen sollte, hatte seinen Sitz in Sardes (heute Ruinenstadt westlich von Izmir). Das persische Großreich war eine durch despotische Strukturen bestimmte Landmacht, der Großkönig stand wie ein Gott fernab von allen anderen Gesellschaftsschichten unerreichbar über seinen Untertanen, die ihm bedingungslos zu huldigen hatten. Ökonomisch stand das gesellschaftlich starre Perserreich immer noch auf dem Boden der in Vorderasien typischen Naturalwirtschaft.

Etwas ganz anderes hatte sich inzwischen in **Griechenland** entwickelt: Ein auf Seehandel und Kolonisation beruhendes individuelles Stadtbürgertum, politisch durch zunehmend demokratische Strukturen die alte Fürsten- und Königsmacht abstreifend, verpflanzt griechischen Gemeinsinn in alle Teile des Mittelmeeres.

Es ist die **Geburtsstunde „westlichen" Denkens:** Der nicht nur wirtschaftlich, sondern auch politisch frei handelnde Mensch wird zum Maß aller Dinge. Kunst, Wissenschaft und vor allem die Philosophie schaffen ein geistiges Rüstzeug, das von nun an als Gegenpol zum asiatischen Schicksalsglauben und dessen unpersönlichem Ordnungsschema wirken wird.

Als die kleinasiatischen Griechen unter Führung von Milet den **Aufstand gegen Persien** wagten (500–494 v. Chr.), ließ Großkönig *Dareios* (521–486 v. Chr.) – der die Griechen anfangs kaum ernst genommen haben dürfte – seine Truppen aufmarschieren. Milet wurde zerstört, und der „König der Könige" beschloss, die frechen Griechen ganz in seinen Herrschaftsbereich einzubeziehen. Heer und Flotte überquerten den Hellespont, und bei Marathon kam es 490 v. Chr. zu einer der wichtigsten und schicksalsträchtigsten West-Ost-Schlachten überhaupt: Der **griechische David besiegte den asiatischen Goliath.**

Unerwartet musste der Sieg den von Athen und Sparta angeführten Griechen selbst erschienen sein; der vom Schlachtfeld bei **Marathon** zur ca. 42 km entfernten Stadt Athen losgeschickte Läufer rannte sich vor Glück das Herz aus dem Leib. Auf der Agora (Marktplatz) angekommen, schrie er noch die Siegesmeldung heraus – um dann tot zusammenzubrechen, nicht ahnend, dass er soeben einer neuen olympischen Disziplin zum Durchbruch verholfen hatte.

Die persische Flotte war bereits vor Marathon von einem Sturm außer Gefecht gesetzt worden, ein Ereignis, an das sich der Nachfolger des *Dareios, Xerxes* (485–465 v. Chr.), bei seinem erneuten Angriff auf Griechenland zu erinnern schien, befahl er doch – wie sich das für einen gottgleichen Despoten gehört –, dem unbotmäßigen Mittelmeer einige Peitschenhiebe zu versetzen, damit es in Zukunft besser kooperiere. Aber auch dieser zweite Angriff schlug ungeachtet der persönlichen Präsenz des Perserkönigs fehl, denn in der **Seeschlacht von Salamis** (480 v. Chr.) wurde die persische Flotte erneut vernichtet und die kleinasiatischen Griechenstädte erhielten ihre Freiheit.

Es sollte nur 150 Jahre dauern – ein in antiken Geschichtsdimensionen lächerlicher Zeitraum –, bis sich das Blatt gänzlich wenden und das Griechentum vom Verteidiger zum Angreifer mausern sollte. Unter der Führung des Makedonenkönigs **Alexander der Große** (336–323 v. Chr.) begann ein fast unglaublicher Siegeszug nach und über den Osten. Zunächst schlug *Alexander* den persischen Satrapen am Granikos (334 v. Chr.), um dann Sardes zu erobern. In der alten phrygischen Hauptstadt Gordion (heute ebenso wie Sardes eine Ruinenstadt ca. 100 km südwestlich von Ankara) wurde ihm der alte Streitwagen des König *Midas* gezeigt; dessen Deichsel war mit einem unlösbaren Knoten an das Joch des Pferdegespanns gebunden. Wer diesen Knoten lösen könne, würde - so erzählt es die Sage - der Herr der ganzen Welt werden. *Alexander* soll daraufhin kurzerhand sein Schwert gezogen und den Knoten durchgehauen haben.

Der Perserkönig *Dareios III.* wurde bei Issos (nördlich des heutigen Iskenderun) 333 v. Chr. geschlagen, *Alexander* eroberte Phönikien, Palästina, Ägypten und zog dann ins Herz des Perserreiches, dessen Hauptstädte Susa und Ekbatana erobert wurden. *Dareios,* der 331 bei Gaugamela seine zweite Schlacht verloren hatte, flüchtete immer weiter nach Osten. Er wurde schließlich von den eigenen Gefolgsleuten umgebracht und sein Leichnam an *Alexander* ausgeliefert, der sich nun endgültig selbst als Großkönig fühlte. *Alexander* zog noch **bis nach Indien,** wo ihn die meuternden Truppen endlich zur Umkehr zwangen, befahl in Susa eine Großhochzeit zwischen Makedonen und Persern, träumte von der Eroberung der ganzen Welt und starb dann völlig überraschend im Alter von nur 33 Jahren an einem Fieber.

Der **militärische Sieg über den Osten** war beispiellos; griechische Kultur konnte - wenn auch nur für wenige Jahrhunderte - bis nach Indien und Zentralasien vordringen. Kulturell plante *Alexander* die Vermischung von griechischen und persischen Lebensformen, er selbst heiratete persische Frauen und hätte gerne den für Griechen völlig unakzeptablen östlichen Kniefall vor dem (dadurch absolut erscheinenden) Herrscher durchgesetzt.

Die griechische Kultur nahm nach und nach östliche Elemente auf und entwickelte sich so zum **Hellenismus.** Der kulturelle Synkretismus (Verschmelzung), d. h. die Vermischung von asiatischen und griechischen Kulturelementen, nahm in den Nachfolgestaaten (Diadochenreiche) noch zu. Kleinasien, das uns hier besonders interessiert, zerfiel nach *Alexander* in mehrere Kleinstaaten (darunter so berühmte wie Pergamon und Pontos), die alle mehr oder weniger vom Hellenismus geprägt waren.

004tu Foto: td

Auch die von West nach Ost vordringenden **Römer** übernahmen viel von dem griechischen Vorbild. Zwischen 133 v. Chr. (Pergamon) und 73 n. Chr. (Commagene) beseitigten sie die kleinasiatische Vielstaaterei. Das römische Weltreich, das fast den gesamten abendländischen Raum beherrschte, geriet im Osten Kleinasiens an die aus dem südlichen Turkestan stammenden **Parther** (247 v. Chr. - 227 n. Chr.), die vorher die griechische Herrschaft in Asien beseitigt hatten. Vor allem Armenien blieb zwischen den beiden Mächten stets umkämpft. An der nun im Osten Kleinasiens verlaufenden West-Ost-Front änderte sich auch nichts, als das persische Königshaus der **Sassaniden** (227–633) an die Stelle der Parther trat.

Der westliche Teil Kleinasiens blieb im großen und ganzen von dieser Auseinandersetzung unberührt. Hier blühte - wie im ganzen Mittelmeerraum - die **römisch-griechische Stadtkultur,** deren hervorstechende Leistungen zwischen römischen Fernstraßen, Wasserleitungen, temperierten Badehäusern und grandiosen (Amphi)theatern und Tempeln zu suchen sind.

Die hellenistisch-orientalische Vielgötterei, die sich aus dem Osten über das ganze römische Reich verbreitet hatte, wich zunehmend dem **neuen christlichen Glauben,** der vor allem in Kleinasien (Gemeinden von Ephesos und Antiochia) schnell Fuß fasste. Die römischen Kaiser (u. a. *Nero* und *Diokletian)* versuchten zwar, die neue monotheistische Religion durch teilweise grausame Christenverfolgungen aufzuhalten, aber sie waren letztendlich erfolglos.

Im Jahre 306 bewarben sich sechs Kandidaten um den kaiserlichen Thron. Einem von ihnen, **Konstantin** (Kaiser von 306 bis 337 und Gründer von Konstantinopel = das heutige Istanbul), soll in der Nacht vor der Entscheidungsschlacht gegen einen Mitkonkurrenten im Traum ein Kreuz und die Worte *In hoc signo vinces* („In diesem Zeichen wirst du siegen") erschienen sein. *Konstantin* ließ daraufhin seine Soldaten das christliche Kreuz auf die Schilder heften und gewann die Schlacht. Das Christentum wurde nun geduldet und unter Kaiser *Theodosius* (379–395) sogar zur Staatsreligion erhoben. Die christliche Kirche übernahm und bewahrte in der Folgezeit das griechisch-römische Kulturerbe und führte es weiter - auch nachdem das römische Reich und die antike Welt untergegangen waren.

Denn über Rom zogen sich bedrohliche Gewitterwolken zusammen: Im Norden attackierten die Germanen die Grenzen, im Osten hörten in Kleinasien die Kämpfe gegen die sassanidischen Perser nicht auf. Kaiser *Theodosius* teilte 395 das Reich in einen oströmischen und einen **weströmischen Teil.** Letzterer überdauerte allerdings keine hundert Jahre und wurde 476 von den Germanen überrannt.

Dagegen sollte das **oströmische (= byzantinische) Reich** noch 1000 Jahre überstehen und die christlich-abendländische Position im Osten verteidigen. In Kleinasien blieb es zunächst bei der alten Grenzziehung: Der größte Teil gehörte zu Ostrom (das nach dem alten Namen von Konstantinopel auch oft als Byzanz bezeichnet wird und in den folgenden Jahrhunderten wieder zu einem rein griechischen Staat wurde), während im heutigen Ostanatolien und Armenien die Grenzkämpfe mit den Sassaniden an der Tagesordnung waren. Dem byzantinischen Kaiser *Herakleios* (610–641) gelang es in einem achtjährigen Krieg (622–630), die persischen Sassaniden vernichtend zu schlagen, und fast sah es so aus, als ob der christliche Westen einen großen Sieg über den „barbarischen", heidnischen Osten erringen könne (die sassanidische Staatsreligion beruhte auf der Religion des Zarathustra) - da betrat, von Süden von der arabischen Halbinsel kommend, ein neuer, viel stärkerer Gegner die Bühne der Weltgeschichte, einer, der nicht nur die Geschicke Kleinasiens, sondern die der gesamten Welt verändern sollte: der Islam.

Midasstadt im westlichen Zentralanatolien

Der Angriff des Islam und der Vormarsch der Türken

Und wenn ihr die Ungläubigen trefft, dann herunter mit dem Haupt, bis ihr ein Gemetzel unter ihnen angerichtet habt; dann schnüret die Bande. Und dann entweder Gnade hernach oder Loskauf, bis der Krieg seine Lasten niedergelegt hat.

(Koran, aus der 47. Sure)

Auf der arabischen Halbinsel führten die arabischen Beduinen abseits der antiken Welt jahrhundertelang ein von Stammesherrschaften geprägtes Leben. Nur an der Westküste waren mit Mekka, Medina und dem Jemen städtische Handelskulturen entstanden; in Mekka stand seit alter Zeit das Heiligtum der Kaaba, ein würfelförmiger Bau mit einem eingemauerten Meteoritstein, der von allen Arabern – neben den diversen Stammesgottheiten – verehrt wurde. Arabische Stämme ließen sich zwar hier und da in die Auseinandersetzung zwischen Rom (später Byzanz) und Persien hineinziehen, aber das war immer nur ein Nebenschauplatz der großen West-Ost-Auseinandersetzung.

Das änderte sich mit dem Auftreten des **Propheten Mohammed** (568–632), dessen göttliche Visionen und Offenbarungen die Entstehung des Islam (siehe „Kulturelle Pfeiler der türkischen Gesellschaft gestern und heute", „Der Islam"), zur Folge hatten.

Da die Stadtväter von Mekka um die Bedeutung ihres Heiligtums (und der damit verbundenen wirtschaftlichen Stellung als Pilgerzentrum) besorgt waren, vertrieben sie *Mohammed,* der im Jahre 622 nach Medina auswich *(Hedschra:* Beginn der islamischen Zeitrechnung). Dort sammelte er eine schlagkräftige Gemeinde um sich, verständigte sich aber auch klug mit den Mekkanern, denen er die Beibehaltung der **Kaaba als zentrales Heiligtum** zubilligte. So entfernte er bei seiner Rückkehr nach Mekka (630) nur alle Götzenbilder aus der Kaaba, um sie fortan als Anbetungsstätte des einen Gottes, Allahs, für alle Muslime (Gottergebene) zum Zentrum des neuen Glaubens zu machen.

Politisch und religiös geeint – die *umma* (= „Gemeinde") von Medina formulierte das religiöse und staatliche Ziel aller Muslime – beginnt der **beispiellose Siegeszug der neuen Religion:** Schon unter dem Nachfolger und Stellvertreter (= Kalif) *Abu Bekr* (632–634) standen die arabischen Heere an den Grenzen Persiens und Palästinas. Der *Kalif Omar* (634–644) besiegte die beiden alten West-Ost-Großmächte Byzanz und Persien: Während Persien ganz erobert wurde (Schlacht bei Nihawend 642) und die feueranbetende Religion des Zarathustra dem Islam weichen musste, konnte das byzantinische Reich – wenn auch stark geschrumpft – wenigstens überleben. Aber die Araber besetzten und eroberten die byzantinischen Provinzen Palästina und Syrien (635), Ägypten (642) und ganz Nordafrika (670–708). Dann begann der Angriff auf das kleinasiatische Kernland: Im Marmarameer wurden 670 die Halbinsel Kyzikos (nördlich des heutigen Bandırma) sowie Lesbos und Smyrna (672) kurzzeitig besetzt; von hier wurden die ersten Angriffe auf Konstantinopel (674–678) unternommen, das sich aber dank seiner großen Defensivkunst (das berühmte „Griechische Feuer") erfolgreich verteidigen konnte. Auch ein zweiter Versuch der Araber (715–717) scheiterte vor der damals mächtigsten christlichen Stadt, die zum östlichen Bollwerk des mittelalterlichen Europa wurde. In Kleinasien verlief der wechselhafte Grenzkrieg zunächst wiederum in Ostanatolien; West- und Zentralanatolien blieben byzantinisch.

Ansonsten aber war die antike, römisch-christliche Einheit des Mittelmeers für immer dahin; die islamischen Araber eroberten sogar Spanien (711–720) und kontrollierten für lange Zeit die Küsten und Inseln des Mittelmeers; Nordafrika und Vorderasien waren für das Christentum weitgehend verloren.

Der Siegeszug der neuen Religion erklärt sich sicher nicht nur aus der militärischen Stärke der arabischen Heere. Durch die **Konzeption der Umma** (religiöse und politische Gemeinde des Islam), die allein durch das Bekenntnis zum rechten Glauben konstituiert war und folglich keine nationalen, ethnischen oder andere Gruppenbarrieren kannte, erwies sich der Islam in der Praxis als höchst anpassungs- und expansionsfähige Religion. Egal ob schwarzer, weißer oder gelber Hautfarbe, das Glaubensbekenntnis *(shahada)* machte prinzipiell jeden zum Mitglied der Gemeinde, an deren Spitze der *chalifat rasul Allah* (Kalif) als politischer und religiöser Stellvertreter des göttlichen Gesandten stand.

In der Praxis ebenfalls recht tolerant war der **Umgang mit den unterworfenen christlichen und jüdischen Gemeinden.** Zugrunde gelegt wurde dabei eine Unterteilung der Welt in das *dar al-islam* (= „Haus des Islam"; dieses ist kennzeichnenderweise zugleich das *dar as-salam* = „Haus des Friedens") und das *dar al-kufr* (= „Haus des Unglaubens"; zugleich auch als *dar al-harb* = „Haus des Krieges" bezeichnet). Natürlich beanspruchte auch der Islam mit dem Konzept des *dschihad* („Heiliger Krieg" = Einsatz für die Sache Gottes) die staatliche und religiöse Hegemonie, aber christliche und jüdische Gläubige wurden – einmal unter das *dar al-islam* unterworfen – durchaus in Ruhe gelassen und konnten weiter ihrem Glauben folgen. Zwar mussten sie eine Kopfsteuer *(dschizja)* entrichten und gegebenenfalls andere Einschränkungen – wie zum Beispiel den Ausschluss vom Militärdienst – in Kauf nehmen, aber eine Zwangskonvertierung zum Islam hatten sie nicht zu befürchten. Auch bei der Eroberung fremder Gebiete ging es in der Regel nur um Unterwerfung, nicht aber um kulturelle Vernichtung. In der Kriegspraxis bürgerte es sich ein – und blieb auch unter den Osmanen noch so –, dass Städte, die sich freiwillig ergaben *(sulhan),* nicht gebrandschatzt werden durften. Leisteten sie dagegen Widerstand *(anwatan),* fielen sie in der Regel einer dreitägigen Plünderung anheim.

So wie der Islam – zumindestens in seiner Frühzeit – das Christentum an gesellschaftspolitischer Toleranz übertraf, so überragte er auch in den nächsten vier Jahrhunderten das Abendland auf vielen kulturellen Gebieten. Denn auch auf den Feldern von **Wissenschaft, Kunst und Lebensweise** lag die Initiative, sprich„Hochkultur", nun für lange Zeit beim islamischen „Osten". Den muslimischen Bewohnern von Bagdad, Damaskus und Cordoba dürfte das sogenannte Abendland, das sich in den „Tiefen" des Frühmittelalters auf einer fast stadtelosen Agrarstufe befand, kaum bemerkenswert oder gar vorbildhaft erschienen sein. Im Gegenteil: Die okzidentalen „Barbaren" – welch ironische Kehrtwendung des westlichen Begriffs – waren es, die in ihrer sich langsam entwickelnden geistigen Renaissance von den Muslimen profitierten: Mathematik, Medizin und Philosophie (die Werke des *Aristoteles* wurden über die islamische Rezeption dem christlichen Abendland wiedergeschenkt) sowie multikulturelle Vielfalt waren die geistigen Aktivposten der muslimischen Hauptstädte, die sich jetzt nicht ganz zu Unrecht als Nabel der Welt fühlen durften. Das byzantinische Reich war dabei unter den christlichen Reichen noch für lange Zeit das staatlich und kulturell hochentwickeltste Gebilde – sicherlich ein Grund, dass der Angriff des Islam lange Zeit im östlichen Anatolien steckenblieb.

Das islamische Riesenreich konnte von den Kalifen der **Omajjaden-Dynastie** (661–750; Residenz in Damaskus) noch mühsam zusammengehalten werden. Aber schon unter den **Abbasiden** (750–1258; Residenz in Bagdad) begann das Kalifat, an politischer – nicht an religiöser! – Kraft einzubüßen. Wesentliche Teile des Reiches – wie Spanien, Nordafrika und die zentralasiatischen Provinzen – machten sich unter einheimischen Dynastien selbstständig, und die Hegemonie der arabischen Herrenschicht wich zunehmend persischen und türkischen Nachkömmlingen. Die Kalifen in Bagdad – unter denen *Harun ar-Raschid* (786–809) aufgrund der Märchensammlung von „Tausend und eine Nacht" der wohl bekannteste ist – gerieten immer mehr unter den Einfluss ihrer persischen oder türkischen Großwesire, die de facto die Politik bestimmten.

In **Kleinasien** gelang es den byzantinischen Kaisern, im jährlichen Grenzkrieg wieder die Initiative zurückzuerlangen: Syrien und der Kaukasus fielen im 10 und 11. Jh. wieder unter christliche Herrschaft, Zypern konnte von der byzantinischen Flotte zurückerobert werden.

Da brachen um die Mitte des 11. Jh. die aus Zentralasien stammenden **Seldschuken** nach Persien ein. Unter *Tughril Beg* erlangte dieser türkische Stamm, der den Islam angenommen hatte, auch die Oberhoheit über das Kalifat von Bagdad (1055). So wurden nun türkische Truppen zur Speerspitze des Islam. Unter dem Nachfolger *Tughril Begs, Alp Arslan* (1062–1073), wurden Syrien und das östliche Anatolien wieder dem Kalifat unterworfen. Am 19.8.1071 trafen sich das byzantinische und seldschukische Heer in der berühmten Schlacht von Manzikert (das heutige Malazgirt westlich des Van-Sees), die mit der vollständigen Niederlage der Byzantiner unter Kaiser *Romanos IV.* endete. Damit war der Weg für die **Islamisierung und Türkisierung Kleinasiens** frei. Die Seldschuken überrannten das byzantinische Kleinasien und gründeten zunächst 1077 in Nicaea (das heutige Iznik östlich von Bursa), später (1097) in Ikonion (das heutige Konya) einen quasi eigenständigen islamischen Staat, das Rum-Sultanat von Konya (Rum = Rhomäer = Römer).

Der byzantinische Kaiser *Alexios I. Komnenos* (1081–1118) bat im Westen Papst *Urban II.* um Hilfe; dieser rief auf der Synode von Clermont zum ersten **Kreuzzug** auf (27.11.1095). Die westliche Ritterschaft unter Führung von *Gottfried von Bouillon* zog nach Kleinasien, eroberte Nicaea (1097), schlug die Seldschuken und erstürmte Jerusalem (15.7.1099), wo die Kreuzfahrer ein Blutbad anrichteten. Für knapp 200 Jahre konnten sich die Christen, die durch weitere Kreuzzüge Verstärkung erhielten, im Heiligen Land unter Führung des Königreichs Jerusalem gegen den Islam behaupten (erst 1291 wurden die Kreuzritter wieder ganz aus Palästina vertrieben). Aber die islamische Herrschaft der Seldschuken in Kleinasien konnten sie nicht beseitigen.

Den byzantinischen Kaisern *Johannes II. Komnenos* (1118–1143) und seinem Nachfolger *Manuel I. Komnenos* (1143–1180) gelang es zwar, die gesamte kleinasiatische Küste und Westanatolien zurückzuerobern, aber dann führte der vierte Kreuzzug (1202–1204) unter Führung der aufstrebenden Handelsmacht **Venedig** zur Zersplitterung der christlichen Kräfte. Die Venezianer nutzten das Kreuzfahrerheer zur Eroberung von Konstantinopel (13.4.1204), um den byzantinischen Handelskonkurrenten auszuschalten. Das Lateinische Kaiserreich, das nun unter Führung Venedigs in Konstantinopel errichtet wurde, konnte sich nur ein halbes Jahrhundert halten (1204–1261).

Ausgehend von den byzantinischen Reststaaten, die sich in Kleinasien gebildet hatten (das Kaiserreich von Nikaia in Westanatolien und das Kaiserreich von Trapezunt an der Nordküste), versuchten die griechischen Kaiser, ihre Hauptstadt zurückzuerobern. Dies gelang schließlich auch (25.7.1261) Kaiser *Michael VIII. Palaiologos* (1261–1282), welcher der erste Kaiser der Palaiologen-Dynastie war, die nun bis zum endgültigen Untergang das byzantinische Reich regierte. Aber die lateinische Interimsherrschaft hatte **Byzanz endgültig geschwächt;** sein Herrschaftsgebiet konzentrierte sich künftig um die Hauptstadt Konstantinopel, und die militärische Kraft reichte nur noch für die Verteidigung gegen die Angriffe von allen Seiten durch Bulgaren, Serben und Türken.

Dabei hatte Byzanz in Kleinasien zunächst noch Glück, denn das Sultanat von Ikonion hatte sich unter dem Ansturm der neuen Weltmacht der **Mongolen** ebenfalls in viele kleine islamische Fürstentümer aufgelöst (1243). Unter **Dschinghis-Khan** (1206–1227) hatten die in Europa als Tataren bekannten mongolischen Reiterheere ihre innerasiatische Heimat verlassen, um in immer weiter ausgreifenden Beutezügen weite Teile Asiens zu erobern. Der Großkhan *Möngke* (1251–1260) schickte seinen Bruder *Hülägü*

005tu Foto: mt

– ein erklärter Feind des Islam – nach Persien, um das Land den Mongolen zu unterwerfen. Am 17.1.1258 eroberte *Hülägü* Bagdad; der letzte Kalif aus der Dynastie der Abbasiden, *Al-Mustasim*, wurde getötet. Man erzählt, dass man den Kalifen in einem Teppich zu Tode geschüttelt habe, „denn hätte ein Blutstropfen von ihm die Erde berührt, so wäre die Welt ins Schwanken geraten“[1].

Aus den Fugen war die Welt ohnehin, da die Führung der islamischen Reiche nun endgültig nicht-arabischen, d. h. türkischen Dynastien vorbehalten sein sollte. Als *Hülägü* auf Ägypten zumarschierte, wurde er am 3.9.1260 von den ägyptischen **Mamluken** geschlagen – eine der wenigen Schlachten, die die Mongolen im 13. Jh. verloren. Die Mamlukenherrscher (1250–1517) in Kairo, ebenfalls eine türkische Dynastie, waren nun für die nächsten zwei Jahrhunderte die wichtigste islamische Macht; es war folglich konsequent, dass sie fortan auch den Kalifen bewachen und kontrollieren wollten, zumal sie auch über die heiligen Stätten Medina und Mekka ihre schützende Hand hielten. So residierten denn von nun an in Kairo die Mitglieder eines Nebenzweigs der Abbasiden unter mamlukischer Ägide als Kalifen – oder besser: als Schattenkalifen, denn von der ursprünglichen Kraft des einst so mächtigen Stellvertreters des Propheten in der islamischen Umma war nur noch ein fahler symbolischer Abglanz geblieben.

Kleinasien aber war am Ende des 13. Jh. ein **Flickenteppich von sich befehdenden Kleinstaaten:** Die islamischen Fürstentümer, die aus dem Rum-Sultanat von Ikonion hervorgegangen waren, standen in ständigem Kleinkrieg miteinander. Das christliche Byzanz, auf das Gebiet um die Marmara-Region und die Schwarzmeerküste begrenzt, war ihr gemeinsamer Feind, aber längst nicht mehr in der Lage, die islamischen Kleinstaaten zu gefährden. Die Mongolenherrschaft in Persien und Ostanatolien sollte ebenfalls bald zerfallen, sodass das ganze Gebiet einem politischen Vakuum gleichkam – ein gefundenes Fressen für jemanden, der aus dem Nichts ein Weltreich aufbauen wollte.

Das Theater von Ephesus

Der Aufstieg des Osmanischen Reichs und seine Frontstellung in Europa

Wir sind nun mal die Wölfe, und ihr seid die Schafe.

(Worte eines türkischen Ghasi)[21]

Vor dem Mongolensturm waren einige türkische Stämme und Sippen (die auch Turkmenen genannt wurden) nach Westen geflohen, hatten den Islam angenommen und sich in Kleinasien als **Ghasis** niedergelassen. Dies war der klassische Ehrentitel eines türkischen *Emir* (Befehlshaber), der sich als Kämpfer im heiligen Krieg gegen die Ungläubigen seine Beuteeinnahmen verschaffte. Das Ghasitum war den unruhigen türkischen Nomaden wie auf den Leib geschnitten, denn in der Regel ging es ihnen kaum um Städtegründungen und Sesshaftwerdung, sondern um leichte Plünderung und schnelle Raubzüge.

Ein kleiner Stamm, der unter seinem Führer *Ertogrul* kaum mehr als 500 Krieger umfasst haben dürfte, kam schließlich in das **byzantinische Grenzgebiet** östlich des heutigen Izniks (das alte Nicaea), um dort seine Zelte aufzuschlagen. Diese Position war für einen auf Raub und Beutezüge geeichten Ghasikrieger geradezu ideal, denn es gab einen christlichen Nachbarn, gegen den es den heiligen Krieg zu führen galt. Die anderen, in Zentralanatolien oder an der Küste befindlichen türkischen Fürstentümer hatten keine ungläubigen Gegner mehr; sie konnten also nicht mehr als Ghasis expandieren (die Türken waren – wie alle asiatischen Eroberer – eine Landmacht; die Ausweitung ihres Aktionsraums zur See kam also den kleinen Fürstentümer wie z. B. Aydın und Mentesche kaum in den Sinn).

Ertogruls Sohn **Osman** (1281–1326), der eigentliche Stammvater und Namensgeber der zukünftigen Großmacht, erweiterte folglich sein Herrschaftsgebiet auf Kosten der Byzantiner, die anfangs die neue Gefahr kaum erkannt haben dürften, denn in ihren ständigen Thronstreitigkeiten bedienten sie sich sogar gelegentlich gegen entsprechende Entlohnung osmanischer Truppen. Die Türken galten als kulturlose Horde, gut für die Kriegsführung, aber unfähig zur Staatenbildung.

Erst in seinem Todesjahr eroberte *Osman* durch seinen Sohn **Orhan** die erste nennenswerte Stadt, Bursa, die für die nächsten 35 Jahre die Hauptstadt des (noch) kleinen Osmanenreiches wurde. Unter *Orhan* (1326–1359), der zum ersten Mal ein stehendes Heer einrichtete, erreichten die Türken die Meerenge der Dardanellen, die sie im Jahre 1354 auf Flößen überwanden, um sich in Gallipoli ständig einzunisten. Damit standen türkische Truppen und der Islam auf europäischem Boden – sie sollten ihn nie wieder verlassen.

Erst jetzt schwante den Byzantinern und den benachbarten christlichen Balkanreichen der Bulgaren und der Serben, dass die Osmanen mehr im Sinn hatten, als zu brandschatzen und dann wieder nach Asien zu verschwinden. Unter **Murad I.** (1359–1389) lehrten die Türken die südosteuropäischen Christen zum ersten Mal das Fürchten – womit jener fast panische Zustand der Machtlosigkeit bezeichnet werden kann, der sich für die nächsten 300 Jahre zu einer quasi abendländischen Türkenphobie auswachsen sollte.

Die türkischen Reiterheere durchzogen bald den gesamten Balkan: 1362 fiel die zweitgrößte Stadt der Byzantiner, **Adrianopel** (das heutige Edirne), an die Osmanen, die ihre europäischen Ambitionen allein dadurch schon unterstrichen, dass sie diese Stadt anstelle des kleinasiatischen Bursa zur neuen Hauptstadt machten. Während viele christliche Gefangene als Sklaven nach Kleinasien verschleppt wurden, überquerten immer mehr türkische Stämme und Sippen die Dardanellen, um sich in Rumelien – wie der türkische Teil Europas fortan genant wurde – niederzulassen und die lukrative Arbeit des Ghasikriegertums fortzusetzen.

Die orthodoxe griechische Kirche und das katholische Abendland hatten sich seit 1054 nicht mehr vereint und glichen oft eher feindlichen Lagern denn christlichen Brüdern; nun aber sollten die fast schon verzweifelten Bitten der byzantinischen Kaiser beim Papst zum Dauerzustand werden, nur um dessen Hilfe für einen **Kreuzzug gegen die Türken** zu gewinnen. Ein erstes vereinigtes christliches Heer von Ungarn, Serben und Bosniaken wurde jedoch 1371 von den Osmanen geschlagen, wenige Jahre später fielen Sofia (1382) und Thessaloniki (1387) in die Hände der Türken.

Dann vernichtete *Murad* 1389 in der legendären Schlacht auf dem Amselfeld (Kosovo Polje bei Pristina) endgültig das Serbenreich. Noch auf dem Schlachtfeld wurde **Bayesid I.** (1389–1402) zum neuen Sultan ausgerufen, nachdem sein Vater von einem sich scheinbar unterwerfenden Serben erdolcht worden war. Der neue Herrscher ließ alle Gefangenen einschließlich des serbischen Königs *Lazar* bei der Leiche seines Vaters hinrichten.

Die christlichen Balkanreiche südlich der Donau – einschließlich des byzantinischen Kaiserreichs – unterwarfen sich nun und leisteten Heeresfolge. Sie mussten *Bayesid* sogar nach Anatolien folgen, um das konkurrierende turkmenische Fürstentum Karaman in die Schranken zu weisen; nach dem Feldzug, bei dem die Osmanen auf asiatischem Boden zum ersten Mal Schießpulver und Kanonen eingesetzt hatten, geriet ganz West- und Zentralanatolien **unter osmanische Herrschaft** (1391). *Bayesid* wechselte wieder den Kontinent – nicht umsonst wurde er Yıldırım, „der Blitz", genannt –, um seine aufbegehrenden Vasallen, darunter vor allem Byzanz, zu strafen. Als er Konstantinopel belagerte, näherte sich ein unter ungarischer Führung stehendes Kreuzfahrerheer, das der Sultan bei Nikopolis (1396) vernichtend schlug.

Byzanz schien verloren zu sein, als unerwartet die **Tataren** den osmanischen Vorstoß bremsten: Der berüchtigte *Timur Lenk (Tamerlan)*, Herrscher von Samarkand und bekannt durch die Berge an Schädeln, die seine Truppen nach Eroberungen zurückließen, war in Kleinasien aufgetaucht. Wieder wechselte *Bayesid* auf die asiatische Seite, aber bei Ankara (1402) erlitt er durch die Tataren eine vernichtende Niederlage und starb in Gefangenschaft.

Die Christen frohlockten, aber sie unternahmen keine Anstrengungen, das geschwächte Osmanenreich endgültig zu vernichten (wozu ihnen wohl auch die militärische Kraft gefehlt hätte). Da *Timur Lenk* bereits 1405 starb und sein Reich zerfiel, konnten die Osmanen unter Sultan *Mehmed* (1413–1421) ihre Herrschaft wieder neu aufbauen. In der Regierungszeit seines Sohnes **Murad II.** (1421–1451) gewannen die Osmanen nicht nur ihre alte Stärke zurück, sondern es gelang ihnen auch, bei Varna an der Schwarzmeekuste das letzte große europäische Kreuzfahrerheer vernichtend zu schlagen (10.9.1444). Dieser Sieg war zugleich das Todesurteil für Byzanz, denn noch einmal sollte das Abendland nicht die Kraft aufbringen, dem nun gänzlich eingekreisten Konstantinopel zu Hilfe zu kommen.

Mehmed II. (1451–1481), dessen Beiname *Fatih* („der Eroberer") schon einen Höhepunkt der osmanischen Geschichte ankündigt, beginnt am 6.4.1453 mit zwanzigfacher Übermacht und der größten Kanone der damaligen Welt (ein ungarischer Renegat hatte das 12-Zentner-Kugeln verschießende Ungetüm konstruiert) die berühmte **Belagerung von Konstantinopel.** Die Byzantiner, verstärkt durch Genuesen und Venezianer – insgesamt knapp 10.000 wehrfähige Männer –, widerstanden kämpfend und betend eineinhalb Monate. Am Morgen des 29.5.1453 erstürmten die türkischen Truppen nach einem sechsstündigen nächtlichen Sturmangriff die Stadt, deren Widerstand – nach dem uns schon bekannten Eroberungsprinzip des Islam – eine dreitägige Plünderung nach sich zog. Der letzte byzantinische Kaiser, *Konstantin XI. Palaiologos,* wurde von den andringenden Horden enthauptet (was den meisten der christlichen Soldaten ebenso widerfuhr). *Mehmet* schickte den Kopf des letzten oströmischen Kaisers ausgestopft durch die Metropolen der muslimischen Welt, wohl wissend, dass er soeben dem Islam den größten Triumph geschenkt hatte.

Denn weit wichtiger als der militärische war der **symbolische Sieg:** Das östliche Bollwerk der Christenheit – einst die wichtigste, größte und reichste Stadt des Abendlands – stand unter türkischen Fahnen und sollte unter dem neuen Namen Istanbul die Hauptstadt des bedeutendsten islamischen Reiches werden. Der osmanische Sultan durfte nun nicht mehr nur davon träumen, der Herr des islamischen Ostens (wir erinnern uns: *dar al-islam)* zu werden; als Erbe des byzantinischen Reiches meldete er auch Anspruch auf die Herrschaft über die (östliche) Christenheit *(dar al-harb)* an. Das war ein Eroberungssprogramm, das sich hervorragend mit dem alten türkischen Ghasi-Grenzkriegertum verband, und die vom Fall der Stadt entsetzten Europäer sollten in der Zukunft genug Grund haben, eine geradezu hysterische Türkenangst zu entwickeln.

Mehmed ließ sich konsequenterweise denn auch vom Schattenkalifen in Kairo bestätigen, dass er im vollen Sinne den Titel **„Sultan"** führen dürfe. Und immer mehr neigte nun die gesamte islamische Welt (mit Ausnahme der Schiiten in Persien – davon später mehr) dazu, in den Osmanen diejenigen zu sehen, die die alte muslimische Staatsgröße und -einheit wiederherstellten.

Der Siegeszug der Osmanen und ihre erfolgreiche Frontstellung gegen die Ungläubigen verstärkte zudem die schon unter den arabischen Kalifen vorhandene Überzeugung der unendlichen **Überlegenheit über die christlichen Staaten.** Es galt nur, sie zu erobern – ansonsten gab es nichts von ihnen zu lernen. Kaum einer im Osmanischen Reich interessierte sich für das, was die europäischen Staaten so trieben. Und kein Türke des 16. Jh. kam auch nur auf die Idee, dass die Christen irgendwann einmal gefährlich werden könnten – eine verhängnisvolle Fehleinschätzung, die die Muslime im Gefühl ihrer kulturellen Überlegenheit viel zu spät korrigierten.

Dabei hielten auch die Osmanen am islamischen **Prinzip des kulturellen Mit- und Nebeneinanders** fest: Jede religiöse Gruppe bildete eine quasi autonome Gemeinschaft *(millet),* die weitgehend nach ihren eigenen kulturellen Bräuchen und Gesetzen leben konnte (entspricht der arabischen Umma). Die Vorsteher dieser Millets (bei den Juden der Oberrabiner, bei den orthodoxen Christen der Patriarch, bei den Muslimen der Scheich *ül-islam* usw.) waren dem Staat gegenüber für die Abgabe der Steuern verantwortlich; solange es hier keine Schwierigkeiten gab, mischte sich die regierende Kaste kaum in die inneren Angelegenheiten der jeweiligen Millets.

Die herrschende Schicht war die der **Osmanen** *(osmanlıs),* worunter nicht nur die Mitglieder der Sultansfamilie, sondern auch all diejenigen fielen, die aktiv und offiziell staatstragende Funktionen im Reich innehatten. Die wichtigsten Kriterien der Zugehörigkeit zu den *osmanlıs* waren die absolute Loyalität zum Sultan, das Bekenntnis zum Islam und die Kenntnis der osmanischen Macht- und Verhaltensprinzipien. Dabei war diese Schicht keineswegs starr; mit Ausnahme des Sultans, der das alleinige und unverrückbare Zentrum der Macht darstellte, konnte jeder – bei Erfüllung der drei oben genannten Kriterien – in die Schicht der Herrschenden eintreten, aber – hielt er eines dieser Kriterien nicht (mehr) ein – genau so schnell „abstürzen". Dieses Aufsteigen und Abstürzen im osmanischen Machtgefüge war unabhängig von erblichen Rechten und galt für den untersten Kanzleigehilfen wie auch für den Großwesir, der hinter dem Sultan fast alle Macht innehatte – und doch von einem Tag auf den anderen geköpft oder erdrosselt werden konnte (was auch recht häufig geschah).

Denn allen *osmanlıs* war eines gemeinsam: Sie waren **Sklaven des Sultans,** empfingen von ihm als dem einzig unverrückbarem Prinzip alle Macht und Autorität – die der

Herrscher auch jederzeit wieder zurücknehmen konnte. Ihre herausragende Stellung leitete sich daraus ab, dass sie als Osmanen zur Familie des Sultans gehörten, der als quasi oberster „Vater" die Quelle ihres gesellschaftlichen Ansehens und materiellen Reichtums war. Ein Sklave *(kapıkulları)* des Sultans zu sein, war also – anders als der westliche Begriff des Sklaventums suggerieren will – etwas höchst Lukratives und Erstrebenswertes.

Dieses einigende **Loyalitätsprinzip** war die große politische Leistung des osmanischen Staates, der sechs Jahrhunderte überdauerte und nicht – wie andere türkische Staatsgebilde – an inneren Querelen zerbrach. Dabei war am Anfang des Reiches die alte türkische Aristokratie, deren Führer fast gleichberechtigt neben dem Sultan standen, durchaus vorhanden und mächtig. Aber die Herrscher begannen seit *Murad I.* mit dem Aufbau einer „Sklavenhausmacht", um sich so eine von den türkischen Aristokraten unabhängige und nur auf den jeweiligen Herrscher eingeschworene Gefolgschaft zu schaffen.

Die berühmteste militärische Größe, die aus diesem Prinzip hervorging, waren die gefürchteten **Janitscharen,** eine auf den Sultan allein verpflichtete Elitetruppe, die großenteils aus ehemaligen christlichen Knaben bestand. Sie wurden in frühem Alter den Familien abgenommen, zu Muslimen gemacht und in besonderen Schulen und Militärakademien erzogen. Den Sultan sahen sie als ihren „Vater" und Beschützer an. Diese „Knabenlese" war eine derjenigen Rekrutierungspraktiken *(devşirme),* welche die Anzahl der *kapıkulları,* der „Sklaven der Pforte" („Hohe Pforte" wurde der Regierungssitz genannt), ständig erhöhte.

Unter *Mehmed* und seinen Nachfolgern waren die *kapıkulları* so zahlreich geworden, dass der Sultan fast alle Staatsfunktionen durch „seine Sklaven" besetzen konnte und damit dem „osmanischen Prinzip" zum Durchbruch verhalf; die alte türkische Aristokratie hatte ausgedient. Belohnt wurden die *kapıkulları* großenteils durch die Beute der Kriegszüge, sodass das Osmanenreich fast schon aus innerer Logik heraus auf beständige Expansion angewiesen war. Solange die Kriege erfolgreich waren, konnten die Sklaven mit verlockenden Gratifikationen bedacht werden, was die **Attraktivität des „Sklaven"-Lebens** auch für christliche Abenteurer erhöhte; sie mussten nur ihren Glauben wechseln und das „osmanische System" übernehmen, um in der Sklavenhierarchie aufsteigen zu können.

Unter der herrschenden Schicht der osmanischen *kapıkulları* stand die große Schar der **Untertanen** *(raya),* die – wie schon erwähnt – in Millets und Gilden eingeteilt war. Ihre Funktion war es – grob gesprochen –, dem Sultan und seiner „Sklavenfamilie" alle Ressourcen des Landes verfügbar zu machen; dafür genossen sie dann Schutz und rechtliche Sicherheit.

Ein letzter, sozusagen persönlich-sozialer Aspekt der osmanischen Gesellschaft sei hier ebenfalls erwähnt, weil wir ihm später im aktuellen Rahmen (siehe Kapitel „Zentrale Kategorien der kulturellen Identität") nochmals begegnen werden: das **Prinzip des had (Grenze).** Jede Person hatte – abhängig vom gesellschaftlichen Stand (Familie, Geschlecht, Position) – eine „Wirkgrenze" zu beachten, jenseits derer man sich nicht in Sachen anderer einzumischen hatte. Umgekehrt galt es natürlich auch, darauf zu achten, dass keiner die eigene *had* verletzte. Falls das geschah, galt es grundsätzlich, die verletzte „Grenze" wirksam zu verteidigen, denn sonst konnte man seine Ehre *(namus),* sein Ansehen *(şeref)* und die Achtung der Anderen *(saygı)* verlieren. Der Ausschluss aus der Gesellschaft, mindestens aber der Verlust der angestammten Position waren die drohenden Folgen einer nicht vergoltenen Beleidigung. Kam der Angriff (Grenzüberschreitung) allerdings von einer viel höheren Person, so durfte die Verteidigung ausbleiben, da ein solcher Widerstand normalerweise als sinnlos bzw. selbstmörderisch erachtet wurde.

Eine dynastisch höchst wichtige Regelung wurde ebenfalls unter *Mehmed* endgültig verbindlich: Alle Sultane hatten beim Regierungsantritt nicht nur das Recht, sondern gleichsam die staatspolitische Pflicht, ihre Brüder sofort umzubringen, um **Streitereien um die Thronfolge zu vermeiden.** *Mehmed* selbst – wie auch schon andere Sultane vor ihm – war mit „gutem Beispiel" vorangegangen und hatte seinen acht Monate alten Bruder umbringen lassen; bis ins 17. Jh. hinein sollte sich an dieser Praxis nichts ändern.

So war denn, gemessen an den türkisch-islamischen Staaten der Vorzeit, das Osmanische Reich zu seiner Glanzzeit ein erstaunlich **zentralistisch strukturiertes Machtgebilde,** dem die Europäer des 15. Jh. weder militärisch noch finanziell etwas Gleichrangiges entgegenzusetzen vermochten. Sie konnten nur froh sein, nicht zur Zielscheibe des türkischen Angriffs zu werden, und wenn doch, galt es, sich über einen glimpflichen Frieden zu freuen.

Die **weiteren Eroberungen Mehmeds** gaben den konsternierten Europäern einen Vorgeschmack von der Kraft, die dieser mächtigste islamische Staat aufzubringen vermochte: Das nördlich der Donau gelegene südrumänische Fürstentum der Walachei wurde türkischer Tributärstaat (1460), in Kleinasien fielen die letzten Reste christlicher Reiche (Trapezunt und Sinope 1461) und auch das türkische Fürstentum Karaman wurde erobert (1466). Der Aufbau einer osmanischen Flotte machte den traditionellen und bisher weitgehend unbehelligten Seemächten Venedig und Genua klar, dass ihre Schonzeit abgelaufen war: Sie verloren viele ägäische Inseln, Griechenland (1456–1479) und ihre Handelstützpunkte auf der Krim (1475) an die Osmanen. Zudem fielen Albanien (1479) und Bosnien (1463) den türkischen Armeen in die Hände, deren Raub- und Streifzüge sich nun sogar bis Ungarn, Südösterreich und in das venezianische Stammgebiet erstreckten. Als 1480 ein türkisches Expeditionsheer unter *Gedik Pascha* die italienische Stadt Otranto einnahm, um von hier aus ganz Süditalien zu bedrohen, geriet der Papst in Panik. Er setzte alle Hebel in Bewegung, um die Christen gegen die Türkengefahr zu einigen. Doch im Jahre 1481 starb *Mehmed* an der Gicht, und die türkische Armee konnte aus Süditalien vertrieben werden.

Unter seinem wenig kriegerischen Nachfolger *Bayesid II.* (1481–1512) konnten die Europäer „Luft schnappen"; dafür folgte mit seinem Sohn **Selim I.** (1512–1520) einer der kriegerischsten und rücksichtslosesten Sultane (sein Beiname war *Yavuz,* „der Gestrenge"). Er besiegte im Osten das Perserreich der Safaviden (1514), das einzige islamische Reich, das in Zukunft neben den Osmanen von Bedeutung sein sollte, und gewann damit ganz Ostanatolien dem Osmanischen Reich. Drei Jahre später zerschlug er die ägyptische Mamlukenherrschaft, sodass der Sultan fortan nicht nur über Ägypten, sondern auch über die urislamischen Gebiete Arabiens mit den heiligen Stätten herrschte. Während der letzte Mamlukenherrscher am Stadttor von Kairo aufgehängt wurde, brachte der Sultan den abbasidischen Schattenkalifen *Mutewekkil* nach Istanbul, wo dieser ihm die **Kalifenwürde** übertrug: Der osmanische Herrscher stand nun auch religiös an der Spitze der gesamten orthodoxen islamischen Welt (die Schiiten Persiens fielen natürlich nicht darunter, siehe „Kulturelle Pfeiler der türkischen Gesellschaft gestern und heute", „Der Islam").

Für seinen Lieblingssohn **Süleyman** (1520–1566) hatte der Vater alle männlichen Konkurrenten (einschließlich der anderen eigenen Söhne) hinrichten lassen. Unter diesem neuen Sultan, der in der türkischen Geschichtsschreibung den Beinamen *Kanunı* – der Gesetzgeber – erlangt hat, bei den Europäern aber allgemein als „der Prächtige" bekannt ist, erreichte das **Reich seinen Höhepunkt.** In der Schlacht bei Mohacs (29.8.1526) besiegte er das ungarische Heer; drei Jahre später stand er vor Wien (September 1529), und nur die Tatsache, dass die Osmanen aufgrund von Transportproblemen ihr schwerstes Kriegsgerät zu Hause gelassen hatten und das herbstliche Wetter große Operationen unmöglich machte, ließ den Sultan unverrichteter Dinge abziehen.

Dafür gewann *Süleyman* seinem Herrschaftsgebiet ganz Nordafrika (mit Ausnahme von Marokko) hinzu, der Irak und Jemen wurden ebenfalls erobert, sodass der Sultan sogar Schiffsexpeditionen nach Indien aussenden konnte, um dort den portugiesischen Handel zu stören (1558).

Unter seinem algerischen Großadmiral *(Kapudan Pascha) Chaireddin Barbarossa* beherrschte die osmanische Flotte das Mittelmeer; bei seinen Raubzügen entlang der italienischen, spanischen und selbst französischen Küsten wurden Tausende von Gefangenen in die Sklaverei gebracht.

Süleymans Gegner waren nun nicht mehr nur Venedig, Genua, Polen oder andere mehr oder weniger „zweitrangige" Mächte; sein Hauptgegner war der deutsche Kaiser *Karl V.*, der mächtigste Herrscher des christlichen Abendlandes. Ihm oblag nun der **Schutz Europas vor den türkischen Heeren,** und er hatte alle Hände voll zu tun, diesem Ziel halbwegs erfolgreich nachzukommen. Das Osmanische Reich, das zu Zeiten *Süleymans* die wohl stärkste Militärmacht der damaligen Welt war, hatte sich zur Großmacht entwickelt; in Wien, Madrid und Paris saß der „Großtürke" bei allen machtpolitischen Berechnungen gleichsam mit am Tisch.

Der Sultan selbst, „dem die Kraft der ganzen Welt und die Macht des Himmels eignet"[3], soll am Ende seiner langen Regierungszeit die **erfolglose Belagerung Wiens** als seine größte „Schmach"[4] gewertet haben. Und in der Tat, wer heute durch die Fleischmarktgasse in der Altstadt von Wien schlendert, um im alten Gasthof „Griechenbeisl" sein Wiener Schnitzel zu verzehren, kann sich angesichts der dort ausgestellten drei Kanonenkugeln von 1529 die interessante Frage stellen, was wohl aus Habsburg und dem Abendland geworden wäre, wenn, ja wenn die Türken beim Sturmangriff am 10.10.1529 die Mauern erstiegen hätten. Vielleicht hätte *Kaiser Franz Joseph* dann niemals einen Walzer getanzt, und *Romy Schneider* – und uns – wären die Sissi-Filme erspart geblieben ...

Der Verfall des Reichs und das türkische Trauma

Das Schwert war die Stärke der Nachfolger Osmans gewesen; aber Schwerter waren neuerdings aus der Mode gekommen, zugunsten von tödlicheren und technisch wirksameren Waffen. Das Leben wurde allzu kompliziert für dieses simple Volk ...

(Lawrence von Arabien)

Fast alle Geschichtsschreiber sind sich einig, dass bereits zu den Glanzzeiten unter *Süleyman* dem Prächtigen jene Prozesse einsetzten, die das Reich innerlich – wie auch mit einer zeitlichen Verschiebung äußerlich – in die Defensive bringen und langfristig seine Fundamente zerstören sollten.

Symptomatisch für die Folgezeit war ein **Ereignis aus dem Jahre 1553.** Sultan *Süleyman* besaß eine Lieblingsfrau (*Chasseki* – höchste Kategorie der Lieblingsfrau, die einen Sohn geboren hat), die von den Europäern *Roxelane,* von den Türken *Hürrem* genannt wurde. Sie war eine von den Krimtataren erbeutete tscherkessische Sklavin – eine wegen ihrer weißen Haut allgemein auf dem Sklavenmarkt beliebte Haremszierde. Sie war die erste Frau, die vom alten Harem (stand an der Stelle der heutigen Universität von Istanbul) in den Topkapı-Palast umzog, ein nicht nur geografisches Heranrücken an das männliche Zentrum der Macht. Wer heute den Palast besucht, wird interessiert feststellen, dass der Diwan, jenes höchste Beratergremium des Sultans, das mit einer Ministerrunde verglichen werden kann, sich unmittelbar neben dem verbotenen intimen

006tu Foto: mf

Bereich des Harems befand, sozusagen in Reichweite der Frauen und der sie bewachenden schwarzen Eunuchen. Zwischen diesem Dreigestirn – Harem, schwarze Eunuchen und Diwan – sollten zukünftig **Allianzen und Intrigen** die Geschicke des Reiches lenken, vor allem dann, wenn der Sultan schwach war – was nach *Süleyman* für lange Zeit fast zur Regel werden sollte.

So machte schon *Roxelane* mehrmals bei den Besetzungen des Großwesirpostens ihren Einfluss geltend, vor allem bei der Berufung ihres Schwiegersohns *Rüstem Pascha,* und zusammen mit diesem gelang ihr gegen ihre Haremsrivalin *Gülbehar* in eben jenem Jahr 1553 der wohl größte Triumph. *Gülbehar* hatte *Süleymans* ältesten Sohn geboren, *Mustafa,* der vielversprechende Anlagen zeigte und seinem Vater in puncto Begabung am nächsten kam. *Gülbehar* hatte wohl gegenüber der ihr vorgezogenen Konkubine in ihrer Eifersucht zu deutlich die Vorzüge ihres Sohnes als zukünftigen Sultan gepriesen, jedenfalls sorgte die ränkeschmiedende Favoritin zusammen mit ihrem Großwesir dafür, dass *Mustafa* bei *Süleyman* in Ungnade fiel und sogar des Verrats bezichtigt wurde. Als der Sohn nichtsahnend seinen Vater besuchte, wurde er von den Henkern erwartet und erdrosselt.

Verheerend wirkte sich auch der unter *Süleyman* beginnende **Rückzug der Sultane von den Staatsgeschäften** aus. Vor allem in seinen letzten Lebensjahren zeigte der „Prächtige" immer seltener die Neigung, persönlich zu regieren.

In der Folge wurden fast alle Machtbefugnisse an den **Großwesir** übertragen. Natürlich blieb dieser trotz seiner Machtfülle stets abhängig von der Zustimmung des Sultans, und genau diese labile Loyalitätsbeziehung schränkte die durchgreifende Reformfähigkeit auch starker Großwesire (wie z. B. aus der berühmten Großwesir-Familie *Köprülü*) entscheidend ein. Denn selbst der Großwesir konnte die widerstreitenden Interessen nicht zum Nutzen des Staates bündeln oder gar kontrollieren, da er selbst auch nur ein – wenn auch der höchste – „Sklave der Pforte" war. Er war durch den Sultan jederzeit absetzbar; regierte er also gegen die einflussreichen Gruppen des Harems oder andere Machtgruppen, um den Gesamtstaat zu stärken, und intrigierten diese beim Sultan, so war nicht nur seine Position, sondern meist auch sofort sein Leben gefährdet. Die zahlreichen Hinrichtungen von Großwesiren zeigen, dass es auch damals schon politische „Schleudersitze" gab.

Auch die militärische Elite des Landes hatte sich verändert: Waren die **Janitscharen** am Anfang dankbare „Kinder" des Sultans, die für ihre Ausbildung und militärische Tüchtigkeit auf Versorgung durch den Herrscher zählen durften, entwickelten sie sich in der Folgezeit zu einer raffgierigen Klasse im Staat. Die gewährte und anfangs demütig empfangene Versorgung durch den Sultan – quasi der Lohn für Loyalität – veränderte sich zur Anspruchshaltung, ohne die ein neuer Sultan keine Loyalität erwarten durfte. Der Staatsschatz wurde so beim Regierungsantritt kontinuierlich geplündert, denn nur der Sultan, der mit vollen Händen austeilte, konnte auf die Zustimmung und Unterstützung der Elitekrieger zählen.

Hinzu kam als außenpolitisches Moment, dass die **militärische Expansion** ins Stocken geriet. Denn es sei nochmals daran erinnert, dass einer der Gründe für die Stärke des Osmanischen Reiches sein religiös motivierter Expansionsdrang gegen die ungläubigen Länder war, der sich nicht nur militärisch, sondern auch wirtschaftlich auszahlte. Da das Reich aber aus der Offensiv- in die Defensivhaltung geriet, gab es zusätzlich zu den teuren Kriegen bald noch teurere Friedensschlüsse.

Neben der politischen (schwache Sultane und Spaltung der Macht in Teilinteressen) und wirtschaftlichen Schwäche des Reiches gab es aber noch einen viel entscheidenderen Faktor des Niedergangs: die osmanische Unfähigkeit, mindestens aber **Unwilligkeit, den gesellschaftlichen Umbruchprozessen in Europa Rechnung zu tragen.** Alle Reformer – und von denen sollte es in den folgenden Krisenzeiten nicht wenige geben – hatten eines gemeinsam: Sie dachten daran, die Missstände im Reich in der Weise zu bekämpfen, dass sich die glorreichen Zeiten der Vergangenheit wiederholen und wiederherstellen lassen würden. So gut wie keiner von ihnen begriff, dass das ihnen gegenüberstehende Europa sich in revolutionären Denkstrukturen entwickelte, dass Technik, Effizienz und ein immer expansiveres Eindringen in die materielle Ausbeutbarkeit der Welt Konstanten jener „Zivilisation" werden sollten, die Jahrhunderte später von *Atatürk* alternativlos als „die Zivilisation" bezeichnet wurde. Das Osmanische Reich dagegen blieb eine islamische, relativ statische und – im modernen Sinne – entwicklungsfeindliche Gesellschaft. Sie sollte so das Schicksal teilen, dass alle nicht-westlichen Gesellschaften im Wettlauf mit der europäischen Moderne ereilte: Sie mussten in die Defensive und letztendlich untergehen oder sich kulturell anpassen.

Die osmanischen Truppen stellten im 15. und 16. Jahrhundert die stärkste Militärmacht der damaligen Welt dar, aber schon zu dieser Zeit waren **auf militärtechnischem Gebiet** Renegaten, d. h. christliche Überläufer, dafür verantwortlich, dass sich die türkische Artillerie auf der Höhe der Zeit befand. Es war – wie schon erwähnt – ein ungarischer Techniker, *Urban,* der für Sultan *Mehmet* die größte Kanone der damaligen Zeit gebaut hatte, um Konstantinopel zu erobern.

Und auch 300 Jahre später, als die Osmanen bereits in der Defensive ihre letzten siegreichen Kriege führten – im österreichischen Feldzug von 1736–39 – war es der französische General *Claude Alexandre Bonneval* (nach seiner Konvertierung zum Islam *Ahmed Pascha* genannt), der wesentlichen Anteil am osmanischen Sieg hatte. Die Türken gerieten seit dem späten 16. Jh. gegenüber Europa auf (militär)technischem Gebiet immer mehr in Rückstand.

Ein äußerliches Zeichen des Niedergangs ist die **Charakterschwäche der Sultane** nach *Süleyman:* Nachdem dieser auch seinen zweitältesten Sohn *Bayezid* samt dessen vier Söhnen hingerichtet hatte, übrigens ebenfalls unter dem Einfluss von Großwesir *Rüstem Pascha,* war der Weg frei für *Roxelanes* Sohn *Selim,* der nach dem Tod seines Vaters Sultan wurde (1566–74). Sein Beiname *mest* („der Trunkene") lässt zum ersten Mal jene Schwäche der Sultane erkennen, die der Führung des Reiches kaum von Nutzen sein konnte. Kulinarisch auf Handfestes orientiert war sein Nachfolger, „der Freßsack Murad III., der sich bis zu 50 Gerichte täglich servieren ließ"[5]. Seine unersättliche Vorliebe für die Haremsfreuden kostete mehreren Sklavinnen das Leben, denn sein Sohn und Nachfolger *Mehmed III.* (1595–1603) ließ beim Regierungsantritt nicht nur seine 19 Brüder, sondern auch all jene Konkubinen töten, die noch von seinem Vater schwanger waren. Unter *Achmed I.* (1603–17) fand dann insofern eine radikale Neuerung statt, als die Brüder des Sultans fortan nicht mehr getötet, sondern in einem goldenen Käfig im Palast unter Gewahrsam gehalten wurden. Soweit einige Beispiele zur neuen Qualität der Herrscher.

Auf dem Schlachtfeld waren die Zeichen des Niedergangs nicht sofort feststellbar, denn zwischen 1566 (Tod *Süleymans*) und 1683 (zweite Belagerung Wiens) befand sich das Reich ungeachtet der inneren Schwäche noch weiterhin in der aktiven Rolle des Angreifers. Die Osmanen eroberten Zypern (1571), den Kaukasus (1578), Kreta (1669) und Teile der Ukraine (Podolien, 1672).

Es war die **zweite Belagerung Wiens,** die das Osmanische Reich endgültig in die Defensivposition bringen sollte. Zahlenmäßig zwar immer noch überlegen, aber militärtechnisch schon weit hinter den verbündeten Europäern (Deutsche, Österreicher, Polen) zurück, erlitten die Osmanen am Kahlenberg bei Wien in der Entscheidungsschlacht (am 12. September 1683) eine bittere Niederlage. Mit ihr versank auch endgültig die einstige Vision der Sultane, die Ungläubigen in das Osmanische Reich zu integrieren und den Herrschaftsbereich des Islam auf Europa auszudehnen.

Nach 1683 erfuhr der Frontstaat des Islam eine 250 Jahre dauernde **Kette von Niederlagen,** ohne zunächst auch nur begreifen zu wollen oder zu können, warum die ungläubigen Truppen auf einmal nicht mehr zu besiegen waren. Während man innerlich zäh an der kulturellen Überlegenheit des Islam festhielt – sich also in zeitloser Gültigkeit wähnte –, brach der profane Feuersturm der Moderne über die Osmanen herein. Und ein Europäer kann sich wohl kaum vorstellen, wie tief ein solches Trauma von chancenloser Unterlegenheit das islamische Welt- und Selbstverständnis erschüttern musste.

Österreich-Ungarn und Russland wurden die Erzfeinde des Reiches, das in Konstantinopel bald nur noch wenige Siege zu feiern hatte. Mit dem Frieden von Kütschük-Kainardsche (1774), der einen verlustreichen sechsjährigen Krieg mit Russland beendete, schied das Osmanische Reich endgültig aus der Reihe der Großmächte aus. Dass der „kranke Mann am Bosporus" auf Karten dennoch erstaunlich lange als große Landmasse zu vermerken blieb, lag nicht so sehr an der eigenen Stärke denn an der Uneinigkeit der europäischen Angreifer, die sich argwöhnisch ob einseitiger Vorteile beäugten und misstrauten. Besonders England, Frankreich und später auch Preußen zügelten den Zugriff vor allem Russlands, das als „drittes Rom" und Erbe des Byzantinischen Reiches seinen Angriff auf den Bosporus mit Macht betrieb.

Die 200 Jahre Defensivkrieg gegen Europa haben das Osmanische Reich letztendlich – trotz der oben beschriebenen grundsätzlichen Reformunwilligkeit bzw. -fähigkeit – auch im Innern verändert. Die durch die vielen Kriege immer dichter werdenden diplomatischen Kontakte ermöglichten einigen Osmanen, einen **Eindruck vom „neuen" Europa** zu gewinnen. Es war kennzeichnend für die Dekadenz der osmanischen Oberschicht, dass die ersten „Importe" aus Europa weniger technischer oder politischer denn ästhetischer Art waren. Während der berühmten **„Tulpenzeit"** (1717–30) waren nicht nur die namengebenden holländischen Blumen ein begehrtes Dekor der Oberschicht, diese begann auch, die tatsächlichen oder vermeintlichen Vorzüge von Stühlen und Sesseln zu entdecken oder sich sogar von europäischer Architektur beeinflussen zu lassen. Die überwältigende Mehrheit der osmanischen Bevölkerung blieb allerdings ihren Diwankissen treu und interessierte sich weiterhin kaum für das aufklärerische Europa. Trotzdem kann die „Tulpenzeit" als erster europäischer Riss im osmanischen Kulturpanzer gewertet werden, auch wenn die genussorientierten Paschas und Wesire das wohl kaum so verstanden haben dürften.

Die Hauptkraft des langsam und widerwillig einsetzenden Verwestlichungsprozesses blieben allerdings die nicht abstellbaren militärischen Niederlagen. Das zähe Festhalten an alten Strukturen, das wurde zu Beginn des 19. Jh. auch führenden Osmanen klar, würde das Reich zur leichten Beute der immer selbstherrlicher auftretenden Europäer machen. Nach 200 Jahren faktischer Abwesenheit zeigten nun auch wieder die Sultane selbst, dass sie einem weiteren Verfall ihres Staates nicht tatenlos zusehen wollten. Unter *Selim III.* (1789–1807) und *Mahmud II.* (1808–39) wurden – unter westlicher Leitung – zumindestens **auf militärtechnischem Gebiet erhebliche Veränderungen** angestrebt.

Mahmud II. erkannte zudem, dass die alten Truppenteile, allen voran die **Janitscharen,** einen ineffizienten und verderblichen Staat im Staate darstellten. Denn ihnen konnte natürlich nichts an irgendwelchen Veränderungen liegen, zu profitabel waren die alten Zustände, unter denen es sich wie die Made im Speck leben ließ. Am 15. Juni 1826 ließ *Mahmud* die wieder einmal aufsässigen Janitscharen – zum letzten Mal sollten sie ihre Suppentöpfe als Zeichen des Aufstands umstülpen – in einer lang vorbereiteten Aktion von seiner neu aufgebauten Truppe einfach zusammenschießen. Die meisten Touristen, die heute über den schmucken Platz At Meydanı (das alte byzantinische Hippodrom) zur Sultan Ahmet Moschee schlendern, ahnen nicht, dass hier Tausende der ehemaligen Elitetruppe niederkartätscht wurden – die einst so gefürchtete Leibgarde des Sultans hatte nach 400 Jahren ausgedient.

Aber mit rein militärischen Oberflächenmaßnahmen war das Problem des **kulturellen Wettlaufs zwischen islamischer Tradition und westlicher Moderne** nicht zu lösen. Die osmanischen Armeen, gleichwohl sie immer stärker von preußischen Militärberatern (wie z. B. *Moltke*) reformiert wurden, blieben in technischer Effizienz und Durchschlagskraft noch lange hinter den Armeen der europäischen Großmächte zurück. Letztere verpflanzten außerdem ihre – aus Sicht des osmanischen Reichs– zersetzenden Ideen von Nationalismus und Liberalismus in den sultanischen Vielvölkerstaat, der nun an allen Fronten, vor allem von Seiten der christlichen Völker des Balkans – Griechen, Serben, Bulgaren, Rumänen –, unter Druck geriet.

So wurden schon unter *Mahmud II.* Reformen geplant, die größtenteils erst während der nachfolgenden Tanzimat-Periode (1839–76) umgesetzt werden sollten. Unter dem Wort **Tanzimat-Reformen** (*Tanzimat* kann man in etwa mit „Verordnungen" übersetzen) werden all jene von „oben" initiierten Reformprojekte zusammengefasst, die das Reich institutionell und von innen heraus modernisieren sollten. Eine nach westlichem Vorbild zentralisierte und besoldete Beamtenschaft sollte die zersetzende Autonomie der Reichsfürsten und ihrer Teilgruppen, der Millets, beseitigen. Technische Schulen traten in Konkurrenz zu den traditionellen Bildungsträgern, den religiös bestimmten Koranschulen (Medressen), die den Neuerungen natürlich misstrauisch und ablehnend gegenüberstanden. In einer Rechtsreform wurden alle Bevölkerungsteile zumindestens formell gleichgestellt, sodass der alte Unterschied zwischen muslimischen und nichtmuslimischen Staatsangehörigen aufgehoben wurde. Das islamische Recht, die Scharia, wurde mit westlichen Rechtsprinzipien durchsetzt, die von weltlichen Beamten repräsentiert wurden.

Ihren politischen Höhepunkt fanden die Tanzimat-Reformen mit der Verabschiedung einer konstitutionellen Verfassung (*kânûn-i esâsî*, 1876), die unter Sultan *Abdülhamid II.* (1876–1909) verkündet, aber nicht durchgesetzt wurde. Dabei erwies sich dieser Sultan in seiner mehr als dreißigjährigen Regierungszeit als durchaus tatkräftiger Herrscher, der die ideologischen Abwehrwaffen des **Panislamismus, Panturkismus und Osmanismus** entwickelte. Während die beiden erstgenannten Propagandaideen – Vereinigung aller islamischen Länder unter dem Kalifen (Sultan) sowie Zusammenschluss aller türkischen Völker bis nach Zentralasien – bis in die heutige Zeit eine gewisse Aktualität beanspruchen können, war der Osmanismus ein letzter Versuch, die Einheit des sultanischen Vielvölkerstaats zu retten. *Abdülhamid* hoffte so, durch das alte Prinzip der personellen Loyalität alle regionalen Nationalismustendenzen auffangen, mindestens aber einbinden zu können. Es war ein Trugschluss (und es entbehrt nicht einer gewissen Ironie, dass gleichzeitig auch der jahrhundertelange Erzfeind Österreich-Ungarn an seinen Vielvölkerproblemen zugrunde gehen sollte).

Unter den intellektuellen Kreisen des Reiches, die *Abdülhamid* aufgrund seiner despotischen Herrschaft und der Außerkraftsetzung der Verfassung feindlich gegenüberstanden, hatte sich eine als **Jungtürken** bezeichnete Bewegung herausgebildet, in der starke Kräfte auf eine schnellere „Verwestlichung" sowie weiter gehende Reformen drängten. Die Jungtürken hatten sich zwar ideologisch nach Europa orientiert, aber ihr spezifisch türkischer Nationalismus versuchte, die antitürkischen nationalen Erhebungen auf dem Balkan mit Gewalt zu unterdrücken. Das bot den europäischen Mächten einen Vorwand, sich einzumischen und Aufstände in den osmanischen Randgebieten zu ihrem eigenen Vorteil zu schüren. Das „Vorbild" Europa – oder besser gesagt: der unbarmherzige Lehrmeister – war den Türken nicht nur auf logistischem, wirtschaftlichem und technischem Gebiet um Jahrzehnte voraus, es versuchte auch immer offener, seine kulturellen Maßstäbe von Zivilisation den rückständigen „Asiaten“ – und dazu gehörten auch die Türken – aufzuzwingen.

Im **Ersten Weltkrieg** (1914–18) stand die „Hohe Pforte“ auf der Seite der Mittelmächte Deutschland und Österreich-Ungarn. Allen drei Mächten war gemeinsam, dass sie mehr oder weniger konservative Monarchien waren; und alle drei Mächte bezahlten ihre Niederlage gegen die modernen Staaten der westlichen Alliierten nicht nur mit Gebietsverlusten, sondern mit der Auflösung ihrer Regierungsform: Das deutsche bzw. österreichische Kaisertum wie auch das 700-jährige Sultanat verschwanden von der politischen Landkarte.

Der letzte Sultan *Mehmed VI.* (1918–22) musste der Besetzung Istanbuls zustimmen; alliierte Truppen – Italiener, Franzosen, Briten und Griechen – besetzten und kontrollierten türkisches Territorium, die osmanischen Armeen sollten demobilisiert und aufgelöst werden. Die Vertreter des Sultans mussten im **Friedensvertrag von Sèvres** (1920) demütigende Bedingungen akzeptieren: alle nicht-türkischen Gebiete mussten abgetreten werden, außerdem sollten Izmir, Thrakien und alle ägäischen Inseln griechischer Verwaltung unterstellt werden. Das ehemalige Weltreich wäre nach den Bestimmungen von Sèvres zu einem Marionettenstaat, der Sultan zu einer Gallionsfigur in den Händen der Großmächte herabgesunken.

Dass es nicht dazu kam – die Bestimmungen des Friedensvertrags traten niemals in Kraft –, lag am entschiedenen Widerstand vor allem eines Mannes: *Mustafa Kemal Pascha,* dem später von einer dankbaren Nation der Name **Atatürk** („Vater der Türken“) verliehen werden sollte. Seiner organisatorischen, politischen wie auch militärischen Geschicklichkeit war es zu verdanken, dass aus und auf den Trümmern des Osmanischen Reichs die moderne türkische Republik entstehen konnte. Er brachte nicht nur den türkischen Armeen die seit langem verloren gegangenen Siege zurück, er schwor auch ein desorientiertes Volk auf eine neue Zukunft ein – allerdings um den hohen Preis eines fast totalen System- und Identitätswechsels: der kompromisslosen Einführung der europäischen Zivilisation.

Kemal Atatürk und die moderne Türkei

Es gibt keine zweite Zivilisation; Zivilisation bedeutet europäische Zivilisation, und sie muss eingeführt werden - mit ihren Rosen und ihren Dornen.

(Ein Vertreter der Jungtürken 1913)

Wer in Ankara vor dem 1953 fertiggestellten **Mausoleum Atatürks** steht, wird die Besuchsempfehlung seines Reiseführers sicherlich mit gemischten, möglicherweise ein wenig irritierten Gefühlen quittieren: Geometrisch nüchtern, kalt und „untürkisch“ glänzen der riesige, nackte Mausoleumsvorhof und die imperiale Ehrenhalle *(anıtkabir)* in der Sonne. So mancher wird sich des Eindrucks nicht erwehren können, dass die Anlage in ihrer monumentalen Größe und Kahlheit einen zu farblosen architektonischen Import der Moderne darstellt, zudem einen, der staatliche Allmacht ausdrückt. Insofern stellt dieses Mausoleum sicherlich eine zeitgerechte Hommage an den allseits verehrten Staatsgründer der modernen Türkei dar, der – in einem Zeitalter der nationalen Totalitarismen lebend (*Lenin, Stalin, Mussolini, Hitler, Franco* usw.) – gewiss nicht den schlechtesten Teil politischen „Führertums“ für sich reklamieren konnte. Aus dem gleichen Grunde aber vermittelt die klare, westliche Linienführung der Anlage eine Vorstellung von dem, was dem Staatsgründer als politisches Ziel vor Augen stand: die völlige Abkehr von der Vergangenheit, der radikale Frontwechsel in die Moderne und in den Westen - selbst wenn dabei die historische und kulturelle Farbenvielfalt der Türkei vereinfacht oder gar vergewaltigt werden musste.

Die **osmanischen Sultane** jedenfalls hätten diese existentielle Kehrtwendung zum Westen auch bei bestem Willen nicht leisten können. Zwar betrieben sie im 19. Jh. - notgedrungen! - eine an westlichen Strukturen orientierte Modernisierung, aber sie betrieben sie halbherzig, sozusagen äußerlich. Die inneren, politisch-geistigen Grundlagen eines modernen Nationalstaats konnten und wollten sie nicht legen, denn ein solches Staatsverständnis war dem ethnisch so vielfältigen Osmanischen Reich nicht nur völlig fremd, es war seinem Wesen geradezu entgegengesetzt. So wäre auch ohne die militärische Niederlage im Ersten Weltkrieg das Osmanische Reich von innen heraus zerbrochen, denn der universelle Machtanspruch des Sultans auf politischer (Osmanismus) wie auch religiöser (Kalifat) Ebene war mit den modernen Kräften des Nationalismus und Liberalismus nicht zu vereinbaren. Vom Sultan selbst war natürlich kaum die Selbstentmachtung zu erwarten - der radikale Schnitt sollte einem Mann vorbehalten sein, der anstelle des Sultans zum neuen „Vater" *(ata)*, nämlich zu einem nationalen „Vater der Türken" *(Ata-türk)*, werden sollte.

Mustafa Kemal Pascha (1882–1938), in Saloniki geborener Sohn eines Beamten, schlug mit dem Besuch der Kriegsakademie die Militärlaufbahn ein. Bereits im Krieg gegen die Italiener (1911/12), die Libyen vom Osmanischen Reich eroberten, hatte der junge Offizier seine Talente unter Beweis stellen können, und im Ersten Weltkrieg gewann er militärische Lorbeeren durch die erfolgreiche Verteidigung der Dardanellen gegen die alliierten Truppen (1915).

Nach der Kapitulation des Osmanischen Reiches (30.10.1918) wurden Istanbul und die Küstenregionen von den alliierten Truppen besetzt; nur in Ostanatolien - außerhalb der Reichweite der allierten Besatzungstruppen - hielten sich türkische Heeresverbände, die sich dem Diktatfrieden von Sèvres nicht beugen wollten. Auf Druck der Briten entsandte der Sultan *Mustafa Kemal Pascha* nach Anatolien, dessen Aufgabe die Demobilisierung der aufständischen Truppenteile sein sollte. Statt aber diesem Auftrag nachzukommen, setzte sich *Kemal* **an die Spitze der Aufständischen,** die auf nationalen Kongressen in Sivas und Erzurum (September 1919) seinen Führungsanspruch bestätigten. Ein halbes Jahr später (April 1920) beriefen die türkischen Nationalisten in Ankara die **„Große Türkische Nationalversammlung"** *(Türkiye Büyük Millet Meclisi)* ein, die sich zum alleinigen Vertreter der türkischen Souveränität erklärte; ihr Präsident wurde natürlich *Mustafa Kemal Pascha.*

Die Allierten reagierten scharf auf diesen unerwarteten Widerstand: Der von den Briten kontrollierte Sultan ließ *Mustafa Kemal* und seine Mitstreiter ächten, die von den Alliierten unterstützten **Griechen** besetzten Izmir und die alte Osmanenhauptstadt Edirne sowie fast ganz Thrakien. In Ostanatolien versuchten die **Armenier,** einen eigenen Staat zu gründen, der ihnen im Vertrag von Sèvres durch die Aliierten zugesichert worden war. Aber *Mustafa Kemal* zeigte sich der Lage gewachsen; zunächst schlugen seine reorganisierten Truppen die Armenier (1920), dann wendete er sich gegen die Griechen, die von Izmir aus nach Norden und Osten vorstießen, um - der alte griechische Traum seit den Tagen des *Dareios* - ganz Westanatolien unter ihre Herrschaft zu bringen. Am Sakarya-Fluss südwestlich von Ankara trafen die beiden Armeen aufeinander (September 1921); nach mehrtägigen Gefechten wurden die Griechen vernichtend geschlagen und zur Küste zurückgeworfen.

Symbolträchtig: Reiterstandbild Atatürks vor dem modernen Gebäude der Türk Telekom

Die traurigen **Auswüchse des nationalistischen Denkens** waren dabei auf beiden Seiten gleich: Hatten die Griechen auf ihrem Vormarsch zunächst die Türken vertrieben und massakriert, so war es nun an den Türken, bei der Rückeroberung des Gebietes die Griechen brutal zu vertreiben. Damit mussten die Griechen Kleinasien endgültig Lebewohl sagen. Weder die persische noch die osmanische Eroberung hatte das Hellenentum aus den Küstenstädten Kleinasiens verbannt; es war der Nationalismus des frühen 20. Jh., der Völkermord und Vertreibung brachte und nun für politisch, ethnisch und kulturell scharfe Grenzen sorgte.

Die griechische Armee floh nach Izmir zurück, wo sie von der britischen Flotte in einer Eilaktion (9.–11.9.1921) evakuiert wurde. Mit den Soldaten flohen auch die meisten alteingessessenen griechischen Familien, die zu Recht die Rache der heranrückenden türkischen Armee fürchteten; sage und schreibe 1,3 Millionen Griechen wollten oder mussten Kleinasien verlassen.

Nach diesem griechischen Desaster gaben auch die befreundeten Briten auf, nachdem vorher schon Italiener und Franzosen die von ihnen besetzten Gebiete geräumt hatten. *Kemal Pascha,* der von der Nationalversammlung in Ankara mit dem alten, uns schon bekannnten Ehrentitel Ghasi geehrt wurde, hatte einen **glänzenden Sieg über die Westmächte** errungen. Der Lohn waren die Friedensbedingungen von Lausanne (1923), in denen der Türkei die volle Souveränität über ganz Anatolien sowie das europäische Thrakien zurückgegeben wurde.

Nachdem er das Haus außenpolitisch vor dem Einsturz bewahrt hatte, konnte *Mustafa Kemal* mit der revolutionären Umgestaltung der „Inneneinrichtung" beginnen; und fast schien es so, als sollte das ganze alte Interieur auf den Müllplatz der Geschichte fliegen. Noch vor dem Frieden von Lausanne hatten die türkischen Nationalisten auf entsprechenden Druck von *Ghasi Mustafa Kemal* für die **Abschaffung des Sultanats** gestimmt (1.11.1922). *Sultan Mehmed VI.* (1918–1922) zog die Konsequenzen aus diesem für ihn so ungeheuerlichen Affront: Noch im gleichen Monat ließ er sich von einem britischen Kriegsschiff außer Landes bringen, um in San Remo als Privatmann zu leben.

007tu Foto: mf

Der letzte Spross aus dem Hause Osman, *Abdul Medschid,* durfte sich nach gnädigem Nicken der Nationalisten vorerst wenigstens noch als Kalif fühlen. Aber auch diese islamische Integrationsfigur, die mittlerweile keinerlei weltliche Machtbefugnis mehr hatte, war den „Westlern" noch zu viel rückständige Vergangenheit. Am 3.3.1924 sorgte *Mustafa Kemal* in recht grober Weise in der Nationalversammlung dafür, dass auch der letzte osmanische Repräsentant der Vergangenheit seine Koffer packen musste: Innerhalb von 48 Stunden hatte *Abdul Medschid* das Land zu verlassen; das Kalifat, eine mehr als tausendjährige Institution, existierte nicht mehr.

Nachdem er nun die Osmanen in politischer wie religiöser Hinsicht beseitigt, sprich aus dem Haus gefegt hatte, trieb *Kemal* zügig den Aufbau der neuen staatstragenden Säulen voran: Schon am 13.10.1923 wurde die Hauptstadt offiziell nach **Ankara** verlegt, wo am 29.10.1923 ebenso offiziell die **Republik** ausgerufen wurde. Der erste Präsident der Republik – wer anders als *Mustafa Kemal* – ernannte seinen langjährigen Mitstreiter *Ismet Inönü* zum Premier, der sich auf die einzige zugelassene Partei, die **Republikanische Volkspartei** (CHP – *Cumhuriyet Halk Partisi),* stützte. Zwei schüchterne Versuche, ein Mehrparteiensystem einzuführen (1924, 1930), schienen *Mustafa Kemal* und seinen Mitstreitern denn doch zu viel demokratisches Gefahrenpotenzial zu beinhalten, sodass die Experimente jeweils nach wenigen Monaten – mit entsprechenden „Säuberungsaktionen" – abgebrochen wurden. Die Nationalversammlung blieb so zunächst de facto die exklusive Präsentationsbühne der Republikanischen Volkspartei, die nach dem Willen ihres allmächtigen Vorsitzenden – natürlich auch *Mustafa Kemal* – alle Schichten des Volkes zu repräsentieren hatte.

Gestützt auf dieses Machtmonopol und das weithin anerkannte Charisma ihres Führers, konnten die Kemalisten nun mit aller Radikalität die **Umstrukturierung der Gesellschaft** in Angriff nehmen.

Mit der Abschaffung des Kalifats waren auch die religiösen **Schulen** (Medresen) und Gerichtsinstitutionen – an der Spitze letzterer der einst so mächtige *Scheich ül-islam* – verbannt worden. Ausbildung und Unterricht wurden durch ein Gesetz 1924 dem Ministerium für nationale Erziehung übertragen.

In **juristischer Hinsicht** wurde das religiöse Gesetz (die Scharia) durch die Einführung europäischer Rechtsordnungssysteme abgelöst: Die Kemalisten übernahmen in der Folge – mit punktuellen Änderungen – das Schweizer Zivilrecht (Bürgerliches Gesetzbuch), das Italienische Strafrecht und das Deutsche Handelsrecht (1926). Im Zusammenhang damit standen die Einführung des Frauenstimmrechts (aktives und passives Wahlrecht: 1930 auf kommunaler Ebene, 1934 auf Parlamentsebene) und das Verbot der religiös erlaubten Polygamie (Vielehe), also die Übernahme der Einehe.

1925 wurde anstelle der islamischen **Zeitrechnung** (nach der Hedschra) der Gregorianische Kalender (also die christliche Zeitrechnung !!) eingeführt; außerdem wurde der Sonntag (!) zum wöchentlichen Feiertag erklärt (während im Islam der Freitag der Feiertag ist).

Eine in Ankara eingesetzte Sprachkommission ging daran, das Türkische von persischen und arabischen Lehnswörtern zu reinigen, um so auch auf der **sprachlichen Ebene** das Nationalbewusstsein zu stärken. Die bisherige Praxis der arabischen Schreibweise – eine Konsonantenschrift, die der türkischen Vokalsprache kaum dienlich war – wurde durch die Umstellung auf die lateinische Schrift einem radikalen Wechsel unterzogen (1928); selbst im religiösen Bereich der Moscheegebete sollte das Arabische der türkischen Sprache Platz machen.

Eine weitere praktische Anpassung an Europa stellte die Einführung **metrischer Maße** (1931) dar. Außerdem musste jede Person ab 1934 neben dem Vornamen auch einen – in der osmanischen Zeit nicht vorhandenen – **Familiennamen** führen; dagegen wurden die alten osmanischen Ehrentitel, wie zum Beispiel Pascha, verboten. *Mustafa*

Kemal ließ sich nun offiziell den Namen *Atatürk* (Vater der Türken) geben – ein Familien- und Ehrenname, den er wohl zu Recht für sich beanspruchen durfte.

Kann man den bisher genannten revolutionären Maßnahmen einen gewissen praktischen Hintergrund nicht absprechen, so zeigte das bereits 1925 durchgeführte **„Hutgesetz"** *(sapka kanunu)*, worum es *Atatürk* und den Kemalisten letztendlich ging: die auch symbolische Ersetzung der alten islamischen Kultur durch die europäische. *Atatürk* selbst demonstrierte seinem Volk im selben Jahr den umwerfenden Charme eines Panama-Huts und hielt eine berühmte „Hutrede". Das folgende Hutgesetz, das übrigens einen verstärkten Import von europäischen Kopfdeckeln nach sich zog, verbot dann den Männern das Tragen des alten Fez und oktroyierte ihnen die „fortschrittliche" westliche Kopfbedeckung auf.

Wenige Monate später (Februar 1926) fiel im Zuge der Emanzipation auch die islamische Bastion des **Frauenschleiers** *(çarşaf, peçe):* Das schöne Geschlecht sollte – und durfte – sich nach Willen der Kemalisten zumindest in offiziellen Räumen nun nicht mehr verstecken. Allerdings war man auf einem 1935 abgehaltenen Kongress der Volkspartei angesichts der vor allem unter der bäuerlichen Bevölkerung zu erwartenden Widerstände so realistisch, die faktische Durchführung des Schleierverbots den Kommunen zu überlassen.

Entschiedener waren dagegen die Anstrengungen der Kemalisten, das **Bildungsniveau des Volkes** zu heben, wussten sie doch genau, dass nur aufgeklärte und gut informierte Menschen ihre Entwicklungsziele unterstützen könnten und würden. Seit 1932 richtete die Republikanische Partei sogenannte Volkshäuser *(halkevleri)* ein, die überall in der Türkei die Allgemeinbildung, aber auch die neuen Staatsprinzipien fördern und verbreiten sollten.

Aber eine Kulturrevolution dieses Kalibers konnte sicherlich nicht nur Hurrageschrei hervorrufen. So unangefochten die militärische und außenpolitische Leistung *Atatürks* war und so sicher sie auch die Bereitschaft der Türken begründete, ihm innenpolitischen Kredit zu bewilligen – diese umwerfenden Neuerungen waren für viele Gruppen und Volksteile denn doch ein gar zu harter Tobak. Dass sich viele orthodoxe Muslime dem neuen Hutgesetz dadurch entzogen, dass sie sich aus der Öffentlichkeit zurückzogen, kann noch als die kleinste Form passiven **Widerstands** beschmunzelt werden.

Gewichtiger war da schon der **Aufstand der Kurden**, der in Südostanatolien unter *Scheich Said* 1925 ausbrach. Die Kurden, die im Osmanischen Reich – verbunden durch den Islam – im großen und ganzen immer treue Verbündete gewesen waren, sahen nach Abschaffung des Kalifats und Einführung des türkischen Nationalismus keinen Grund mehr, im türkischen Staat zu verbleiben, zumal ihnen ein Jahr vorher kulturelle Rechte – wie z. B. der Gebrauch ihrer Sprache – aberkannt worden waren. Der Aufstand wurde niedergeschlagen und die Verantwortlichen kurzerhand gehängt; aber das Problem sollte ein Dauerbrenner werden.

Auch die an westliche Vorstellungen anknüpfende **Emanzipation der Frau** konnte – wenigstens zunächst – in der Männerwelt kaum Begeisterungsstürme entwickeln. Bekannt ist die Anekdote über *Surreya Ağaoğlu*, die erste Rechtsanwältin, die im männerbesetzten Restaurant als einzige Frau unter gafferischen und empörten Blicken ihr Essen hinunterschlingen musste und sich für dieses zweifelhafte Vergnügen noch eine Beschwerde einfing. *Atatürk* – und jetzt kommt der Ritter – bekam Wind von dem Eklat und trat beim nächsten Restaurantbesuch der Dame demonstrativ zur Seite.

Eine solche Protektion konnte die anatolische Bauersfrau kaum erwarten – und wahrscheinlich dachte sie auch nie daran. Die religiöse Trauung durch den Vorbeter der Gemeinde (Imam) hatte in der Praxis weiterhin großes Gewicht, obwohl sie keine Rechtsgültigkeit mehr besaß. Und nicht nur in den rückständigen und ländlichen Gebieten des Ostens blieb der **Islam** zunächst noch lange ein inneres Bollwerk gegen die Reformen. Denn in der Tat waren die Abschaffung des Kalifats und die damit einhergehende Entweihung des Islam als unangefochtenes Zentrum der kulturellen Identität die vielleicht tiefsten Schnitte der kemalistischen Revolution. Es entbehrt nicht einer gewissen Ironie, dass *Atatürk,* der den Islam als „absurde Theologie eines unmoralischen Beduinen" in die Mottenkiste der Geschichte degradieren wollte, sich von seinen religiösen Gegnern – natürlich heimlich – eine ganze Latte an „unmoralischen" westlichen Tugenden vorhalten lassen musste: Dass er *Goethe,* westliche Kleidung und repräsentative Karossen schätzte, schien für einen großen „Westler" noch konsequent zu sein, schwieriger wurde es da schon mit dem ihm nachgesagten Alkohol- und Frauenkonsum sowie der Spielleidenschaft, die empfindlich an der nationalen Vorbildfunktion des neuen Vateridols kratzten.

Tratsch hin, Tratsch her: *Atatürks* Reform war eben eine Reform von oben, und das Volk lief der „Weisheit" seines Führers in jahrhundertelanger Verspätung hinterher. Viele der Neuerungen hätten als Plebiszit die demokratische Hürde der Mehrheit kaum genommen. Denn der Staatsgründer hatte den Türken nicht nur den Fez, die arabische Schrift und den Schleier genommen, er hatte quasi die 700 Jahre alte islamisch-orientalische Identität des Landes verboten. Die Türken sollten europäisch denken, ja zu Europa gehören, den alten Göttern abschwören, um den neuen zu huldigen. Am Ende der osmanischen Zerfallsperiode hatte ein **totaler kultureller und politischer Frontwechsel** stattgefunden: Ein islamisches Land, das seiner alten Identität den Rücken kehren sollte, wechselte in das andere Lager – in jenes Lager, das jahrhundertelang das gottgegebene Angriffsziel der osmanischen Armeen gewesen war. Und es darf weiterhin – je nach kulturellem Blickwinkel – darüber gestritten werden, ob diese letzte, zwar nicht militärische, aber in der Tiefenwirkung weitaus schmerzhaftere Umwälzung in historisch längerer Perspektive als Sieg der Vernunft oder als kulturelle Demütigung und höchste Niederlage gewertet werden muss.

So hatten die Türken zwischen Edirne und Van eine groteske geschichtliche Lehrstunde zu verarbeiten: Der große *Atatürk* hatte Europa militärisch besiegt – um sich ihm dann kulturell zu unterwerfen ...

Asien oder Europa – Quo vadis, Türkei?

Für eine erfolgreiche Umorientierung müßte sich die Türkei jedoch auf ihre Geschichte besinnen und sich an den Osmanen ein Beispiel nehmen. Toleranz kann von unschätzbarem Vorteil sein.

(Tim Kelsey)

Totgesagte leben denn doch oft länger. Und eine Kultur wechselt man nicht wie ein frisches Hemd.

Als die neu entstandene Nation am 10.11.1938 den Tod ihres Gründungsvaters beklagte, galt es für die Kemalisten, sein Erbe zu wahren. Der langjährige Weggenosse und Premier *Ismet Inönü* (1884–1973) wurde neuer Staatspräsident. Während des **Zweiten Weltkriegs** (1939–1945) konnte er lange die Neutralität der Türkei behaupten; erst im Februar 1945 schloss sich das Land den gegen Nazi-Deutschland kämpfenden Alliierten an. Die Entscheidung für die Westmächte beruhte vor allem auf den wachsenden Spannungen zur Sowjetunion, die Gebietsansprüche an die Türkei stellte. Folglich wurde die USA nun zu einem wichtigen Bündnispartner, der ab 1946 regelmäßig Kredite zum Aufbau der türkischen Rüstung und Wirtschaft bereitstellte.

Die Allianz mit dem Westen und die Unterzeichnung der UNO-Gründungsurkunde (Februar 1945) bewegten Inönü, den **demokratischen Prozess voranzutreiben,** um auch weiter auf die Unterstützung der USA zählen zu können. So wurde die Ein-Parteien-Herrschaft der Republikanischen Volkspartei (CHP, s.o.) ab 1946 durch Gründung der Demokratischen Partei (DP - *Demokrat Partisi*) in ein demokratisches Mehrparteiensystem überführt. Bei den ersten freien Wahlen (12.7.1946) behielt die CHP zwar die große Mehrheit , aber der Achtungserfolg der DP (62 Sitze - 7 Sitze fielen unabhängigen Abgeordneten zu) machte der staatstragenden kemalistischen Bürokratie klar, dass es im Lande Unzufriedene gab, vor allem in den Reihen der religiösen Traditionalisten und der auf Wirtschaftsliberalisierung drängenden Großgrundbesitzer.

Bei den Wahlen vom 14.5.1950 errang die DP unter Führung von *Celal Bayar* und **Adnan Menderes** die absolute Mehrheit (408 Sitze); die einst so mächtige CHP musste mit nur 69 Sitzen auf der Oppositionsbank Platz nehmen. Unter dem Ministerpräsidenten *Menderes* wurde nun wirtschaftlich eine größere Liberalisierung wie auch Privatisierung eingeleitet. Dabei legte die DP - mit Rücksicht auf ihre großenteils ländliche Wählerschaft - ihr Schwergewicht auf die **Mechanisierung der Landwirtschaft;** ein Großteil der von den USA gewährten Kredite wurde zudem in den **infrastrukturellen Ausbau** investiert, der die ländlichen Gebiete (und ihre Produkte) an die westlichen Handelszentren anschließen sollte. Da die Kredite und die Mechanisierung aber hauptsächlich den Großgrundbesitzern zugute kamen, sollten wenige Jahre später diese neu gebauten Straßen die verarmten Kleinbauern und arbeitslos gewordenen Landarbeiter in die Städte bringen - ein Prozess, den die Menderes-Regierung kaum vorausgesehen haben dürfte.

Nach anfänglichen Erfolgen geriet das Land ab 1955 zudem immer stärker in die **Schuldenfalle,** denn die Import- überstiegen die Exportwerte um ein vielfaches, sodass die Leistungsbilanz ständig defizitär war - ein Problem, dass ebenso wie die daraus resultierende Inflation chronisch werden sollte. Die hohen Militärausgaben - seit 1952 war die Türkei Mitglied der NATO - belasteten das Land zusätzlich, sodass die DP-Regierung am Schluss der 1950er Jahre den wachsenden Unmut mit **repressiven Maßnahmen** zu eliminieren versuchte: Auf kritische Presseberichte reagierte sie mit Zensur, und die schon vorher stark beschnittene Opposition der CHP sollte durch einen Untersuchungsausschuss noch weiter kriminalisiert werden.

Spätestens hier aber überzog *Menderes* in völliger Verkennung der tatsächlichen Machtsituation seine Strippen und Saiten. Denn immerhin stand hinter der CHP - der alten Atatürk-Partei - die auch weiterhin von Kemalisten geführte Armee, die schon lange misstrauisch die DP-Aktivitäten beäugte. Am 27.5.1960 **putschte das Militär;** die DP wurde aufgelöst und verboten. *Menderes* und zwei seiner Minister wurden nach einjährigem Prozess auf der Gefängnisinsel Imralı hingerichtet.

Dass *Menderes* trotz der von ihm zu verantwortenden Misere lange große Teile der Bevölkerung für sich gewinnen konnte - er wurde immerhin zweimal durch Wahlen in seinem Amt bestätigt -, lag nicht zuletzt an seiner an traditionell religiösen Werten orientierten Erziehungs- und Religionspolitik, die geschickt das islamische Denken der einfachen Leute ansprach. Auch aus diesem Grund verwundert es also kaum, dass das kemalistische Militär den „Konterrevolutionär" nur allzu gerne beseitigen wollte. Und sicherlich erklärt auch diese erste postkemalistische Aufwertung der Tradition die fast schon nostalgisch anmutende posthume **Verehrung des Adnan Menderes,** die 1990 mit der Überführung seiner Gebeine nach Istanbul ihren Höhepunkt fand.

Das Militär glaubte dagegen, mit dem ersten, gescheiterten Mehrparteienversuch eine wichtige Erfahrung gemacht zu haben: Denn nach dem repressiven Machtmissbrauch der DP schien die Lösung in einer **stärkeren Demokratisierung** und Selbstkontrolle der Macht zu liegen. Das konnte auch im Westen - nach dem im Ausland misstrauisch beäugten Militärputsch – populäre Sympathien einbringen, ging es doch für die Türkei in den seit 1959 laufenden Verhandlungen über ein Assoziierungsabkommen mit der damaligen Europäischen Wirtschaftsgemeinschaft (EWG) um den von den Kemalisten so sehr gewünschten Anschluss an Europa. So war die im Juli 1961 ausgearbeitete **Verfassung** fast ein Musterbeispiel rechtsstaatlicher Tugenden: Unter anderem wurden das Streik- und Demonstrationsrecht sowie die Presse- und Meinungsfreiheit verfassungsmäßig garantiert; zudem stellte die Einrichtung eines Verfassungsgerichts eine legislative Kontrolle der Grundrechte dar.

Die Absichten für einen neuen Start waren also die besten. Als wichtigste **neue Parteien** formierten sich neben der uns schon bekannten CHP die Gerechtigkeitspartei (AP – *Adalet Partisi*; konservative Partei, deren Mitglieder sich teilweise aus der verbotenen DP rekrutierten), die sozialistische Arbeiterpartei der Türkei (TIP – *Türkiye Isci Partisi)*, die rechtsextreme Nationalistische Aktionspartei (MHP – *Milliyetci Hareket Partisi)* sowie die zunächst unbedeutende, aber auf eine religiöse Renaissance hinarbeitende islamistische Nationale Heilspartei (MSP – *Milli Selamet Partisi)*.

Bei den Wahlen von 1961 versuchten sich die beiden stärksten Parteien – CHP und AP – unter Führung des CHP-Vorsitzenden *Inönü* in einer Koalitionsregierung, die aber wenig fruchtbar war und bald wieder auseinanderfiel. Immerhin wurde 1963 das **Assoziierungsabkommen mit der EWG** unterzeichnet, das langfristig eine Zollunion mit den westeuropäischen Ländern in Aussicht stellte.

Ab 1965 stellte die AP unter dem Ministerpräsidenten *Süleyman Demirel* die Regierung; die CHP, die nur noch knapp 30% der Stimmen erhielt, wählte *Bülent Ecevit* zu ihrem neuen Vorsitzenden, der die Partei auf eine quasi sozialdemokratische Linie einschwor. Die AP dagegen favorisierte ganz im Stil ihrer DP-Vorgängerin die Privatwirtschaft, was einige immer reicher, viele aber immer ärmer werden ließ und die **wirtschaftlichen Schwierigkeiten** nicht beseitigte. Die Leistungsbilanz blieb negativ, die Auslandsverschuldung wuchs ständig und die Inflationsrate fraß schnell wieder auf, was die türkischen Arbeitervertretungen für den kleinen Mann herausholten.

Die Enttäuschten begannen sich zu radikalisieren – und zwar nach rechts wie nach links. Dass beide Lager bald kräftig aufeinander losschlugen und einige Städte und Landesteile in **Anarchie** zu versinken drohten, rief am 12.3.1971 erneut das **Militär** auf den Plan. Sein drohendes Memorandum *(muhtira)* bewirkte den Rücktritt der Regierung *Demirel* und die Berufung einer überparteilichen Koalition, die angesichts des Chaos schleunigst einige Grundrechte zurechtstutzte: Die Beschneidung der Pressefreiheit und der schnelle Zugriff von sogenannten Staatssicherheitsgerichten sollten wieder Ruhe und Ordnung schaffen.

Aber den in den nächsten zehn Jahren operierenden Regierungen – abwechselnd unter Führung von *Ecevits* CHP oder *Demirels* AP – gelang es nicht, die oben genannten Wirtschaftsprobleme der Türkei in den Griff zu bekommen. Im Gegenteil, die Öl- und Weltwirtschaftskrise von 1973 sowie die **Intervention auf Zypern** (1974) verschärften die finanziellen Probleme noch. Griechen und Türken waren seit historischer Zeit, insbesondere aber seit den Ereignissen von 1921 (siehe „Kemal Atatürk und die moderne Türkei") Erzfeinde. Ungeachtet der gemeinsamen Zugehörigkeit zum westlichen Militärbündnis der NATO beäugten sich die beiden Verbündeten mit solidem Hass, der auf politischen wie auch kulturellen Aversionen beruhte. Im Mittelpunkt standen zwei Problembereiche, nämlich Zypern sowie Gebietsansprüche in der ägäischen Inselwelt. Die Türkei sah und sieht sich als Schutzmacht der türkischen Minderheit auf Zypern, die Griechen betrieben mehr oder weniger direkt den Anschluss Zyperns an das griechische „Mutterland" *(Enosis)*. Im Juli 1974 besetzten türkische Truppen den Norden der Insel, was eine bis heute währende De-facto-Teilung Zyperns nach sich zog. (Die Türkische Republik Nordzypern erklärte sich unter ihrem Präsidenten *Rauf Denk-*

tasch 1983 für unabhängig, was bisher lediglich von der Türkei anerkannt und unterstützt wird.) Die Amerikaner, aufgerüttelt durch die empörten Griechen, verhängten nach der Invasion 1974 (bis 1978) ein Waffenembargo über die Türkei. Diese musste folglich mit ihren knappen Devisen den Waffeneinkauf auf dem teuren Weltmarkt tätigen – womit wir wieder bei den wirtschaftlichen Schwierigkeiten wären.

Die beiden großen Parteien unter *Demirel* und *Ecevit* mussten für die Regierungsbildung Koalitionen mit kleinen, politisch extremen Parteien eingehen. Vor allem die rechtsextreme MHP nutzte diese Plattform, um über ihre abhängigen Unterorganisationen („Graue Wölfe") Einfluss auf die Bürger zu gewinnen. Das politische Klima verschlechterte sich zusehends: Linke und rechte Gruppen fochten blutige Straßenkämpfe miteinander aus, an Universitäten, in Fabriken, ja selbst in Behörden wurde mit handgreiflichen Mitteln um die ideologische Führung gekämpft. Im Jahr 1980 schlug der Terror in fast schon **bürgerkriegsähnliche Verhältnisse** um, jeden Tag wurden zwischen 25 und 30 Menschen ermordet, und in 13 Provinzen musste das Kriegsrecht, sprich der Notstand, ausgerufen werden. Als die islamistische Nationale Heilspartei (MSP) auf Demonstrationen die Errichtung einer islamischen Ordnung forderte, war das Maß für das Militär voll: Am 12.9.1980 **intervenierte die Armee** als Gralshüter des Kemalismus zum dritten Mal. Die Parteien wurden verboten, das Parlament und alle politischen Unterorganisationen wie Studentenverbände, Gewerkschaften usw. aufgelöst sowie 122.600 Personen verhaftet und durch Schnellgerichte abgeurteilt. Der Nationale Sicherheitsrat unter General *Kenan Evren* ließ eine **neue Verfassung** ausarbeiten, die nun – anders als die von 1961 – die weitgehende Entpolitisierung der Gesellschaft zum Ziel hatte: Der Beamten- und Studentenschaft wie auch allen Verbandsfunktionären wurde die Zugehörigkeit zu politischen Parteien untersagt. Diese bis heute letzte Intervention des türkischen Militärs hat in den vergangenen 20 Jahren ein zwar labiles, aber im großen und ganzen erstaunlich **anpassungsfähiges System** entstehen lassen, das die politisch-kulturelle Grenzstellung der Türkei nicht nur demokratisch ausdrücken, sondern – jedenfalls bisher – auch aushalten, ja teilweise bewusst erhalten konnte.

Die 1980er Jahre wurden von dem Vorsitzenden der Mutterlandspartei *(Anavatan Partisi), Turgut Özal,* vor allem zur **Liberalisierung der Wirtschaft** genutzt. Seine ökonomischen Erfolge, die allerdings wieder weitgehend an den kleinen Leuten vorbeigingen, zogen auch eine gewisse Demokratisierung des politischen Lebens nach sich. So wurde 1987 das Tätigkeitsverbot für die vor 1980 maßgeblichen Politiker – *Demirel* und *Ecevit* – aufgehoben. Als 1989 *Turgut Özal* anstelle des Generals *Kenan Evren* zum Staatspräsidenten ernannt wurde, hatte sich seine Mutterlandspartei als maßgebliche politische Kraft bereits weitgehend verbraucht.

Im Oktober 1991 übernahm der Altpolitiker *Demirel* (Partei des rechten Weges, DYP – *Doğru Yol Partisi)* in einer Koalitionsregierung mit der Sozialdemokratischen Volkspartei (SHP – *Sosyaldemokrat Halkçi Partisi)* das Ruder, um – auch mit Blick auf die angestrebte Aufnahme in die EU – weitere **Demokratisierungsmaßnahmen** durchzuführen. So wurden bereits 1992 Reformen in der Strafprozess- und Haftordnung erlassen, und 1995 wurden insgesamt 16 Artikel der demokratiefeindlichen Verfassung von 1982 dergestalt modifiziert, dass Gewerkschaften, Berufsverbände und andere gesellschaftliche Gruppen ihr Recht auf politische Aktivität zurückerhielten. Die **ökonomische Misere der kleinen Leute** konnte aber keine dieser Reformen auffangen. Die Landflucht führte zunehmend zum Anwachsen der Geçekondu-Siedlungen an den Peripherien der großen Städte. Der Name dieser Siedlungen *(geçekondu* – über Nacht erbaut) leitet sich von einem alten islamischen Grundsatz ab: Eine über Nacht erbaute Behausung mit Dach durfte dem Bewohner nicht wieder weggenommen werden.

Und es war hauptsächlich diese Masse der unzufriedenen und meist traditionell denkenden Geçekondu-Bewohner, die am 24.12.1995 die islamistische Wohlfahrtspartei

(RP – *Refah Partisi*) zur stärksten Partei machte. Da unter den uneinigen „bürgerlichen" Fraktionen keine wie auch immer geartete Koalition zustande kommen wollte, geschah das für die moderne Türkei Ungeheuerliche: Am 8. Juli 1996 wurde der Vorsitzende der RP, *Neçmettin Erbakan,* mit den Stimmen der Koalitionspartei DYP der **erste islamistische Ministerpräsident der kemalistischen Türkei.** Das westliche Ausland wie natürlich auch alle Kemalisten – insbesondere das Militär – beobachteten argwöhnisch, ja entsetzt die ersten politischen Schritte der „Fundamentalisten".

Die erste Auslandsreise *Erbakans* führte denn auch am 12.8. prompt zum verteufelten Erzfeind des Westens, zu den Mullahs des benachbarten iranischen Gottesstaates. Überhaupt ging es nun in der **neuen Außenpolitik** darum, die islamischen Staaten zu hofieren, denn *Erbakan* zielte selbstbewusst auf einen Bund islamischer Staaten (D-8-Union), die den westlichen G-7-Staaten entgegenstehen sollte. Da aber gleichzeitig die Aufnahmebemühungen in die EU von den Islamisten nicht behindert wurden, schien selbst nicht-religiösen Kreisen die Außenpolitik *Erbakans* von Nutzen zu sein, eröffneten sich doch so zwei – wenn auch gewissermaßen einander entgegenstehende – Wirkungskreise, die politische und wirtschaftliche Expansion versprachen.

Innenpolitisch dagegen spitzte sich der „System-" und „Kulturkampf" auf mehreren Ebenen zu: 1997 begann die RP, das atatürksche Verschleierungsverbot für Frauen im öffentlichen Dienst in Frage zu stellen; außerdem sollte die Arbeitszeit im Verlauf des Fastenmonats Ramadan geändert und der Bau einer Moschee just auf dem westlichsten Areal Istanbuls, dem Taksim-Platz, vorangetrieben werden. Dies wie auch die beiden erstgenannten Ziele wären ein Sieg über die westliche „Moderne" gewesen.

Daraufhin setzte das Militär – nach weiteren Skandalen und Provokationen – *Erbakan* eine 20-Punkte-Liste vor, die ihm Maßnahmen gegen die religiöse Unterwanderung des Staates abverlangte. Der Islamist musste der kaum verhohlenen **Drohung des Militärs** nachgeben und den Punktekatalog zähneknirschend unterschreiben (5.3.1997). Diese Schwächung der RP sowie Dissonanzen mit und in der Koalitionspartei DYP veranlassten Staatspräsident *Demirel,* dem Vorsitzenden der Mutterlandspartei, *Mesut Yılmaz,* die Bildung einer neuen Koalitionsregierung zu überantworten; die Islamisten saßen wieder auf den Oppositionsbänken (12.7.1997).

Unter dem neuen Ministerpräsidenten *Yılmaz* (und seinem Nachfolger *Ecevit,* April 1999 bis November 2002) schien die Türkei wieder klar auf kemalistischem Kurs zu sein. Hart kritisierte *Yılmaz* den „christlichen Club" der Europäer, insbesondere Deutschland, die mit ihrer hinhaltenden EU-Aufnahme-Politik die Türkei immer wieder vertrösteten und neue Forderungen stellten. Immerhin wurde dem Land im Dezember 1999 der langersehnte Status **EU-Beitritts-Kandidaten** verliehen, gleichwohl maßgebliche Politiker der EU keinen Hehl daraus machten, dass sie das Land aufgrund von Menschenrechtsfragen und fehlenden politischen wie ökonomischen Standards wie auch einer generellen kulturellen Distanz als nicht zu Europa gehörig betrachteten. Durch weitreichende Verfassungsänderungen und Rechtsreformen (Abschaffung der Todesstrafe, Ausstrahlung von Radio- und Fernsehsendungen auch in kurdischer Sprache, Erleichterung der Gründung von Parteien und Gewerkschaften, Gesetze zur Gleichstellung der Frau sowie eine Überprüfung der Haftbedingungen und spektakuläre Justizurteile gegen Folter) versuchte die Türkei, **alle Vorbedingungen der Europäer zu erfüllen.**

An dieser Erfüllungspolitik gegenüber der EU änderte sich auch nichts, als im November 2002 bei den Parlamentswahlen die erst im Juli 2001 gegründete islamische Gerechtigkeits- und Entwicklungspartei (AKP = *Adalet ve Kalkinma Partisi*) mit 34,1% der abgegebenen Stimmen 363 der 550 Parlamentssitze gewann. Damit hatte erneut eine **islamische Nachfolgepartei die absolute Mehrheit** (der 1998 verbotenen RP war die islamische FP – *Fazilet Partisi* = Tugendpartei – gefolgt, die dann ebenfalls im Juni

2001 verboten worden war). Ministerpräsident wurde der populäre frühere Istanbuler Bürgermeister *Recep Tayyip Erdoğan,* der noch 1998 wegen angeblicher Volksverhetzung von den laizistischen Gerichten zu einer zehnmonatigen Gefängnisstrafe verurteilt worden war. Als Regierungschef vermied *Erdoğan,* der seine Partei selbst als gemäßigte konservative Kraft umschreibt, jegliches islamische Eifertum, um dem allmächtigen kemalistischem Generalstab keinen Vorwand zum Eingreifen zu geben.

Auch unter *Erdoğan* scheint die Türkei unaufhaltsam nach Westen zu streben. Im **Irakkrieg 2003** stand die Regierung – nicht zuletzt aus ökonomischen Zwängen – weitgehend loyal an der Seite der westlichen „Koalition der Willigen", auch wenn das türkische Parlament eine Stationierung amerikanischer Truppen blockierte und in der Bevölkerung kaum Sympathien für den amerikanischen Angriff zu finden waren. Diese kritische Bündnistreue verhinderte nicht, dass die säkulare Türkei von Islamisten als Verräter betrachtet wurde und wird: Im November 2003 wurden in Istanbul das britische Konsulat, eine britische Bank sowie zwei Synagogen von **islamistischen Terroranschlägen** getroffen, die insgesamt über 50 Tote und 800 Verletzte forderten.

Für die türkische Regierung stand vor allem die Lösung **finanzieller Probleme** auf dem Spiel. Die Finanzkrise im Februar 2001 führte zur Schließung mehrerer Banken und dem Verlust von ca. 50 Mrd. Euro beim Nationaleinkommen; zudem fielen über eine Million Arbeitsplätze der Rezession zum Opfer. Der damaligen Regierung *Ecevit* wurde daraufhin ein Kredit des IWF (Internationaler Währungsfonds) von 16 Mrd. $ gewährt. Mit einer aufgelaufenen Schuldenlast von 31 Mrd. $ war die Türkei nun der größte Schuldner des IWF, dessen rigorose Auflagen von der neuen Regierung *Erdoğan* zunächst nicht umgesetzt wurden, um die Arbeitslosigkeit nicht noch weiter steigen zu lassen. Mit einer Gesamtschuldenlast von über 200 Mrd. $ stand das Land am Rande des Bankrotts und unter dem Diktat seiner westlichen Geldgeber.

Umso glänzender stechen **die wirtschaftlichen Erfolge der Regierung Erdoğan** in den letzten Jahren hervor: Mit einem jährlichen Zuwachs von rund 7,5% des Bruttoinlandsprodukts (BIP) hat es die Türkei in vier Jahren geschafft, den 17. Platz unter den Wirtschaftsnationen zu erobern. Vor allem im Export, der 2006 auf rund 85 Mrd. Dollar gewachsen war und sich damit seit 2002 fast verdreifacht hatte, feiert die türkische Industrie insofern bemerkenswerte Erfolge, als das klassische Agrar- und Textilland sich kontinuierlich zu einem **Industriegüter-Lieferanten** mausert. Europäische Automobilhersteller und deren Zuliefererfirmen produzieren längst in der Türkei, rund 50% aller westlichen Fernseher werden hier gebaut und nicht wenige Küchengeräte, mit solch stattlichen Namen wie Bosch und Siemens, werden auf türkischem Boden montiert. Das Haushaltsdefizit des Landes fiel von 14% des BIP im Jahre 2003 auf 0,7% im Jahre 2006, die stets notorisch hohe Inflationsrate lag unter 10%.

Unbill droht dem Staat aber nach wie vor aus dem schwelenden Konflikt zwischen kemalistischen Repräsentanten (allen voran das Militär) und der jüngst so erfolgreichen islamisch-konservativen Regierung der AKP. Die Kandidatur des AKP-Außenministers *Gül* für das Präsidentenamt im April 2007 zog prompt eine unverhohlene Putschdrohung des Generalstabs nach sich: Nach einem „islamistischen" Regierungschef *(Erdoğan)* würde nicht auch noch ein mit ihm kooperierender, gleich gesinnter Präsident geduldet. Die **innenpolitische Krise** führte zur Ansetzung von Neuwahlen und zum Antrag der AKP, den Präsidenten künftig direkt vom Volk (statt vom Parlament) wählen zu lassen. Darin spiegelt sich deutlich das gestiegene Selbstbewusstsein der AKP, die Mehrheit der Bevölkerung auch künftig auf ihrer Seite zu haben.

Im Juli 2007 errang die islamisch-konservative AKP einen eindrucksvollen Wahlsieg: fast 47% der Wähler stimmten für die **Fortsetzung der Regierung Erdoğan.** Man darf also gespannt sein, wie der Machtkampf am Bosporus weitergeht – und ob das Militär die demokratische Ohrfeige akzeptiert.

010tu Foto: td

KULTURELLE PFEILER DER TÜRKISCHEN GESELLSCHAFT GESTERN UND HEUTE

Der Islam

Und was ist ihnen, dass sie nicht glauben, und wenn ihnen der Koran verlesen wird, nicht niederfallen? Ja, die Ungläubigen erklären ihn für eine Lüge, doch Allah weiß am besten, was sie an Bosheit verbergen.

Koran, 84. Sure[6]

Man glaubt es kaum, aber in den Touristenorten der türkischen Ägais erheben sich hier und da tatsächlich Stimmen, die dem von Lautsprechern verstärkten **Ruf des Muezzins** (türk. *müezzin,* Gebetsrufer) den Saft abdrehen wollen. Hier, im kemalistischen Westen und unter den Augen der geschätzten internationalen, weithin christlichen Kundschaft denkt man pragmatisch. Der Gebetsruf *(ezan)* störe die säkulare Urlaubsatmosphäre, und überhaupt sei die Präsenz des Islam an der Küste eher marginal, und es reiche ja auch, wenn die Leute in der Moschee das Gebet hörten. Selbst *Orhan,* ein keineswegs hochreligiöser junger Verkäufer, der zudem lange Zeit in Deutschland gelebt hat, beschleicht bei solchen Vorschlägen ein ungutes Gefühl: „Diesen Ruf haben die Muezzins seit Jahrhunderten ausgeübt, und es hat niemanden gestört. Die Lautsprecher tragen halt der Tatsache Rechnung, dass die Orte gewachsen und viel lauter geworden sind. Kein Mensch hat etwas gegen den Verkehrslärm oder die unfreiwillige Berieselung durch die abendliche Musik aus der Touristenbar. Aber die fünf Minuten des Muezzins, die sollen zu laut sein ..."

Natürlich wird es soweit wahrscheinlich nicht kommen. Denn selbst in den verwestlichten Touristenorten besitzt der Islam unter der arbeitenden türkischen Bevölkerung genügend Anhänger, die bei einem solchen Ansinnen auf die Barrikaden gehen würden. Abgesehen davon gibt es durchaus Touristen, die dem sonoren Ruf den orientalischen Zauber von Tausendundeiner Nacht abgewinnen können. Und mit der urplötzlich anhebenden Männerstimme scheint eine doch nicht gänzlich versunkene Vergangenheit in der Luft zu vibrieren ...

Wer in der Provinzhauptstadt Manisa den Teegarten zwischen den beiden benachbarten Moscheen Muradiye Camii und Sultan Camii besucht, kann zur Gebetszeit ein herrliches Duett hören: Der Vorbeter der Muradiye beginnt kraftvoll mit der mächtigen Rezitation, verstummt und noch in den Spuren seines Nachhalls wiederholt der Muezzin der Gegenseite wortwörtlich den Gesang, der sich so zu einem minutenlangen Wechselspiel religiöser Harmonien entwickelt. Nur wenige Zuhörer dürften bei diesem fast schon ästhetischen Gottesanruf negativ berührt sein - ungeachtet ihrer Einstellung zur islamischen Religion.

Vor über 1000 Jahren haben türkische Stämme bei ihrer Wanderung nach Westen den Islam angenommen, ja man kann geradezu sagen, dass sie seit dem Vordringen der Seldschuken der wichtigste weltliche Schutzarm der ursprünglich arabischen Religion waren. Die heutige Türkei ist ungeachtet der nun fast 80-jährigen Herrschaft des Kemalismus **ein islamisches Land geblieben.** Über 99% der Bevölkerung (offiziell gibt es noch 0,2% Christen) bekennen sich zum Glauben ihrer Vorväter, und vor allem im Osten wie auch in ländlichen Gebieten prägen auch heute noch islamische Vorstellungen das Alltagsleben der Gemeinschaft.

Entstehung und Grundlagen des Islam

Die jüngste der großen Weltreligionen fußt auf den Offenbarungen des **Propheten Mohammed** (570–632, eigentlicher Name *Abul Kasim Muhammad Ibn Abdallah*), der als Handelsreisender auf der alten Weihrauchstraße zwischen Arabien und Palästina mit den beiden älteren Buchreligionen des Juden- und Christentums in Kontakt kam. Um das Jahr 610 zog sich *Mohammed* auf den Berg Hira zurück, wo ihm die göttlichen Visionen der Überlieferung nach durch den Erzengel Gabriel zuteil wurden, die ihn fortan zum Verkünder der neuen Religion werden ließen.

Er begann seine Missionstätigkeit in **Mekka,** wo von alters her ein Heiligtum der arabischen Gottheiten stand, gegen die *Mohammed* jetzt seine monotheistischen Angriffe richtete. Die um ihren Status als alte Pilgerstadt fürchtenden Mekkaner reagierten erbost und trachteten dem Propheten nach dem Leben, sodass dieser im Jahre 622 nach Medina floh. Dieser Auszug **(Hedschra)** stellt den Beginn der islamischen Zeitrechnung dar.

Mohammed, der den Kampf von Medina aus fortsetzte, kehrte erst 627 nach Mekka zurück, nachdem er den um ihre Pilgerpfründe besorgten Mekkanern zugesichert hatte, das Heiligtum der Stadt, die **Kaaba,** zum Mittelpunkt des neuen Glaubens zu machen (ursprünglich wollte *Mohammed* Jerusalem zum Zentrum des Islam erheben). Die alten Gottheiten mussten nun aus dem würfelförmigen Heiligtum mit seinem schwarzen Meteoritstein weichen, aber die Mekkaner waren zufrieden, blieben sie doch als religiöses Zentrum des neuen Glaubens von wirtschaftlichen Einbußen verschont. Denn jeder Gläubige sollte in Zukunft mindestens einmal im Leben seine Pilgerfahrt (türk.: *hac)* nach Mekka machen, um dort siebenmal das von *Abraham* gebaute Heiligtum der Kaaba zu umrunden. Außerdem gab die Kaaba fortan als religiöser Magnet auch die Gebetsrichtung *(kibla)* für alle muslimischen Gläubigen an. Der *mihrab* (Gebetsnische) aller islamischen Moscheen weltweit muss – gleich einer religiösen Kompassnadel – in Himmelsrichtung Mekka ausgerichtet sein, und rund eine Milliarde Gläubige in 184 Ländern (nach den Christen die größte religöse Gemeinschaft der Welt) beugen beim Gebet ihr Haupt in Richtung jener Stadt, die noch heute für Nicht-Muslime verboten ist.

Nach *Mohammeds* Tod übernahmen seine Nachfolger, die Kalifen, die Leitung der islamischen Gemeinde (arab.: *umma),* die von dem Propheten selbst in der Exilgemeinde von Medina beispielhaft aufgebaut worden war. Die **Umma** stellt die Gemeinschaft der Gläubigen dar, die ungeachtet aller ethnischen Unterschiede durch die Hingabe an Gott *(= islam)* definiert ist (neben der islamischen gibt es auch eine christliche und jüdische Umma). Stärker als das entpolitisierte westliche Christentum beinhaltet die Umma einen politisch-religiösen Doppelcharakter, d. h. sie beansprucht auch, der alleinige Wertmaßstab für das politisch-gesellschaftliche Leben zu sein, sodass – und dies weicht gänzlich vom modernen westlichen Verständnis der Religion als Privatsache ab – der Islam niemals nur als ein individuelles Gottesverhältnis verstanden sein will.

Die Gläubigen der islamischen Umma bezeichnen sich als **Muslime** („die sich Gott Hingebenden"), niemals aber, wie fälschlicherweise im

Westen oft tituliert, als Mohammedaner. Denn der Prophet, der sich selbst als Vollender der von *Abraham, Moses* und *Christus* vorbereiteten Gottesverkündung verstand, gilt lediglich als Sprachrohr des einen Gottes *(Allah),* nicht aber – wie *Jesus Christus* im Christentum – als Gott selbst. Die Dreieinigkeit des christlichen Gottes ist dem Islam fremd, sein Monotheismus insofern konsequenter und rigoroser.

Die Umma – und dies ist für das Selbstverständnis islamischer Staaten von erheblicher Bedeutung – stellt also die irdische Annäherung an eine ideale Gemeinschaft dar, die auf den göttlich offenbarten Prinzipien des Korans basiert (s. u.). Gerade fundamentalistische Staaten – wie z. B. der Iran – verstehen sich als quasi diesseitige Realisierung des göttlichen Willens, dem naturgemäß der moderne westliche Individualismus und Säkularismus als sittenlose Verirrung des großen „Einflüsterers" gegenüberstehen (der „Einflüsterer" ist *Iblis,* der im Koran häufig auftretende Satan).

Bleibt in diesem Zusammenhang noch der im Westen berühmt-berüchtigte **Dschihad** (türk.: *cihat)* zu erwähnen. Der Ausdruck bedeutet eigentlich „Einsatz für die Sache Gottes", wird aber martialisch heute fast immer mit „Heiliger Krieg" übersetzt. Er richtet sich im engeren Sinne gegen die Ungläubigen bzw. gegen jede satanische Bedrohung der Umma und versteht sich insofern immer als „Gerechter Krieg". Seine Streiter werden denn auch als „Glaubenskämpfer" (türk.: *mücâhit)* geheiligt, denn für Gott zu fallen bzw. sein Leben einzusetzen, heißt, den direkten Weg ins Paradies zu suchen. „Und wer da kämpft in Allahs Weg, falle er oder siege er, wahrlich, dem geben wir gewaltigen Lohn."[7)]

Selbst *Kemal Atatürk,* gewiss nicht der Gläubige par excellence, nutzte die große suggestive Kraft des Dschihads. Denn nicht wenige seiner Soldaten verstanden sich im nationalen Befreiungskrieg gegen die Griechen als *mücâhit,* gleichwohl die Kemalisten nach ihrem Sieg von dieser Motivationshilfe nichts mehr wissen wollten.

Die sechs Glaubenssätze des Islam

Kommen wir nun zur Religion selbst. Das Bekenntnis zum Islam lässt sich in folgende sechs zentrale Glaubenssätze zusammenfassen:

1. Der **Glaube an den einen Gott** *(Allah);* dieses Prinzip wird vom Muslim in der Formel der *şehadet* (siehe unten) mehrmals täglich bekräftigt und rezitiert.

2. Der **Glaube an Gottes Engel,** darunter als wichtigster der aus dem Christentum bekannte Engel Gabriel.

3. Der **Glaube an das göttliche Buch, den Koran;** abgefasst und zusammengestellt durch die ersten Kalifen nach dem Tod *Mohammeds* – die-

ser selbst konnte wahrscheinlich weder lesen noch schreiben –, stellen die 114 Kapitel **(Suren)** die Offenbarungen Gottes an den Propheten dar. Dies bedeutet, dass der Koran das heilige Wort Gottes ist, dessen punktuelle Tiefe und Auslegungsmöglichkeiten zwar gelehrte Dispute rechtfertigen, dessen Göttlichkeit selbst aber keineswegs in Frage gestellt werden kann.

Übrigens sind auch Christen und Juden „Buchbesitzer" (arab.: *ahl al-kitab)* und insofern vor den anderen Religionen ausgezeichnet; allerdings gelten ihre Bücher als Verfälschungen des göttlichen Worts – zum Beispiel durch die Proklamation von *Jesus Christus* als Gottes Sohn –, sodass sie historisch einerseits als Schutzbefohlene *(ahl ad-dimma),* andererseits auch als zu bekämpfende Ungläubige bezeichnet werden. Wer allerdings einem gläubigen Muslim auf die Frage nach seiner Konfession mit einer Nicht-Buch-Religion oder gar einem atheistischen Bekenntnis antwortet, wird in der Regel wenig Verständnis und noch weniger Anerkennung finden.

Neben dem Koran gelten die **Hadithe** (türk.: *hadis)* als weitere Richtschnur des sozialen und religiösen Lebens. Es handelt sich dabei um überlieferte Aussprüche und Handlungen des Propheten, die in der **Sunna** (arab. „Vorbild", türk.: *sünnilik)* gesammelt vorliegen. Der sunnitische Islam, dem sich auch 80% aller Türken verpflichtet fühlen, stellt weltweit so etwas wie die islamische Orthodoxie dar, d. h. den richtigen Glauben (vergleichbar mit der katholischen Kirche im Christentum), dem ca. 80 mehr oder weniger „abweichlerische" Auffassungen gegenüberstehen (die bedeutendste unter diesen ist die Schia, s. u.). Koran und Hadithe sind für sunnitische Muslime die beiden entscheidenden Autoritätsquellen für religiöse wie auch gesellschaftliche Fragen; aus ihnen wird zum Beispiel das religiöse Recht, die **Scharia** (türk. *şeriat),* abgeleitet, das von einigen islamischen Staaten (z. B. Pakistan) heute noch angewandt wird.

4. Der **Glaube an die Gottes Wort verkündenden Gesandten** (Propheten); in einer Kette von *Moses, Abraham* und *Christus* stellt *Mohammed* den letzten, das endgültig wahre Gotteswort sprechenden Verkünder dar. Seine Vorläufer – neben den oben genannten auch altarabische Figuren wie *Ad* und *Thamud* – gelten ebenfalls als Allahs Gesandte, deren Botschaft aber durch die Aufnehmenden (auch in der Schrift) verfälscht worden ist.

5. Der **Glaube an den jüngsten Tag,** die „Stunde"; ähnlich wie im Christentum müssen die einzelnen Seelen vor dem göttlichen Endgericht die Verantwortung für ihre jeweiligen Taten übernehmen, die über Himmel (türk.: *cennet)* oder Hölle *(cehennem)* entscheiden.

6. Der **Glaube an die Vorherbestimmung** *(kısmet);* der für den Orient so typische Schicksalsglaube ist im Gegensatz zu den ersten fünf Prinzipien durchaus umstritten und auch nicht eindeutig aus dem Koran ableitbar. Auch in der Türkei gibt es islamische Interpretationen – wie z. B. in der

Glaubensgemeinschaft der Aleviten (s. u.) –, die dem einzelnen Individuum gegenüber dem Schicksal eine reelle Freiheit und Verantwortung zugestehen.

Die fünf Säulen des Islam

Den fünf bzw. sechs Glaubensdogmen stehen fünf **praktische religiöse Grundpflichten** zur Seite (die sogenannten „fünf Säulen der Religion", arab.: *arkan ad-din).* Sie stellen die für jeden gläubigen Muslim verbindlichen individuellen Handlungsmaximen dar:

1. Erste Pflicht ist das **tägliche Glaubensbekenntnis an den einen Gott** *(Allah):* „Es gibt keinen Gott außer Allah, und Mohammed ist sein Prophet". Das öffentliche und aufrichtige Sprechen dieses Zeugnisses (arab.: *shahada,* türk.: *şehadet)* bekundet die Zugehörigkeit zum islamischen Glauben; einen äußerlichen symbolischen Initiationsritus, wie z. B. die Taufe, gibt es nicht.

2. Des weiteren sind die **fünf täglich abzuhaltenden Gebete** (arab.: *salat,* türk.: *namaz)* eine Pflichthandlung: in der Morgendämmerung (1), zur Mittagszeit (2), am Nachmittag (3), am Abend (4) sowie vor dem Anbruch der Nacht (5).

Das öffentliche Gebetshaus der Muslime ist die **Moschee** (türk.: *cami* oder *mescit;* bei letzterer handelt es sich meist um eine kleine Moschee, die nicht das Recht für das so wichtige öffentliche Freitagsgebet beansprucht). Von ihren schlanken Gebetstürmen **(Minarette)** ruft der uns schon bekannte Muezzin den *ezan* (Gebetsruf) aus, der alle Gläubigen zum gemeinsamen Gebet versammelt. (Die Zahl der Minarette, meist bei ein oder zwei liegend, sagt gelegentlich etwas über die Bedeutung des Gotteshauses aus; als *Sultan Ahmed,* 1603–17, der von ihm in Auftrag gegebenen Blauen Moschee in Istanbul sechs Minarette bauen ließ, fühlten sich die Mekkaner beleidigt, sodass der Sultan der großen Moschee in Mekka ein siebtes stiften musste.)

Am Reinigungsbrunnen der Moschee (türk.: *şadırvan)* finden vor dem Gebet die **rituellen Waschungen** (türk.: *aptes)* statt: Hände, Füße und Gesicht sind nach bestimmten Vorschriften unter fließendem Wasser zu reinigen. Die religiös vorgeschriebene Reinheit hat nur so lange Bestand, wie man nicht zur Toilette geht oder Geschlechtsverkehr hat.

Die Moschee wird selbstverständlich ohne Schuhe betreten; auf ihren Teppichen findet dann der eigentliche **Gebetsvorgang** statt. Das Gesicht zur Mihrab (Gebetsnische, die die Richtung nach Mekka anzeigt) und der meist benachbarten Minbar (Gebetskanzel des Vorbeters) gewendet, spricht der Gläubige sein Gebet, wobei er sich mehrmals mit Stirn und

051tu Foto: mf

Händen bis zum Boden verneigt und zwischen knieender und aufrechter Gebetshaltung wechselt. Männer und Frauen beten getrennt; letzteren ist in der Moschee meist ein abgeteilter Raum oder eine Empore zugewiesen, damit sie den Augen der Männer entzogen sind.

Gemäß dem islamischen **Abbildverbot** finden sich in der Moschee – im Gegensatz zum Dekor der christlichen Kirchen – keine bildhaften Darstellungen von Personen (z. B. der Propheten); umso grandioser sind die Ausschmückungen mit geometrischen oder auch floralen Arabesken.

Das wichtigste Gebet ist das **Freitagsgebet** (türk. *cuma namazı),* da der Freitag *(cuma)* im islamischen Denken die selbe hohe Position hat wie der christliche Sonntag. Seit den am Westen orientierten Reformen *Atatürks* gilt zwar auch in der Türkei der Sonntag als arbeitsfreier Feiertag (seit 27.5.1935), die Bedeutung des Freitagsgebetes ist aber für Muslime davon nicht berührt worden. Die aus dem Arabischen stammenden Wörter *cuma* und *cami* (Moschee) lassen sich auf denselben Wortstamm zurückführen, der in etwa „versammeln" bedeutet[8]; der Freitag und sein wichtiges Gebet in der Moschee weisen also etymologisch beide darauf hin, dass dies der Tag der „Versammlung" der Gemeinde (Umma) ist.

Wenn die Moschee voll ist – die Straße als Betraum

Die Einhaltung der fünf Pflichtgebete ist übrigens nicht an den Besuch einer Moschee gebunden; Muslime können überall in der Welt ihren **persönlichen Betplatz** kreieren, indem sie ihren Gebetsteppich oder eine andere geeignete Unterlage auf den Boden ausbreiten, um sich dann Richtung Mekka zu verbeugen. Ist kein Wasser zur Hand, kann für die rituelle Reinigung auch Sand benutzt werden.

3. Die dritte praktische Handlungsmaxime ist die **Sozial- bzw. Armensteuer** (arab.: *zakat,* türk.: *zekât),* die nicht mit der freiwilligen Almosenspende (türk.: *sadaka)* verwechselt werden darf. Denn die *zekât* stellt für Wohlhabende eine Art religiöse Pflichtsteuer dar, die von einigen Theologen *(hoca)* auf 2,5% der jährlichen Nettoeinnahmen festgelegt wird[9)]. Anders als das lediglich familiäre Unterstützungsprinzip in der westlichen Gesellschaft betont die Armensteuer die soziale Verantwortung des Einzelnen in der Umma, auch wenn in der Türkei heute natürlich staatlich erhobene Steuern als soziales Instrumentarium eingesetzt werden.

Darüber hinaus bedeutet die *sadaka* an jeden die Aufforderung, nach Maßgabe seiner jeweiligen Möglichkeiten den Bedürftigen zu helfen; die Gabe ist immer freiwillig, aber „nimmer erlangt ihr die Gerechtigkeit, ehe ihr nicht spendet von dem, was ihr liebt; und was immer ihr spendet, siehe, Allah weiß es“[10)].

4. Eine bedeutende religiöse Pflicht ist das **Fasten (oruç) im Monat Ramadan** (türk.: *ramazan).* Jeder Gläubige ab dem 8./9. Lebensjahr verzichtet während des Fastenmonats zwischen Sonnenaufgang und -untergang auf Essen, Trinken, Rauchen und Geschlechtsverkehr. Vor allem für arbeitende Menschen stellt dies erhebliche Anforderungen dar, sodass nicht wenige Firmen bei ihren Mitarbeitern eine verringerte Motivations- und Arbeitsintensität feststellen müssen. Dies ist vor allem dann der Fall, wenn der Monat Ramadan in die heißen – und taglängeren – Sommermonate fällt. Denn der Fastenmonat richtet sich natürlich nach dem islamischen Mondkalender, dessen Jahresrhythmus um ca. 11 Tage kürzer ist als das uns bekannte Sonnenjahr; so „wandert“ der Beginn des Ramadans jedes Jahr im Sonnenkalender kalendarisch um ca. 11 Tage nach vorne. Der Fastenmonat wird offiziell ausgerufen, wenn die Mondsichel im neunten Monat sichtbar wird; er endet mit der Erscheinung des zehnten Mondes.

Verständlich, dass unter diesen Bedingungen der Lebensrhythmus sich mehr auf die Nachtzeit ausrichtet, denn das Fasten lässt sich – so man es sich leisten kann – mit dem Tagschlaf leichter durchhalten. Noch vor Sonnenaufgang nimmt man das *suhur,* quasi das Ramadan-Frühstück, zu sich, um den Tag zu überstehen. Ist die Sonne untergegangen, befreit der Ruf des Muezzins alle Hungernden und Durstenden von ihren Qualen. Schon Minuten vorher sind die Straßen leergefegt, denn alle warten auf den erlösenden Gebetsruf, um sich dann gemeinsam beim *iftar,* dem Abendessen, zu stärken. In den vollbesetzten Restaurants klappern wie auf Kommando die Gabeln und Löffel.

Wer als Reisender zu diesem Zeitpunkt in einem kleinen, religiös geprägten Ort ist und das *iftar* mit den anderen teilt, wird vielleicht nachempfinden können, dass das Fasten neben seinem religiösen auch einen sozialen Stellenwert besitzt: Alle fühlen sich mehr miteinander verbunden, und zwar nicht nur, weil geteiltes Leid einander näherbringt, sondern ganz einfach deshalb, weil die Fastenzeit das individuelle Lebensgefühl in ein Gemeinschaftsgefühl aufhebt und überhöht. Auch nicht-religiöse Menschen können so durchaus durch den Reiz der Solidarität im gemeinsamen Fasten einen hohen persönlichen und sozialen Sinn erleben. So ist in der säkularen Türkei, in der niemand von staatlicher Seite den Ramadan überwacht, das Fasten „in", sei es aus den obigen oder auch anderen Gründen, z. B. weil man die Zeit zum Abnehmen nutzen will. Das zusätzlich zu den uns schon bekannten Pflichtgebeten abgehaltene **Nachtgebet** *(teravi namaz)* unterstreicht ebenso wie religiöse Fernseh- und Radiosendungen das gemeinschaftliche Erleben während des Ramadans.

In den Touristenorten der Türkei ändert sich für den **Urlauber** natürlich kaum etwas, aber in einem ostanatolischen Dorf kann es schon passieren, dass man am Tag alle Restaurants und Läden geschlossen findet – auch wenn niemand von Reisenden verlangt, den Ramadan einzuhalten.

Wird übrigens aus irgendeinem Grund während des Tages das **Fasten gebrochen** – und sei es nur durch den Zug an einer Zigarette –, so kann der verlorene Fastentag nach dem Ramadan nachgeholt werden. Schwerstarbeiter, Kranke, Reisende und schwangere wie auch menstruierende Frauen sind ohnehin vom Fasten befreit.

5. Die letzte Säule des Islam kann ebenso wie die vorherige im westlichen Denken als bekannt vorausgesetzt werden, und sei es nur, weil man sich aus seiner Jugendlektüre der Karl-May-Gestalt des Hadschi Halef Omar erinnert. Ein *hadschi* (türk.: *hacı)* ist derjenige, der die oben bereits angesprochene **Wallfahrt nach Mekka** (*hadsch,* türk.: *hac)* erfolgreich absolviert hat, d. h. mindestens einmal im Leben im islamischen Monat *Zilhicce* – der letzte des islamischen Kalenders – das Heiligtum der Kaaba siebenmal umrundet und dabei mehrere rituelle Handlungen zelebriert hat. Da Saudi-Arabien jedes Jahr nach einem Länderschlüssel die Anzahl der Pilgerkandidaten pro Land bestimmt, hat die „Wallfahrtsabteilung" *(Hac Dairesi)* im „Präsidium für Religiöse Angelegenheiten" *(Diyanet İşleri Başkanlığı,* s. u.) die Zuteilung und Aufsicht über die türkischen Pilgerkontingente inne. Jedes Jahr können mehr als 50.000 Türken die Pilgerfahrt nach Mekka antreten; die Zahl der Anträge liegt zumeist sehr viel höher.

Schiiten und Aleviten

Die hier dargestellten fünf „Säulen" gelten für den sunnitischen Islam, nicht aber für die **Schia** („Partei", bzw. „Spaltung"). Diese größte islamische Gruppe neben den orthodoxen Sunniten versteht sich als Partei *Alis.* **Ali** (ermordet 661) war der Schwiegersohn *Mohammeds* und berief sich darauf, vom Propheten als Nachfolger der Gemeinde (Umma) bestimmt worden zu sein. Er forderte allgemein die Leitung der Umma, also die Verbindung von Imamat und Kalifat, für die Familie des Propheten. Da es für seine Berufung auf *Mohammed* keine Zeugen gab, kam es über die Nachfolge bald zum Streit zwischen den einzelnen Gruppen. Ali unterlag und wurde getötet, aber seine Anhänger – eben die Schiiten – hielten an seiner Lehre fest. Danach sollen die Kalifen nicht durch die Wahl der Umma, sondern durch die Zugehörigkeit zur Familie des Propheten legitimiert sein.

Der größte und bedeutendste schiitische Staat – traditionell ein Feind der osmanischen Türkei – ist der Iran. In dessen theokratischer Verfassung ist festgeschrieben, dass das Land vom *Ayatollah,* gleichsam der höchste Imam der Schiiten, angeführt wird.

Auch die türkischen **Aleviten** *(alevi* – „Verehrer Alis") gelten als eine Untergruppe der Schia. In der Türkei gehören immerhin fast 20% aller Muslime zu dieser Glaubensrichtung. Besonders im östlichen Zentralanatolien sind sie stark vertreten. Seit alters von den türkischen Sunniten verfolgt und unterdrückt, zeichnet sich ihr Religionsverständnis durch weitgehende Dogmenfreiheit und eine damit korrespondierende individuelle Lebensphilosophie aus, die eine weit höhere Flexibilität und die Ablehnung des bei vielen Sunniten so stark hervortretenden Schicksalsglauben *(kısmet)* zur Folge hat. Ihre Weltoffenheit wie auch ihr selbstbewusster Individualismus erklären auch die Tatsache, dass sie eher linken, politisch „fortschrittlichen" Parteien nahestehen.

Die Aleviten lehnen die oben dargestellten fünf islamischen Säulen ab. Ihre Dörfer kommen sogar ohne die sonst allgegenwärtige Moschee aus. Das Misstrauen der orthodoxen Sunniten erweck(t)en vor allem die oft dämonisierten und geheimgehaltenen **Versammlungen der Aleviten** *(cem),* an denen Männer, Frauen und Kinder gleichermaßen teilnehmen und an denen auch Alkohol (Wein oder Rakı) getrunken wird. Die Leitung dieser Versammlungen hat ein religiöser Meister *(pir* oder *dede),* der aus heiligen Texten *(buyruk)* und hymnischen Gesängen *(nefes)* rezitiert. Rituelle Tänze *(semah)* betonen den spirituellen Charakter der Versammlung, die aber auch als Ort von Zurechtweisungen bzw. Ermahnungen einzelner Mitglieder fungieren kann[11].

Islam und türkische Gesellschaft

Der Islam hat in den letzten Jahrzehnten nach der kemalistischen Revolution wieder viel Boden gutmachen können, wie vor allem der Wahlsieg der islamischen *Refah-Partisi* (heute *Fazilet Partisi*) zeigt. Die Versuche des Staates, Religion zu entpolitisieren und nach westlichem Vorbild als Privatsache zu verankern, sind in vielen Fällen korrigiert worden, auch wenn verfassungsmäßig die kemalistische Trennung von Staat und Kirche (Laizismus, s. u.) weiterhin Bestand hat. Im **Kampf zwischen Kemalismus (säkularer Staat) und Islamismus (religiöse Umma)** stehen vor allem die Stellung der Frau und das Erziehungssystem bzw. Bildungswesen im Zentrum der Auseinandersetzungen.

Mit der Schaffung des bereits erwähnten **„Präsidiums für Religiöse Angelegenheiten",** das dem Ministerpräsidenten unterstellt ist, versucht der Staat seit 1924, die religiösen Aktivitäten zu lenken und zu kontrollieren. Seine Mitarbeiter, seit 1970 als Verwaltungsbeamte im staatlichen Sold, regeln und schulen über die *müftü (mufti* – hoher Geistlicher) das religiöse Leben bis zur Bezirksebene hinab. Auch Imame (den christlichen Pfarrern vergleichbar), Muezzins und Hodschas finden sich großenteils auf den Lohnlisten des Staates wieder.

Der erste islamistische Regierungschef der Türkei, *Necmettin Erbakan,* leistete bei Dienstantritt brav seinen Eid auf die kemalistische Verfassung, um eineinhalb Jahre später wegen seiner antilaizistischen Haltung das **Verbot seiner „Wohlfahrtspartei"** (RP) hinnehmen zu müssen. Der heutige Ministerpräsident *Recep Tayyip Erdoğan,* damals als Istanbuler Bürgermeister einer der prominentesten Vertreter der RP, kassierte 1998 eine zehnmonatige **Haftstrafe,** weil er „die Minarette als Bajonette, die Kuppeln der Moscheen als Helme, die Moscheen als Kasernen und die Gläubigen als Soldaten der Wohlfahrtspartei"[12)] bezeichnet hatte. Am gleichen Tag wurden zwanzig Geschäftsleute festgenommen, die einer proislamischen Vereinigung angehörten.

In der „Operation Turban" (eine islamische Kopfbedeckung wie der verbotene Fez) einigen sich die Rektoren der **Hochschulen** darauf, keine Studenten zuzulassen, die islamische Embleme in die säkulare Universität tragen wollen, als da wären Schleier, Turban, Voll- oder Schnurrbart; wer dagegen verstößt, kann von der Uni verwiesen werden[13)]. Mehr noch: Das Tragen von religiösen Kleidungsstücken wird unter Strafe gestellt und mit einer sechs- bis zwölfmonatigen Haftstrafe (oder saftigen Geldstrafe) sanktioniert. Hinter all dem steht der **Gralshüter des Kemalismus, die Armee,** die selbst peinlichst darauf achtet, dass ihre Korps nicht von islamischen Offizieren und Generälen infiltriert werden.

Und dennoch: Trotz dieser erfolgreichen säkularen Kontrollinstrumente erlebt der politisch agierende **Islam bei vielen Bevölkerungsgruppen eine Renaissance.** Und dies nicht nur bei den anatolischen Geçekondu-Zuwanderern, die ihre sozial schwierige Situation durch Zustimmung zu islamistischen Parteien und Organisationen zu verbessern hoffen. Denn unterhalb der Ebene der staatlich finanzierten Religionsbeamten wirken verschiedene Vereine und **religiöse Bruderschaften** für die Attraktivität des Islam, bauen Moscheen, unterstützen die Armen, finanzieren deren Kinder im Ausbildungsbereich und offerieren Korankurse. Inwieweit gezielte Versuche zur islamistischen Unterwanderung von Beamtenschaft, Wirtschaft und Armee vorliegen, ist nicht leicht zu beurteilen; sicher ist, dass nicht wenige religiöse Führer und Gläubige von der Errichtung eines islamischen Gottesstaates träumen, in dem die Scharia (das islamische Recht) die unheiligen Zustände wieder beseitigen würde.

Bei all diesen latent wie auch offen vorhandenen Ressentiments gegen die westliche „Zivilisationsidee" verwundert es auch nicht, dass selbst junge Studenten und Studentinnen stolz mit dem Kopftuch vor den Universitäten protestieren, Bart und Verschleierung als einfach schön und/oder als Zeichen ihres individuellen Selbstbewusstseins bezeichnen und den **Einlass der Religion ins öffentliche Leben** begehren. Und es ist nicht nur für Kemalisten grotesk und zum Haareraufen, dass gerade der Islam, jene im Westen als reaktionär verschrieene Religion, zum Zeichen des intellektuellen Jugendprotestes wird.

Derartige gesellschaftliche Bewegungen sind sicher auch religiös verbrämte Protestideologien mit diesseitigen Zielen (Verbesserung der Lebenssituation), aber die Renaissance des Islam hat darüber hinaus tiefer gehende Ursachen. So steht es außer Frage, dass der **Islam im Alltagsleben** für viele Menschen bewusst oder unbewusst eine verhaltenssteuernde und sinnstiftende Kraft im modernen Durcheinander darstellt.

So sieht und fühlt es denn auch *Mehmet,* der Teppichverkäufer aus einem Dorf in Anatolien, der mir beim Blick über den trubeligen Boulevard in Marmaris seine **persönliche Rückwendung zur Religion** erklärt: „Als ich mit 16 Jahren aus Anatolien hierhin kam, um an Touristen Teppiche zu verkaufen, schien mir Marmaris mit seinen Geschäften, Bars, Frauen und anderen Freizügigkeiten der Himmel auf Erden zu sein. Ich habe geweint, als mich mein Vater nach einem Jahr wieder für kurze Zeit in mein anatolisches Dorf zurückholte, und ich habe gejubelt, als ich nach drei Monaten wieder nach Marmaris zurückkam. Jetzt bin ich 29, und in den letzten 13 Jahren habe ich hier nicht eine einzige wirklich tiefe menschliche Bezie-

Familie eines anatolischen Dorf-Imams

hung erfahren. Hinter all diesem Glanz und Glamour geht es nur um Geld und schnelles Vergnügen. Sehr spät erst habe ich erkannt, dass diese so reiche Welt arm und die arme Welt meines Dorfes reich ist. Meine Seele hat hier Schaden genommen, und jetzt würde ich lieber heute als morgen diesen Ort verlassen, der für mich leer und abstoßend geworden ist."

Mehmet hat übrigens in seinem Dorf geheiratet und träumt davon, seinen Touristenjob als Teppichverkäufer aufgeben zu können, um als Elektriker zu arbeiten. Und er träumt in der romantischen Verklärung seiner Läuterung davon, die gottlose Moderne aus seinem Dorf und seinem Lebenskreis heraushalten zu können. Eine Ausnahme, gewiss, denn einem rückkehrenden *Mehmet* stehen in Marmaris und all den anderen Orten der schönen Westtürkei tausend Neuankömmlinge gegenüber, die auch weinen würden, wenn sie der schönen neuen Welt den Rücken kehren und in ihr Dorf zurück müssten.

Aber auch sie treten ihre Reise in den Westen mit der *besmele* an, jener zungenbrecherischen **Allheilsbeschwörung** *„Bismillahirrahmanirrahim"*, mit der die Gläubigen vom Aufstehen bis zum Einschlafen alle Handlungen beginnen und die an der Windschutzscheibe jedes Autos und Busses die tägliche, wohlgelungene Ankunft erbittet: „Im Namen Allahs des Allmächtigen, des Allerbarmers". Auch bei der Reise ins westliche Konsumparadies wird so mancher Landflüchtige diese Bitte um göttlichen Beistand bemühen. Und vielleicht nützt und hilft es ja auch bei dem Start in die dort erhoffte Karriere – *„Inşallah"*, „So Gott will".

Feste

Die beiden wichtigsten islamischen Feste sind das dreitägige **Zuckerfest** *(şeker bayramı,* arab.: *id-al-fitr)* und das viertägige **Opferfest** *(kurban bayramı,* arab.: *id-al-adha).* Das *şeker bayramı* wird am Ende der Fastenzeit, also am Ende des Monats Ramadan gefeiert (deshalb auch *ramazan bayramı* genannt), das *kurban bayramı* folgt genau zwei Monate und zehn Tage später, also vom 10. bis zum 14. Tag des Wallfahrtsmonates *(zilhicce).*

Eine Warnung vorweg: Die Feste stellen offizielle Feiertage dar und entsprechen in ihrer Bedeutung in etwa dem christlichen Weihnachten oder Ostern. Mit anderen Worten: Busse, Flüge und Hotels sind ausgebucht bzw. überfüllt, da alle Welt unterwegs ist und entweder Besuche oder Ausflüge unternimmt. Man tut also gut daran, bei seiner **Reiseplanung** nicht nur den gemäß des Mondkalenders variablen Monat Ramadan, sondern auch die daran gebundene Datierung der beiden obigen Feste auszumachen und einzubeziehen. Zur Erinnerung: Der islamische Mondkalender ist um ca. 11 Tage kürzer als der christliche, sodass jedes Jahr die obigen Feste ca. 11 Tage früher als im vorangegangenen Jahr stattfinden.

Zuckerfest

Das „Zuckerfest" weist schon mit seinem Namen darauf hin, dass an diesen Tagen vor allem Kinder von Verwandten und Nachbarn reichlich mit **Süßigkeiten** beschenkt werden. Ähnlich wie zu unserem Fest der Heiligen Drei Könige gehen sie von Tür zu Tür, um ihre kleinen Geschenke – Süßigkeiten, Geld oder andere Kleinigkeiten – einzusammeln.

Aber auch für die Erwachsenen ist das nach der harten, aber auch reinigenden Fastenzeit so willkommene Fest ein Anlass, **Verwandte, Freunde oder Nachbarn zu besuchen** und Beziehungen zu erneuern.

Das Fest ist auch eine Gelegenheit, gegebenenfalls alte **Streitigkeiten beizulegen.** Denn nach dem von allen eingehaltenen Ramadan ist man nicht nur „gereinigt" von alten, bösen Gedanken, man hat auch wieder die (geistige) Kraft, Beziehungen neu und besser zu beginnen. Stattet man zu dieser Zeit also seinem Nachbarn, mit dem man sich vor einem halben Jahr entzweit hatte, einen Besuch ab, so wird dieser – ohne auf das vorherige Zerwürfnis eingehen zu müssen – den Besuch als Versöhnungsangebot verstehen. Kann man jemanden nicht besuchen, so verschickt man wenigstens Glückwunschkarten, die die gleiche Funktion erfüllen sollen.

Grundsätzlich **besuchen die Jüngeren die Älteren,** also die Kinder die Eltern, die Cousinen die Tanten, die jüngeren Nachbarn die älteren usw; man kann sich leicht vorstellen, dass dabei regelrechte „Großfamilienfeste" entstehen können.

Die **Begrüßung** hat dabei durchaus formellen Charakter, wobei das ansonsten so häufige Austauschen von *„Hoş geldiniz"* bzw. *„Hoş bulduk"* (siehe Kapitel „Gastfreundschaft") hier keine Anwendung findet. Vielmehr wird der Besucher seinen Gastgeber mit *Bayramınız kutlu olsun* („Frohes Fest" oder wörtlich: „Ihre Festtage mögen glücklich sein") begrüßen, der Gastgeber seinem Gast mit *„Sizin de"* („Ihre auch") antworten. Oft wird auch der Begrüßungskuss angewandt, und in der Regel küssen die Kinder den Älteren die Hände, worauf sie von diesen beschenkt werden. Dem Gast wird nicht selten auch *kolonya* (Kölnisch Wasser) gereicht, eine Geste der Reinigung und Erfrischung, die der Reisende auch in traditionellen Restaurants (nach dem Essen wird dem Gast kolonya in die Hand geträufelt) und während der Busfahrt erfährt.

Opferfest

Das viertägige *kurban bayramı* hat einen zentralen symbolischen Stellenwert für den Gläubigen, bezieht es sich doch als „Opferfest" auf das auch Christen bekannte biblische Ereignis der **Opferung Isaaks durch Abraham (Ibrahim).** Der gottesfürchtige Vater ergibt sich dem Willen Gottes (wir erinnern uns: *islam* = Hingabe an Gott) und ist bereit, seinen Sohn *Isaak* zu schlachten. In letzter Minute wird der so schrecklich geprüfte *Ibrahim* durch Gott von dieser Tat entbunden, und ein herniederschwebender Widder nimmt – anstelle des Sohns – die Opferrolle ein. Der bedingungslose Glaube *Abrahams,* seine Bereitschaft, Gott in allem zu folgen und ihm zu vertrauen, erhebt ihn auch im Islam zum vorbildhaften Gläubigen *(müslim* = „derjenige, der sich Gott hingibt").

In Erinnerung an dieses Ereignis und in Dokumentierung ihrer Gotteshingabe **opfern die Familien anlässlich des kurban bayramı ein Tier** – ein Schaf *(koyun),* ein Kalb *(buzağı)* oder auch eine Ziege *(keçi).* Dem Tier wird gemäß den rituellen Opfervorschriften die Halsschlagader geöffnet, sodass es völlig ausblutet *(kurban kesmek* = Schächtung). Ein Drittel des Fleisches behält die Familie, ein Drittel wird an Verwandte und Bekannte verschenkt, das letzte Drittel geht als Armenspende an Bedürftige *(zekât,* eine der fünf Grundpflichten im Islam).

Auch dieses Fest zeichnet sich durch **Verwandtenbesuche** aus, auch hier werden Glückwunschkarten verschickt, auch hier werden Krisen und Streitigkeiten begraben sowie Geschenke ausgetauscht, und das Begrüßungsprocedere ähnelt durchaus dem des Zuckerfestes. Das zu verteilende Fleisch wird Nachbarn und Bekannten oft durch Kinder überreicht, die im Gegenzug Süßigkeiten oder andere kleine Geschenke erhalten.

Beerdigung

Die Trauerfeierlichkeiten für einen Verstorbenen unterscheiden sich insofern von mitteleuropäischen Gewohnheiten, als dass die Bestattung *(cenaze)* bedeutend schneller und ohne die bei uns übliche große Trauerfeier (samt Festessen) verläuft.

Der oder die Tote wird von einem Mann/einer Frau gewaschen, wobei die **Waschung** *(gasil)* die rituelle Reinigung *(aptes)* zum Ziel hat. Danach wird der Verstorbene in ein weißes Leinentuch gehüllt und in einen einfachen **Sarg** *(tabut)* gelegt, in dem er nun zur Moschee getragen oder – bei weitem Weg – gefahren wird. Oft ist der Sarg mit einem grünen Tuch bedeckt (die heilige Farbe des Islam, die den Frieden bedeutet).

Für den Teil der Strecke, der zu Fuß zurückgelegt wird, tragen Verwandte und Bekannte den Sarg auf ihren Schultern. Dies geschieht in Form des **„Weiterreichens“,** d. h. der Sarg wandert über das stehende Spalier der sich ständig in Form einer Doppelreihe (Gasse) neu aufstellenden Trauernden hinweg. Da in der Regel nur die nächsten Verwandten über den Tod des Familienmitglieds direkt informiert werden, also keine Gästetelegramme verschickt werden, bildet sich der Zug über das mündliche Weitergeben der Nachricht über den Todesfall. Es können auch Fremde oder mit der Familie nur entfernt bekannte Gemeindemitglieder diesen Zug begleiten; eine Kleidervorschrift („schwarzer Anzug“) gibt es nicht.

Hat dieser Zug, der ausschließlich aus Männern besteht, die Moschee erreicht, wird der Sarg für die nun folgende einfache Trauerfeier *(cenaze töreni)* auf ein tischartiges Gestell gelegt. Nach dem Totengebet *(cenaze namazı)* wird er – wiederum durch das Procedere des „Weiterreichens“ – zum **Friedhof** *(mezarlık)* gebracht. Ist der Weg weit, so steht an der Moschee wieder ein Auto parat. Auf dem Friedhof angekommen hat der Sarg seinen Dienst getan, denn der Leichnam wird – nach einem letzten Gebet – nur mit dem weißen Tuch bedeckt in die Erde gelegt, wobei er so gebettet wird, dass sein Gesicht in Richtung der heiligen Stadt Mekka liegt.

Es gibt übrigens danach **keinen großen „Leichenschmaus“,** da niemand davon ausgeht, dass den Familienangehörigen nach „Feiern“ zumute ist. Die engsten Verwandten werden zwar im Haus sein, aber eher um zu trösten und lästige Arbeiten abzunehmen. Entsprechend verhalten sich Nachbarn und Bekannte, die bei ihren Kondolenzbesuchen ihre Anteil-

Moslems beim Gebet anlässlich einer Beerdigung

011tu Foto: mf

nahme ausdrücken. Es ist übrigens durchaus üblich, dass auch Männer ihrer Trauer durch Weinen Ausdruck verleihen.

Nach 40 Tagen – und dann wieder nach einem Jahr – wird für den Verstorbenen eine **Gedenkfeier** (*mevlut* = ursprünglich der Geburtstag *Mohammeds*) abgehalten, bei der aus dem Koran vorgelesen oder ein Gedicht auf die Geburt bzw. das Leben des Propheten rezitiert wird. Das *mevlut* findet übrigens, wie seine Übersetzung anzeigt, eine breite Verwendung und kann zu Jahrestagen aller Art sowie auch zu Hochzeiten und natürlich Geburten veranstaltet werden.

Auf die persönlich wichtigsten Feste, die mindestens dreitägige **Hochzeit** (*düğün*) sowie die **Beschneidung** (*sünnet*), welche für den heranwachsenden Mann wie auch für die zukünftige Frau einen entscheidenden Lebenseinschnitt bedeuten, wird im Kapitel „Im Innenbereich: Die Familie und der Wert Saygı" eingegangen.

Tradition und Mystik

Komm ohne Trommel nicht: wir sind verzückt.
Die Trommel schlag, wir sind im Sieg beglückt.
Berauscht sind wir, doch nicht vom Rebenwein,
Aus allem, was erdacht, sind wir entrückt!

(Mevlana Celâlledin Rumi)[14)]

Tradition ist sicherlich ein breites Feld; es reicht von mündlich tradiertem Aberglauben bis zum offiziell gepflegten Kulturerbe eines Landes, ein Erbe, das in Organisationen und Vereinen aufbewahrt, ja sogar untersucht und weiterentwickelt werden kann.

Aberglaube

Der Aberglaube dagegen kann zwar zäh, aber oft erklärungslos oder zumindestens dunkel daherkommen, und auch *Sevilay* fällt es nicht leicht, mir zu beantworten, was der Hintergrund vieler abergläubischer Überzeugungen und Praktiken ist. *Sevilay* ist unter anderem Buchhändlerin, und sie hat mir versprochen, sich in Fragen des Aberglaubens ein wenig umzusehen. Ich staune, wie ernsthaft sie meine Nachfrage aufgenommen hat, denn bei unserem nächsten Treffen liegt ein sorgsam beschriebenes Notizbuch auf dem Tisch, aus dem sie mir ihre Nachforschungen referiert.

Sie beginnt ihren Bericht mit der **Seife,** die man jemandem nicht direkt in die Hand geben dürfe, weil „man sonst von ihm gewaschen würde". Als ich sie verständnislos ansehe, erklärt sie, dass die Toten vor ihrer Beerdigung - die im Islam übrigens viel schneller als bei uns, also innerhalb weniger Tage, erfolgt - natürlich gewaschen würden. Wenn jemand einem anderen also die Seife von Hand zu Hand reichen würde, so wäre dies ein böses Omen, dass der Gebende vom Nehmenden „gewaschen" würde, ersterer also sterben wird.

Ähnlich verhalte es sich mit der **Schere;** auch sie dürfe keineswegs direkt weitergereicht werden, sondern müsse zunächst auf den Tisch oder Schrank gelegt werden, bevor der andere sie aufnehme, anderenfalls drohe das „Zerschneiden" der Freundschaft oder Liebe zwischen den beiden Austauschenden. Ebenso verhängnisvoll sei das **Messer,** das auch vorher abgelegt und keineswegs direkt weitergegeben werden solle.

Des weiteren solle man abends keine **Zwiebeln** einkaufen oder von der Nachbarin abholen, denn wer abends „weine", habe die sichere Ankündigung, dass am folgenden Tag etwas Schlimmes geschehe.

Warmes Wasser dürfe man nur beim Aussprechen der *besmele* („Im Namen Allahs, des barmherzigen Gottes", vgl. Kapitel „Der Islam") auf den Boden schütten, denn falls ein im Boden lebender Dschinn (im Islam und schon davor eine Art Geistwesen, dessen teuflische Künste zum Beispiel in „1001 Nacht" dargestellt sind) verletzt würde, könne es passieren, dass seine Verwandten und Genossen ihn rächen wollten und so dem Haus sicherlich Unglück bereiteten.

Eine **Eule** auf dem Dach sei auch kein gutes Zeichen, denn sie symbolisiere die baldige Ankunft des Todes für irgendeinen der Hausbewohner.

Weniger dramatisch, aber auch nicht gerade ein glückverheißender Wink des Schicksals sei das urplötzlich auftretende **Schweigen** in einer Gesprächsrunde, ein „untrügliches" Signal, dass im Familien- oder Bekanntenkreis in diesem Moment ein Mädchen geboren worden sei – der Ursprung vieler Sorgen und Ängste (der Eltern).

Überhaupt ranken sich um den sensiblen Bereich der Geburt gleich mehrere abergläubische Verhaltensratschläge. Bereits mit dem üblichen Brauch der *kına gecesi* (die „Henna-Nacht" vor der Hochzeit) wird auf das rituelle Bemühen verwiesen, alles zukünftige Übel von der Braut prophylaktisch fernzuhalten. Die versammmelten Frauen sind unter sich und tragen der geschmückten Braut das **glücksbringende Henna** auf Hände, Füße und Haare. (Diese rituelle Handlung, das Auftragen von Henna, erfolgt analog auch bei der für die Jungen so wichtigen Beschneidungsfeier, siehe Kapitel „Im Innenbereich: Die Familie und der Wert Saygı".)

Am nächsten Tag geht es in der Regel dann zum Friseur, denn natürlich will sich die Braut bei ihrer Hochzeit von der schönsten Seite zeigen. Dies umso mehr – und damit kommen wir wieder in das obskure Reich des Aberglaubens –, als sie während der folgenden (erwarteten) **Schwangerschaft** den Gang zum Friseur meiden wird, denn – so belehrt mich *Sevilay* – eine Schwangere, die sich vor ihrer Niederkunft die Haare abschneide, verkürze auch das Leben ihres zukünftigen Kindes. Schon vorher gilt für die Jungverheiratete die ungeschriebene Regel, in den ersten Monaten ihrer Ehe keiner Tötung – z. B. von Hausvieh – beizuwohnen, denn das dabei unvermeidliche Blut könne Alpträume und überhaupt Übles hervorrufen.

Hat die junge Frau dann endlich glücklich entbunden, bleiben Kind und **Mutter** 40 Tage im schützenden Haus; weibliche Verwandte und Nachbarn machen die Einkäufe und kümmern sich um alles, und auch der Ehemann muss im großen und ganzen diese 40-tägige Schutzzeit respektieren. Nach deren Ablauf ist die junge Mutter (im religiösen Sinne) wieder „rein" – denn die Geburt macht 40 Tage „unrein" (vgl. Kapitel „Sauberkeit und Reinheit – Nicht nur mit Links") – und kann mit dem Kind den ersten Spaziergang in das „Außen" antreten. In einigen Regionen werden bei Ablauf der Frist 40 Steine in das Bad geworfen, eine wohl symbolische Geste der wieder gewonnenen „Reinheit".

Paare, die auch nach längerer Zeit noch **kinderlos** sind und sich nichts sehnlicher als Nachwuchs wünschen, suchen dagegen in einigen Regionen (z. B. an dem kleinen karischen Pyramidengrab von Turgutköy auf der Bozburun-Halbinsel) bei einem anderen uralten Brauch Hilfe. Sie hängen an diesem legendenumrankten Ort Stoffreste der eigenen Kleidung an Büsche oder Bäume, um dann durch die Zugabe einer mitgebrachten Wasserspende den befruchtenden mythischen Zuspruch zu finden.

Ein vergleichbar schamanistisch anmutendes Anrufungsverfahren für **Sorgen und Wünsche** aller Art besteht darin, mit Wünschen beschriebene Zettelchen an Bäumen zu befestigen, die an berühmten oder heiligen Plätzen stehen.

Verbreitet war früher auch das Tragen des *muska,* ein in Leder- oder auch Silberbehältern getragenes Amulett, das aus kunstvoll gefalteten und vorher mit Gebetszeilen beschriebenen Papierzeilen bestand. Helfen sollte es unter anderem gegen den weithin gefürchteten **„Bösen Blick"** *(nazar),* mit dem „besessene" Personen ihren diabolischen Einfluss auf die Umwelt ausübten. Angezogen wird dieser „Böse Blick" vor allem von reinen oder aber besonders wertvollen Sachen, die eben deshalb den Neid des Übelwollenden erwecken; so galten Kinder, junge oder schwangere Frauen, aber auch der stolze Viehbestand des eigenen Hauses als bevorzugte „Ziele" des „Bösen Blickes". Mit diesem soll dann der beneidete Wert der anderen durch z. B. Krankheit oder Unglück zerstört werden. Dabei müssen sich die Träger ihres unheilvollen Einflusses noch nicht einmal bewusst sein.

Auch die überall in der Türkei zu sehenden **weiß-blauen Glasperlen** *(mavis boncuk)* dienen nichts anderem als dem Abwenden dieses Unheils (Blau ist im Islam die Schutzfarbe, die das Unglück abwehrt). Das mittlerweile als Souvenir auch unter Touristen berühmte weiß-blaue **„Auge Allahs"** erfüllt seine Unglück abwendende Funktion heute überall – als Anstecknadel am Kleid oder Hemd, vom Auto über das klimatisierte Restaurant, ja bis zu ganzen Straßen, in deren Asphalt es im Abstand von einigen Metern eingelassen ist.

Sollte all das aber noch nicht genug sein, und befindet sich jemand in akuter Gefahr, verhext oder verzaubert zu werden, so kann er sich durch das 41-malige Sprechen von *„Maşallah"* („Gott schütze mich/uns") retten.

Bei soviel fremdem und schwer verständlichem Aberglauben erfreut die Begegnung mit Bekanntem: Wem eine **schwarze Katze** über den Weg läuft, dem droht auch in der Türkei Übles, wer aber ein **vierblättriges Kleeblatt** findet, darf sich freuen. Womit *Sevilay* ihr Notizbuch schließt und mir lachend ein „weiß-blaues Auge" schenkt.

Bauchtanz

Mögen die obigen übernatürlichen Kräfte und Praktiken von modernen Westlern nachsichtig oder auch interessiert als Kuriosum belächelt werden, so hat ein anderes kultisch-rituelles Erbe des „Orients" längst seinen Siegeszug durch die westliche Welt angetreten: der Bauchtanz. Er ist **kein türkisches Spezifikum,** sondern als „orientalischer Tanz" ein gemeinsames Erbe der Frauen von Marokko bis nach Indien; und so soll im folgenden keine irgendwie geartete türkische Version, sondern eher der Grundcharakter dieses Tanzes umrissen werden. Und es soll die auf den ersten Blick verwirrende Tatsache erklärt werden, warum dieser – im Westen oft lasziv verstandene – Tanz ausgerechnet aus dem islamischen Raum vererbt werden konnte – eben jenem Raum, der gerne als Ort der perfekten Unterdrückung der Frau qualifiziert wird.

Der Bauchtanz ist zweifellos **vorislamischen Ursprungs,** ja seine nicht zu leugnende weibliche Körperbetonung und -bejahung steht selbstredend in einem höchst ambivalenten Spannungsverhältnis zur patriarchalischen Dominanz im Islam. Während nämlich letzterer die körperliche Ausstrahlungskraft der Frau durch Verhüllung und räumliche Trennung zu kontrollieren trachtet (vgl. Kapitel „Die Macht der Sexualität – Fitne"), scheint der Bauchtanz – vor allem in seiner westlich popularisierten Animationsform – diese Attraktion geradezu herauskehren zu wollen.

Seine historische Einordnung als **„Fruchtbarkeitstanz"** lässt sich bis in die ersten Hochkulturen Mesopotamiens (und auch anderer Kulturen) zurückverfolgen: Über die babylonische Fruchtbarkeitsgöttin Ishtar, die kleinasiatische Liebesgöttin Kybele, die römische Magna Mater und die griechischen Göttinnen Gaia (Erde), Demeter (Erntegöttin) und Aphrodite (Schönheit und Erotik) reicht der Reigen jener großen Muttergottheiten, welche die Welt oder zumindestens die Fruchtbarkeit aus ihrem Schoß gebären – wobei die Reihe noch um viele Namen verlängert werden könnte. „Manche denken, dass das weibliche, schöpferische Prinzip vor dem des Mannes verehrt wurde ... Die Göttin, so wird angenommen, herrschte als Hervorbringerin allen Lebens, und Frauen wurden geachtet und gefürchtet, weil sie die Geheimnisse der Natur besaßen."[15]

Die Priesterinnen, die diesen Göttinnen zu dienen hatten, führten sicherlich kultische Tänze auf, die dem Wesen dieser Gottheit (also ihrer Macht über die Fruchtbarkeit) Reverenz erwiesen, indem sie die Kräfte der Göttin nachahmten oder ausdrückten. Was lag näher, als dass dieser sakrale, „heilige" Tanz gerade die weiblichen Körperteile (Bauch und Hüften), die für die göttliche Kraft der Fruchtbarkeit und Geburt offensichtliches Zeugnis ablegten, schwingen und kreisen ließ.

Die Anrufung und Imitation des göttlichen Prinzips ging soweit, dass Priester und Priesterinnen die **„Göttliche Hochzeit“** *(Hieros Gamos)* als Höhepunkt des kultischen Akts vollzogen, eine Praxis, die als Tempelprostitution in weiten Teilen Vorderasiens geübt wurde. Und noch auf den griechischen Festen des Wein- und Fruchtbarkeitsgottes Dionysos wie auch bei den römischen Mysterienkulten tanzten Mänaden und Bacchantinnen einen orgiastischen Tanz im Namen der Gottheit, die – wie Demeter (die griechische Göttin des Ackerbaus) – im Frühling alles befruchtete und neu wachsen ließ.

Dieser rituellen „Zügellosigkeit“ – wie auch der damit verbundenen Verehrung der Muttergottheiten – machte das sittenstrenge **Christentum** dann ein Ende. Denn erst dessen weltweiter Siegeszug verhalf dem männlich-göttlichen Prinzip, dem Einen-Gott-Vater, zur umfassenden und alleinigen Herrschaft (wohingegen vorher lange ein unentschiedenes Nebeneinander von männlichen und weiblichen Gottheiten geherrscht hatte).

Die Frauen hatten nun keinen sakralen Grund mehr zu tanzen, im Gegenteil: Was vorher als Imitation des heiligen und gleichzeitig natürlichen Zeugungs- und Fruchtbarkeitsprinzips gegolten hatte, wurde mit der körper-, ja materiefeindlichen Lehre der Kirche zur Schande. Die ideell-patriarchalische Befruchtung durch Gott-Vater, Sohn und Heiligen Geist, die Geburt der Welt durch das „göttliche Wort“ – und weniger durch den Uterus – stellte die „sündigen“ Kräfte der Weiblichkeit unter männliche Vormundschaft (Eva wird – aus der Rippe des Mannes erschaffen – nun zum sekundären und zudem noch teuflisch-verführenden Prinzip).

Dass die Frauen „ihren“ Tanz trotzdem weitertanzten, wenn auch forthin unter dem Makel des Anstößigen und Halb-Verborgenen, lässt zweierlei vermuten: dass die „Natur“ der Frau vielleicht doch nicht ganz zu bändigen war und – noch schlimmer! – dass nicht wenige Männer heimlich oder offen Gefallen daran fanden.

Dieses männliche Interesse hat sich bis heute nicht geändert; es hat häufig etwas Obszön-Voyeuristisches an sich und drückt ein verstohlenes und einseitiges Begehren aus. Dieser **männliche Blick auf den Bauchtanz** – der sich vom weiblichen Selbstverständnis sehr unterscheiden dürfte – hat den dubiosen Ruf des Tanzes maßgeblich geprägt. Nicht wenige Männer schmunzeln anzüglich, wenn es zur obligatorischen „orientalischen“ Nacht in die Hotelbar geht, wo eine spärlich bekleidete Scheherazade ganz unheilige Gedanken – und viele Geldscheine – auf ihren glänzenden Bauchgürtel zieht.

Dass der **Islam** als ebenfalls patriarchalische Religion solchen reizorientierten Tanzdarbietungen – zumindest in ihrer öffentlichen Form – ebenso negativ gegenüberstand, verbindet ihn mit dem Christentum – allerdings

mit einem entscheidenden Unterschied. Denn im Gegensatz zu diesem verteufelte er nicht die Sexualität, sondern schuf ihr durch die Verlegung des Weiblichen von Außen nach Innen einen besonders geschützten Raum, den *haremlik* bzw. Harem (den Frauen vorbehaltener Bereich im Haus, vgl. Kapitel „Die Macht der Sexualität - Fitne").

Und dass in den **Harems** des Orients getanzt wurde, findet sich nicht nur durch „1001 Nacht", sondern auch durch die Berichte der ersten westlichen Reisenden bestätigt: „Es gibt nichts Kunstvolleres, nichts was geeigneter wäre, gewisse Gedanken und Wünsche zu erwecken. Die schmelzende Musik, die schmachtenden Bewegungen, brechenden Augen, die Pausen; die Art, wie sie sich zurückbogen und kunstvoll wieder aufrichteten, all dies muss auch die kalteste und sittenstrengste Prüde an Dinge mahnen, über die man nicht spricht."[16] Derartige Bemerkungen von *Lady Montagu* und anderen Reisenden, die einen Blick hinter den Schleier des Bereichs des *mahrem* werfen konnten, waren nicht unmaßgeblich daran beteiligt, dass man sich im „prüden" Westen den uneinsehbaren Harem als

Bauchtanz - Ausdruck orientalisch weiblichen Selbstverständnisses einen Ort der wollüstigen Dekadenz und Ausschweifung vorstellte – was mehr über die Wünsche der westlichen (Männer)welt denn über die Realität im Osten verriet. All das, was im prüden Westen verfemt war, erhob sich vor dem geistigen Auge des in den Harem schielenden Beobachters zur phantastischen Orgie. Ein Heer an willfährigen Frauen, sprich Odalisken (weiße Sklavinnen im türkischen Harem), hatte nichts anderes zu tun, als ihrem Herrn zu Diensten zu sein – nur auf das Eine wartend und es durch wollüstige Tänze befördernd.[17]

Die östliche Realität sah wohl anders aus; richtig dürfte sein, dass in den Harems der Mächtigen und Reichen solche Tänze gepflegt wurden – ging es doch für die in Konkurrenz zueinander stehenden Frauen nicht selten darum, den Blick des Sultans oder Paschas auf sich zu ziehen. Mehr aber als die Orientierung auf den Mann dürfte die Stärkung des weiblichen Selbstbewusstseins und der Zeitvertreib im öden Leben des Serails dafür verantwortlich gewesen sein, dass die Frauen – auch untereinander! – tanzten. Für die „normalen" Leute war ein großer Harem ohnehin nicht finanzierbar – und die Finanzierbarkeit war eine unerlässliche Voraussetzung für die islamische Regelung, dass ein Mann bis zu vier Ehefrauen gleichzeitig haben konnte.

Dass die Frauen aber auch auf dem Dorf und in weniger reichen Gesellschaftsschichten „ihren" Tanz nicht vergaßen, lag daran, dass im Islam den Frauen grundsätzlich Festbereiche reserviert blieben, in denen sie für sich tanzen konnten, ohne von den Männern gesehen zu werden.

Der fast kultische Verlauf der oben genannten *kina gecesi* **(Nacht vor der Hochzeit)** ist eine solche Gelegenheit, bei der die Frauen unter sich blieben und heute noch bleiben. Da er für den männlichen Autor weitgehend verschlossen ist, soll als modernes Zeugnis der Bericht von *Barbara Yurtdaş* zu Hilfe gezogen werden: „Bei Einbruch der Dunkelheit versammeln sich an die hundert weibliche Gäste hinter dem Haus der Braut, wo Bänke aufgestellt sind und eine Gruppe von drei Frauen zum Tanz aufspielt: eine Geigerin, eine Saz-Spielerin, die auch singt, und eine Frau mit einer kleinen Handtrommel ... Beim Tanz wiegen und schütteln die Mädchen den Körper voreinander, ohne sich zu berühren. Manche können wie Bauchtänzerinnen das Becken kreisen lassen. Auch ältere Frauen, Zeyneps Mutter und Großmutter, werden zum Tanzen animiert, und ich bin erstaunt über die Geschmeidigkeit der Bewegungen und das Temperament, das darin steckt. Wer nicht tanzt, klatscht rhythmisch zur Musik oder schnalzt mit den Fingern ... Plötzlich ist die Braut verschwunden. Sie badet und zieht sich um, heißt es. Die Rhythmen werden hitziger. Eine lange Reihe hat sich gebildet, die Bewegungen beschleunigen sich ... Auf dem Höhepunkt des Tanzes bricht die Musik ab ... Die Braut, im roten Morgenmantel über dem Nachthemd, den Kopf ganz von einem roten Tuch verhüllt, wird zu einem Stuhl geleitet."[18] Woraufhin die Henna-Prozedur vollzogen wird. Und obwohl es sich hier nicht ausdrücklich und hauptsächlich um Bauchtanz handelt, sind die kultischen Spuren von Fruchtbarkeitstanz und „Heiliger Hochzeit" unschwer erkennbar.

Womit der wesentliche Punkt in der Betrachtung des ältesten weiblichen Tanzes noch einmal betont werden soll: Er bedarf, zumindestens in direkter Weise, keineswegs der Männer, ja selbst als Zuschauer sind sie eigentlich überflüssig. Der Bauchtanz dient eher der **Aufwertung und Verdeutlichung des eigenen Körper- und Lebensgefühls** und stellt so das rhythmische Harmonieren der weiblichen Kräfte und Schwerpunkte dar, eben der Hüften und des Beckens, die natürlich sowohl an den Geschlechtsakt wie auch den Geburtsvorgang erinnern (seine auch im Westen steigende Beliebtheit kann der Bauchtanz nicht zuletzt aus seinem Ruf als natürliche, therapeutische Geburtsvorbereitung erklären; sodass er oft schon als „Geburtstanz" tituliert wird[19]).

Dass die **Augen eines Mannes** hier vornehmlich nur das zu sehen vermögen, was allein für ihn bestimmt zu sein scheint und was er somit deutlich auf sich selbst beziehen kann, also das Sexuelle, mag verständlich sein. Diese Sicht des Mannes führte aber dazu, dass der Bauchtanz unter der männlichen Herrschaft und (der damit verbundenen) Herabsetzung des Weiblich-Sinnlichen auf zwielichtige Baranimation reduziert wurde.

Bis in die jüngste Zeit haftete dem Bauchtanz und seinen Tänzerinnen die **Aura des Schlüpfrigen und Unmoralischen** an. Denjenigen, die ihn im christlichen Westen oder auch islamischen Osten öffentlich, d. h. vor Männern betrieben, war die gesellschaftliche Verfemung und Verachtung seitens der „guten" Gesellschaft ziemlich gewiss. Im Westen wie auch Osten wurde der Tanz ohnehin lange Zeit hauptsächlich von sozial wenig geschätzten Randgruppen wie z. B. Zigeunern öffentlich betrieben; so wurden die türkischen Bauchtänzerinnen traditionell als *çengi* bezeichnet, ein Wort, das seine Nähe zu *çingene* (Zigeunerin) offenbart. (Noch heute werden auf dem Dorf für den musikalischen Teil des Hochzeitsfestes gern Zigeunerkapellen bestellt.)

Die anrüchige Nähe zum Prostitutionsmilieu wurde durch die auf das Sexuelle reduzierte Anmach-Funktion und die „notwendige" Entblätterung der Tanzenden noch unterstrichen. So kann man heute noch, selbst im harmlosen Touristenmilieu, jene spärlich bekleidete, verführerisch an den Männern vorbeigleitende Halbnackte bewundern, die den Bauchtanz nur für die Herren der Schöpfung zu tanzen scheint.

In Wirklichkeit ist der „orientalische Tanz" – dieser Name allein zeigt schon an, dass sich in den Schutzräumen des Islam mehr „archaische"

Weiblichkeit als im christlichen Westen halten konnte – ein **tiefer Ausdruck weiblichen Selbstverständnisses.** „Jahrhundertelang haben die Mütter und Tanten den kleinen Mädchen die Grundelemente des orientalischen Tanzes beigebracht, um ihr Selbstbewusstsein zu stärken. Das tun sie heute noch, und der Tanz wird von einer Generation zur nächsten zur Feier des Körpers und als Ritual der Selbstverwirklichung weitergegeben. Für mich ist der orientalische Tanz das einzige Hobby und der einzige Sport, dem ich als stundenlang an ihrem Schreibtisch sitzende Schriftstellerin und Wissenschaftlerin nachgehe."[20] Und in Abgrenzung von der im westlichen Männerblick sich reduzierenden Bedeutung des Bauchtanzes in amerikanischen „Orientfilmen" ergänzt *Mernissi* wenig später: „Und so ist es wenig erstaunlich, dass die Fähigkeiten von Scheherazade und den anderen Haremsfrauen sich in Hollywood auf den Bauchtanz beschränkten, aber in einer Vamp-Version, bei der der weibliche Körper kein Ort kosmischer Kraft mehr ist und nur noch für eine billige Art animalischen Hüftwackelns taugt."[21]

Es ist nur auf den ersten Blick grotesk: Der im Westen so gern als frauenfeindlich angesehene Islam ist diejenige Kultur – der „Orient" –, von dem der ehemals so „prüde" Westen die Renaissance des erotischen Bauchtanzes erbt. Die islamische Aufteilung der Geschlechterräume – wenn auch unter patriarchalischer Dominanz – garantiert der „kosmischen Kraft" der Frauen das Überleben, ja garantiert zumindestens in den Schutzräumen eine jeweils eigene, weibliche Identität.

Also ist der Bauchtanz nicht nur der älteste, sondern auch der weiblichste Tanz schlechthin, eine Art ryhthmisch umgesetzte Selbstverwirklichung. All seine Elemente – das Kreisen des Beckens, die ausladenden Bewegungen der Hüften und die verführerischen Konvulsionen des Bauches – konzentrieren den Blick auf die Mitte des Körpers, gleichsam auf seine geschlechtliche **„Erdhaftigkeit"** (schon die Muttergottheiten wurden immer als erdhafte Göttinnen gefasst). Der ganze Tanz hat so einen höchst irdischen Zug nach „unten" oder besser: Er kreist und umschwingt das Erdhafte.

Tanz der Derwische

Die Männer dagegen streben in den Himmel, also in die andere Richtung. Womit wir zu der beruhigenden, emanzipierenden Tatsache überleiten können, dass auch **das Männliche „seinen" kultischen Tanz** hat, und zwar einen, der wohl ebenso berühmt, wenn auch nicht so verbreitet wie der weibliche Bauchtanz ist: der schwerelose Wirbel der tanzenden Derwische. Seine klassische Ausformung durch die in Konya ansässige Gemeinde der Mevlevviye – davon gleich mehr – lässt uns wieder nach Anatolien zurückkehren, auch wenn der Hintergrund des ekstatischen Tanzes sich nicht aus einer ausschließlich türkischen Traditionslinie versteht.

Wie auch im Christentum entwickelten sich im Islam neben der staatlich-religiösen Orthodoxie früh asketisch-mystische Bewegungen, die ein besonders intensives Verhältnis zu Gott anstrebten. In der alleinigen Konzentration auf Allah lehnten sie nicht selten materielle Güter ab und kleideten sich mit einem einfachen wollenen Gewand (arab.: *suf*), das ihren Trägern den auch heute noch üblichen Namen **Sufis** einbrachte. Da der Sufismus (arab.: *tasawwuf*) nicht so sehr die Unterwerfung unter Gott, sondern das Liebesband zwischen Gott und Mensch betont, geriet er einerseits oft in Konflikt mit den staatlichen und religiösen Würdenträgern, andererseits verschaffte ihm seine gelebte Religiösität und Liebesmystik einen schnell wachsenden Einfluss im einfachen Volksglauben.

Waren es anfangs noch einzelne Derwische (nach dem persischen Wort für Bettler), die ein asketisches Wanderleben führten, so kam es bald dank der wachsenden Popularität im 12. und 13. Jh. zur Gründung mehrerer **Sufi-Orden** (türk.: *tarikat*), deren Mitglieder in einem klosterähnlichen Konvent *(tekke)* unter der Leitung eines Scheichs (arab., türk.: *şeyh*) oder *pir* (persisch) lebten.

Das mystische Gedankengut wurde nun in „Schulen" systematisiert, wobei der Kontakt mit der neuplatonischen Philosophie (eine wirkungsstarke Seinslehre, die über verschiedene Stufen bis zu Gott aufsteigt) gewisse Berührungspunkte mit der christlichen Mystik erklärt.

Gleichzeitig entwickelten die Orden verschiedene **„Techniken", um Gott so nahe wie möglich zu kommen** (über eine stufenweise Erhebung); das höchste und letzte Ziel war die ekstatische Freiheit gegenüber allem irdisch Gewordenen (die „Entwerdung") und das mystische Verweilen bei Gott. Neben den traditionellen „Werkzeugen" der Armut und Askese (Ablehnung der materiellen Welt) traten zunehmend die rhythmische Gottesanrufung *(dhikr* – die „heulenden Derwische") und der musikalisch untermalte Tanz *(sema)* als Mittel der Gotteserfahrung in den Vordergrund.

Unter den drei in der Türkei traditionell besonders wichtigen Derwisch-Orden der Bektaşi, der Nakşibendı und der Mevlevi ist der **Mevlevi-Orden** der wohl berühmteste.

Sein Gründer ist *Mevlana* („Unser Herr" = Meister) **Celalledin Rumi** (1207–1273), dessen an der Mystik geschulter Vater aus Turkestan stammte und vor den Heeren der Mongolen mit seiner Familie bis ins kleinasiatische Konya floh. Hier wurde *Celalledin Rumi* im Jahre 1230 Lehrer an einer theologischen Schule *(medrese)*. Entscheidend wurde für den zukünftigen Mystiker aber die Begegnung mit dem Wanderderwisch *Schemsuddin* aus

Täbriz, jene mysteriöse Person, die als fast vergöttlichter „Geliebter" das zukünftige Denken *Rumis* bestimmen sollte. Die geistige Schönheit des „Geliebten" – die Beziehung soll durchaus „reiner" Natur gewesen sein – wird zur anregenden Stufenleiter der Gotteserfahrung, eine Liebesmystik, die schließlich in einer großen Unio Mystica, einer Vereinigung der Seele mit Gott, gipfelt.

Obwohl *Schemsuddin* aufgrund neidischer Anfeindungen Konya schließlich wieder verließ (niemand weiß, wohin er verschwand), sollte ihm im von *Celalledin Rumi* geschriebenen **Mesnevi** ein ewiges Denkmal gesetzt werden. Dieses in persischer Sprache abgefasste Hauptwerk *Rumis,* das als „Koran der Mevlevi" eines der bedeutendsten Lehrwerke des Sufismus darstellt, umfasst 26.000 Verse in Paarreim-Form, die sich immer wieder zu dem göttlichen Geliebten aufschwingen und um ihn kreisen.

Womit auch bereits die entrückte Form und Bedeutung des weltberühmten **Mevlevi-Tanzes** angedeutet ist, der heute wieder am Todestag des Meisters (am 17. 12; der „Brautnacht") bewundert werden kann: Geführt von der *ney* (Flöte) sowie mehreren Lauten und Trommeln, drehen sich mehrere Derwische mit waagerecht ausgestreckten Armen in einem wirbelnden Tanz um die eigene Achse, während sie – wie die Sterne die Sonne – einen zentral postierten Tänzer umschweben, der sich in die Gegenrichtung dreht. So entsteht ein aus harmonischen Wirbeln gebildetes himmlisches Sternenzelt, in dem die einzelnen „Sterne" um das göttliche Licht kreisen.

Die tanzenden Derwische tragen dunkelrote, sich nach oben verjüngende, zylindrische Filzmützen (die symbolisch als irdische Grabsteine fungieren), sowie lange weiße Gewänder, die aus einer kurzen Jacke und einem weiten Rock bestehen. Diese weißen Kleider werden am Anfang des Tanzes durch einen schwarzen Überwurf bedeckt, der das irdische Dasein symbolisiert. Er wird auf ein Zeichen des Scheichs abgestreift (der irdische Tod), sodass die Tanzenden nun ganz in „reinem", weit wallendem Weiß erscheinen (das weiße Leichentuch als Symbol der himmlischen, geistigen Auferstehung nach dem irdischen Tod).

Während die eine Hand der Tanzenden nach oben, zum „Himmel", geöffnet ist, um von dort das göttliche Licht und die Liebe zu empfangen, ist die andere Hand nach unten gedreht, um das von oben Empfangene an die „Erde" weiterzugeben. Die Augen der Wirbelnden sind geschlossen, um alle Äußerlichkeiten ausschalten und den inneren, mystischen Blick auf Gott öffnen zu können. Auf dem Höhepunkt des Tanzes, der die irdische „Entwerdung" und den Weg zu Gott symbolisiert, sinken die Wirbelnden auf den Boden und verharren bewegungslos in oft stundenlanger Entrückung (Ekstase).

„O sterbet, o sterbet, in dieser Liebe sterbet -
Wenn ihr in Liebe sterbet, dass ihr den Geist erwerbet!
O sterbet, o sterbet, und fürchtet euch vorm Tod nicht -
Wenn ihr vom Staub befreit seid, dass ihr den Himmel erbet!"[22]

Dieser äußerst symbolreiche astrale Tanz (sein Name - *sema* - bedeutet türkisch „Himmel") hat sicherlich auch vorislamische Anregungen aufgenommen, die dem aus Zentralasien stammenden *Rumi* nicht ganz unbekannt gewesen sein dürften.

Alle Orden wurden 1925 durch Kemal Atatürk aufgelöst und verboten, auch wenn die Beziehungen unter den Mitgliedern inoffiziell weitergeführt wurden. Das **Mevlana-Kloster in Konya** - einschließlich der *türbe* (Grabmal) des am 17.12.1273 verstorbenen Meisters - wurde in ein Museum verwandelt, das aber für die meisten türkischen Besucher ein lebendiger Ort religiöser Verehrung blieb. (Die seit den 1960er und besonders 1980er Jahren wieder stark zunehmende Präsenz der Orden gilt nicht nur für die Mevlevviye, sondern für alle Bruderschaften. Ihre Renaissance reflektiert besonders den allgemein steigenden Stellenwert des Islam in einer von sozialen und wirtschaftlichen Problemen desorientierten Umbruchgesellschaft. Besonders die armen Geçekondu-Bewohner in den Städten suchen den traditionellen Halt, aber auch die konkrete materielle Unterstützung bei den seit alters in der Wohlfahrt und Fürsorge stark engagierten Orden.)

Seit den 1960er Jahren treffen sich nun wieder jährlich am Todestag *Celaleddin Rumis* die Derwische, um in aller Öffentlichkeit vor Besuchern aus dem In- und Ausland ihren **berühmten Tanz aufzuführen.** Dies geschah zunächst im Semahane (ein dem Derwischkonvent angeschlossenes Gebäude), dann wurde - wegen der wachsenden Zahl der Zuschauer - die Veranstaltung in eine Großhalle verlegt. Auch wenn der Orden als religiöse Institution weiterhin verboten ist, hat die Mevlevviye seit 1985 den auch staatlich anerkannten Status eines schützenswerten Kulturguts erlangt, dem viele nationale Kongresse gewidmet wurden und werden. Nicht zuletzt auch deshalb gilt Konya als Hochburg der Religiösität, und nicht von ungefähr werden die insgesamt 4 Stadtbereiche *(belediye)* von islamischen Politikern der Fazilet Partisi geführt.

Weiblicher und männlicher Tanz

So gibt es denn tatsächlich so etwas wie einen „weiblichen" und einen „männlichen" Tanz, einen, der auf die Erde (irdisches Leben und Geburt), und einen, der auf den Himmel (den irdischen Tod und das Alleinsein mit Gott) deutet. Und leicht, sehr leicht können die Begriffe „oben" bzw. „unten" mehr als eine nur räumliche, d. h. eigentlich gleichberechtigte Wertigkeit gewinnen.

„Lästernde" **feministische Zungen** werden behaupten, dass der männliche Gott, der frei von Sinnlichkeit über der Erde schwebt, eine männliche Neidreaktion und Schöpfung auf die so überwältigend reich ausgestattete Erd- und Lebensnähe der Frau und Mutter bedeute. Letzterer gebühre in Wahrheit der Vorzug, denn der Gott der Männer habe außer „Hirngeburten" (Ideen) und einer generellen Verachtung und Vergewaltigung der Erde nur wenig wirklich Fruchtbares zu bieten gehabt.

„Lästernde" **männlich-chauvinistische Zungen** werden behaupten, dass der weibliche Gott die Niederungen der chaotischen Körperwelt glorifiziert, in der das Werden und Gebären kein Steigen, sondern nur ein Kreisen kenne. Den religiösen oder (was auch nichts anderes ist) technischen Fortschritt gebe es dagegen nur über die steigende, Grenzen überschreitende Idee, die Ordnung in das Chaos bringe. Und dies erkläre und rechtfertige zur Genüge, dass die Geschichte eben im wesentlichen von Männern gestaltet und geschrieben worden sei.

Soviel zu den Tänzen der **zwei Geschlechter,** die (wohl nicht nur im Islam) in zwei verschiedenen Räumen leben, zwei anscheinend konträren Prinzipien huldigen (Materie – Idee) und sich selbst in zwei völlig verschiedenen Harmonien ausdrücken. Vielleicht sind Mann und Frau ja tatsächlich spannungsgeladene „kosmische Kräfte", zwischen denen die ewige Differenz das dynamisch Konstante ist. Die eine mag nach unten, die andere nach oben weisen oder streben: Zusammenleben müssen sie doch. Sodass sich nur die Frage stellt: Wer beherrscht wen? Oder: Wer herrscht wo? Eine Frage, der wir später (siehe Kapitel „Zentrale Kategorien der kulturellen Identität") noch weiter nachgehen werden.

Der Kemalismus

Mustafa Kemal Atatürk wollte die „orientalische" Mentalität bis zuletzt bekämpfen, und sei sie auch nur noch in einer einzigen Person verkörpert.
(Nilüfer Göle)[23]

Wem sollen wir zuhören: Gott oder Atatürk,dem Banditen?
(Ayatolah Chomeini)[24]

Atatürk ist überall. In Schulgebäuden, Touristenämtern, Busstationen, Restaurants und auf öffentlichen Hauptplätzen: egal wo, man kann sicher sein, sein Konterfei in Bild- oder Statuenform bewundern zu können. Und

015tu Foto: td

selbstredend besitzt jede Stadt ihren Atatürk-Bulvarı, garantiert die größte oder zumindest wichtigste Straße der ganzen Ortschaft. Seinen Namen tragen auch oft Parks und zum Beispiel ein großer Stausee in Südostanatolien. Sie alle verbreiten den Ruhm desjenigen Mannes, dessen Ehrgeiz und Zielstrebigkeit ihm bereits zu Schulzeiten den Spitznamen *Kemal* (der „Reife") eingebracht hatten.

Ob in Uniform oder im Zivilanzug, als siegreicher General oder überlegen wirkender Staatsmann, er hat den Blick des autoritären, aber souveränen Retters, eben den *Ata-türks,* des Staatsgründers und nationalen Übervaters, der selbstbewusst seinen Kindern den Weg in die Moderne weist.

Als vor einigen Jahren in der Provinz Içel (Mersin) eine neue Straße zwischen Silifke und Uzuncaburç gebaut wurde, war ein Bauer mit seinem kleinen Gehöft im Weg. Kurzerhand und unmissverständlich wurde bestimmt, dass der Mann sein Heim dem Asphalt zu opfern habe; nationale

Interessen stehen immer über dem Schicksal kleiner Leute. Der arme Bauer, dessen Minihof von einer kleinen Steinmauer umfriedet war, fand – oder erschuf? – daraufhin eine kleine **Steinfigur, die unverkennbar dem Profil Atatürks ähnelte.** Er stellte sie in seiner Steinmauer als Stützteil auf und holte die lokalen Politiker, die sich erstaunt den Kopf kratzten, denn – kein Zweifel – das war eine steinerne Hommage an den Republikgründer. Nach einigen hin- und herschwirrenden Weisungen und staatspolitischen Interventionen erhielt der Straßenbauingenieur den Befehl, die Straße am Gehöft vorbeizuführen; der glückliche Bauer lebt heute noch dort und dürfte allen Grund haben, sich als Kemalisten zu bezeichnen.

Anekdoten gibt es um *Atatürk* wahrhaftig genug. Sie alle beziehen sich auf die Person, weniger auf die staatstheoretischen Fähigkeiten des Mannes, dem die heutige Republik Türkei vielleicht ihre Identität, mindestens aber ihre Existenz zu verdanken hat. Aber trotz dieses eher persönlichen Charismas bemühte sich die Atatürk-Partei CHP (*Cumhuriyet Halk Partisi* – Republikanische Volkspartei) nach dem Tod ihres großen Vorsitzenden um die theoretische Überhöhung ihres „Vaters", der posthum zum „in die Ewigkeit aufgenommenen Führer"[25] – *edebi şef* – erklärt wurde.

Atatürk selbst war eigentlich kein origineller Ideologe, vielmehr ein staatsmännisch begabter Mann der Praxis, sodass im Kemalismus (*kemalizm, atatürkçülük*) praktische Lösungen konkreter Staatsprobleme theoretisch aufgearbeitet sind. Die CHP formulierte ihre kemalistische Ideologie als „Sechs-Pfeile-Doktrin" (*altı ok*), und schnell wird man erkennen, dass sich hinter den Prinzipien praktische Problemlösungen verbergen.

Die Handlungsprinzipien der kemalistischen Ideologie

Die „Sechs Pfeile", sprich Staatsprinzipien, teilen sich in eine Handlungsebene und eine rahmengebende Organisationsebene auf. Folgende drei Pfeile werden allgemein zur Handlungsebene gezählt und entstammen historisch der jungtürkischen Bewegung:

Der Nationalismus (milliyetçilik)

Er stellt sicherlich das für das türkische Selbstverständnis entscheidende ideologische Instrument der jüngeren Vergangenheit dar. Aufgrund seiner spannungsreichen Bedeutung auch für die gegenwärtige Türkei wird auf ihn in einem separaten Kapitel eingegangen.

Der Laizismus (Lâiklik)

Diese auch als Säkularismus bezeichnete ideologische Festlegung des türkischen Staates fordert die **Trennung der religiösen von der politi-**

schen Ebene (im Westen wird dieses Prinzip Trennung von Staat und Kirche genannt).

Mit der Ausweisung des Kalifen am 3. März 1924 leitete *Kemal Atatürk* sowohl konkret als auch symbolisch den **politischen Abschied vom Islam** ein. Die Türkei sollte in Zukunft ein säkularer Staat sein, gelenkt durch diesseitige, moderne Prinzipien; Religion sollte nach westlichem Vorbild Privatsache werden.

Vor diesem Hintergrund verstand es sich von selbst, dass *Atatürk* dem Staat, nicht der Religion, das Rechts- und Erziehungsmonopol zuordnete: Die religiöse **Gerichtsbarkeit** der Scharia wurde abgeschafft und das „Türkische Strafgesetz" *(ceza kanunu)* auf der Grundlage des italienischen „Codice Zanardelli" eingeführt (seitdem mehrfach novelliert). Eine der praktischen Folgerungen war, dass die im Islam erlaubte Polygamie (ein Mann kann bis zu vier Frauen ehelichen) sowie damit die religiös geschlossene Ehe verboten und die westliche Monogamie eingeführt wurde.

Im Bereich der **Erziehung** beanspruchte von nun an der Staat das Bildungsmonopol, die religiösen Institutionen wurden abgeschafft.

Auch die **islamischen Orden,** Bruderschaften und Stiftungen waren den Kemalisten ein Dorn im Auge; sie wurden ebenfalls kurzerhand geschlossen und ihr Besitz konfisziert. Selbst der Besuch von Heiligengräbern war den Laizisten suspekt, denn wie schnell konnten diese als verehrte politische Querulanten wiederauferstehen? Noch 1998 bestätigte ein Reformgesetz, dass die (Neu)gründung eines Derwisch-Klosters eine schwere Geld- oder Haftstrafe nach sich ziehen werde.

Während der türkische Staat jede Einmischung der Religion in gesellschaftlich-politische Belange zurückweist, verzichtet er umgekehrt keineswegs auf die **Kontrolle der religiösen Aktivitäten.** Sein Hauptinstrument ist dabei das schon erwähnte „Amt für religiöse Angelegenheiten", das idealerweise alle religiösen Belange, vom staatlich bestallten Imam bis zur religiösen Buchhandlung, mit den „korrekten" religiösen Interpretationen betreut und lenkt

Anders als in vielen Ländern Europas ist der Laizismus in der Türkei natürlich keine über Jahrhunderte gewachsene geistige Überzeugung. Eine antireligiöse Bewegung wie die europäische Aufklärung hat es in der Türkei nicht gegeben. Der Kampf gegen den Einfluss der Religion ist – typisch für eine asiatische Kulturrevolution – von oben verordnet und beschlossen. Daraus erklären sich – nach den revolutionär dekretierten Anfangserfolgen – auch die schleichenden **Niederlagen des Laizismus.** Denn es ist keineswegs so, dass dieses „wichtigste Prinzip der türkischen Verfassung" ohne seinen strengen Hüter, soll heißen die Armee, auskommt. Wie das halt so mit importierten Kulturrevolutionen ist: Es dauert etwas, bis das Volk einsieht, dass man es nur gut mit ihm meint. Und – so befürchten einige unentwegte Aufklärer unter den heutigen Kemalisten – das türkische Volk ist ein besonders uneinsichtiger, ja störrischer Schüler.

Eine erste symbolgeladene Niederlage des rigiden Laizismus der kemalistischen Frühzeit ist mit dem *ezan* (Gebetsruf) verbunden. Nach dem Willen der Kemalisten hätte der Muezzin eigentlich seine traditionell arabische Lobpreisung Gottes („*Allâhu akbar*" – „Gott ist groß") in Türkisch schmettern sollen („*Tanrı uludur*"); aber die Türken verbanden mit dem Islam nicht die nationalistischen Interessen, die ihnen die Kemalisten gerne schmackhaft gemacht hätten, und so tönt der *ezan* heute wieder in der supranationalen, „heiligen" Sprache des Arabischen über Stadt und Land.

Ab den 1950er Jahren – eine erste Phase der Demokratisierung – wurden dann sowohl von staatlicher Seite als auch vor allem von neu auftauchenden islamischen Vereinen und Organisationen viele Moscheen und Predigerschulen (*imam-hatip-okulları*) gebaut und gegründet. Des weiteren wurde der einst ganz aus den Schulen entlassene Religionsunterricht ab 1949 wieder schrittweise eingeführt, um 1982 sogar zu einem obligatorischen Pflichtfach in den Gymnasien zu avancieren. Die Orden, obwohl verboten, fanden und finden halblegale Betätigungs- und Agitationskanäle (z. B. als private Anbieter von Koran-Kursen), deren Einflüsse bis auf Regierungsebene nachzuverfolgen sind.

Islamistische Parteien wie die *Milli Selamet Partisi* oder *Refah Partisi* entstanden und – *Atatürk* würde sich im Grabe umdrehen – übernahmen Regierungsverantwortung, wobei sie ihre Zustimmung vor allem unter den sozial benachteiligten Geçekondu-Bewohnern fanden und finden. Aber auch weniger suspekte, durchaus staatstreue Parteien wie die unter *Turgut Özal* so erfolgreiche ANAP bemühen sich immer mehr um die islamisch-konservative Wählerschaft und pflegen ihre Verbindungen zu den bereits erwähnten islamischen Orden, die heute wieder eine starke Stellung im Sozial- und Bildungssektor haben.

Es ist nicht übertrieben zu sagen, dass unter den „sechs Pfeilen" des Kemalismus besonders der Laizismus **im Brennpunkt der heutigen Kritik und Diskussion** steht. Er ist das Prinzip, an dem die Türkei um ihre westliche bzw. islamische Identität ringt.

Der mächtige Garant der laizistischen Ordnung ist seit alters die den Kemalismus als „reine Lehre" verteidigende **Armee.** Das fast unangreifbar über den Parteien stehende Militär bringt bei seinem Kampf gegen den tatsächlichen oder vermeintlichen Fundamentalismus auch arrivierte bürgerliche Politiker gegen sich auf. Als sich im März 1998 Regierungschef *Mesut Yılmaz* (Partei des Rechten Wegs, DYP) gegen die antiislamistischen Aktivitäten der Armee verwahrte, tat er dies mit dem Hinweis darauf, dass nur er als demokratisch legitimierter Ministerpräsident das Recht habe, das Militär zum Eingreifen zu bewegen, dieses aber in undemokratischer Exterritorialität nicht selbst bestimmen dürfe, welche Maßnahmen im Staat zu ergreifen seien. Die selbstbewusste Antwort des Generalstabs als Gralshüter des atatürkschen Erbes war bezeichnend: Es gebe keine Instanz, die die Armee davon abhalten könne, gegen die Feinde der Republik vorzugehen. Womit klar ist, wer in der türkischen Republik auch heute noch die atatürkschen Hosen anhat.

Der Reformismus (inkılâpçılık)

Dieses Prinzip, das auch als Modernismus bezeichnet wird, soll - zusammen mit dem Nationalismus - sozusagen die ideologische und geistige Orientierungslücke füllen, die durch die Eliminierung der Religion im Laizismus für die Bürger entstehen musste.

Der Begriff *inkılâp,* der als „Revolution" bzw. „Umwälzung" übersetzt werden kann, deutet an, dass die Kemalisten von der Notwendigkeit einer permanenten und grundsätzlichen Weiterentwicklung der türkischen Gesellschaft ausgingen. Die Richtung dieser Weiterentwicklung war klar: Die Türkei sollte sich nach Westen ständig reformieren. Kleidung, Verfassung, Arbeitsmethoden, Wissenschaft und überhaupt die Denkweise sollten einem kontinuierlichen Prozess der **Europäisierung** unterworfen werden. Den Kemalisten war es dabei anfangs ziemlich egal, ob die Neuerungen im Volk Resonanz fanden oder nicht, denn aus ihrer konkreten geschichtlichen Perspektive mussten die Türken nach Westen ziehen, gab es doch - so das bekannte Credo *Atatürks* - zu dessen Zivilisation keine Alternative.

Insofern hat der Reformismus den Glauben an die westliche Denk- und Lebensweise, eben an die Moderne zur Grundlage, und wenn das **„zurückgebliebene" Volk** das nicht einsah, musste man es eben in diese Richtung dekretieren. Wie äußerlich und gleichzeitig radikal dieses Prinzip manchmal praktiziert wurde, zeigt das Hutgesetz von 1925 (siehe „Geschichte der Türkei - Kampf der Kulturen"), das den alten Fez in die Mottenkiste der Geschichte und den Panama-Hut auf die türkischen Köpfe der Moderne katapultierte. Gewiss, *Atatürk* und seine „Republikanische Volkspartei" eiferten im besten Glauben und nationalem Interesse für ihre Ziele. Auch scheuten sie keine Mühe, durch Aufklärung und Propaganda das Volk von den notwendigen Maßnahmen zu überzeugen, aber ein neuer Hut macht noch keinen neuen Kopf.

Die Zeiten der permanenten Kulturrevolution sind heute vorüber, die Köpfe denken - nicht zuletzt dank der atatürkschen Reformen! - selbstständiger und eigenwilliger, und die Hoffnung auf den Westen hat sich abgekühlt, mindestens aber relativiert.

Die Organisationsprinzipien der kemalistischen Ideologie

Die obigen drei Handlungsmaximen werden in der kemalistischen Ideologie durch folgende drei Organisationsprinzipien ergänzt, die die politischen Inhalte durchsetzen sollen:

Der Republikanismus (cumhuriyetçilik)

Die Türkei ist die älteste bestehende islamische Republik, wenn auch im historischen Sinne nicht die erste (dies war die aserbaidschanische Republik zwischen 1918–20). Als politisches Organisationsprinzip stellt der Republikanismus positiv die Proklamation der **Volkssouveränität** dar; insofern diente er bei seiner Einführung im Jahre 1923 – und dies ist seine zweite, eher defensive Funktion – als **Absage an das Sultanat** bzw. Kalifat. Denn nicht wenige Politiker der Revolutionszeit zwischen 1918–23 plädierten für die Einführung einer konstitutionellen Monarchie, die dem Sultan zumindestens repräsentativ die Macht überlassen hätte. Das war definitiv nicht im Sinne *Atatürks,* der mit der Vergangenheit radikal brechen wollte. Die Verlagerung der Souveränität auf das Volk (bzw. die Nation) nahm allen anderen möglichen Souveränitätsträgern (Sultan oder Kalif) ein für allemal die Legitimation zu herrschen.

016tu Foto: td

Auch wenn die **Türkische Republik** *(Türkiye Cumhuriyeti)* bis 1945 de facto als Ein-Parteien-Staat kaum demokratische Lorbeeren im westlichen Sinne sammeln konnte, muss festgehalten werden, dass ihre republikanische Staatsform – trotz dreier Militärinterventionen – heute die effektivste und stabilste unter allen islamischen Ländern darstellt: Aus einem vielleicht anfangs taktischen Schachzug ist politische Substanz erwachsen.

Das **Fest der Republik** am 29.10. *(cumhuriyet bayramı)* ist der wichtigste nationale Feiertag, an dem alle staatlichen Würdenträger dem Präsidenten ihre Aufwartung machen. An diesem Tag – wie auch an allen anderen nationalen Feiertagen – werden am wichtigsten Denkmal des Taksim-Platzes in Istanbul Kränze niedergelegt: Es ist das Denkmal der Republik *(cumhuriyet abidesi),* das *Atatürk* in ziviler Kleidung zeigt.

Der Populismus (halkçılık)

Ausgehend von den gesellschaftssolidarischen Überlegungen der Soziologen *Emile Durkheim* und *Léon Bourgeois* hatte der türkische Nationalist und Philosoph *Ziya Gökalp* (1876–1924) seine Idee des Populismus entwickelt. Gemeint war ein **Gesellschaftsmodell,** das nicht durch Klassen, sondern durch verschiedene Berufsgruppen geprägt war, die für das Gemeinwohl zusammenarbeiten sollten.

Diese Form der sozialen Identität und Korporation passte genau in das nationalistische Konzept *Atatürks.* Die unterentwickelte und noch vorindustrielle türkische Gesellschaft kenne noch gar **keine Klassen,** denn diese seien ein Merkmal industrialisierter Staaten. Insofern seien sozialistische oder marxistische Konzeptionen zur Erlangung der klassenlosen Gesellschaft für die Türkei gegenstandslos. Es komme nur darauf an, die beruflichen und ständischen Partikularinteressen im Interesse des Staates zu harmonisieren, und dafür reiche **eine Partei** – eben die „Republikanische Volkspartei". Da diese das ganze Volk repräsentiere – mehr Parteien setzten mehrere Klassen voraus –, sei sie allein die institutionalisierte Form des nationalen Interesses – so das Credo des Staatsgründers.

Erst nach 1945 begann der schwierige und dornige Weg in einen **Parteienpluralismus,** welcher der sich differenzierenden Vielschichtigkeit des Volkes (Lat.: *populus,* turk.: *halk)* Rechnung trug. Das türkische Volk ist nach und nach in die Rolle hineingewachsen, zu der man es lehrerhaft erziehen wollte.

Kinder in Schuluniform: Auch die Schule ist kemalistisch geprägt

Der Etatismus (devletçilik)

Das letzte Organisationsprinzip zielte auf eine **staatlich gesteuerte und unterstützte wirtschaftliche Entwicklung** der Türkei, d. h. der Staat selbst trat als der größte Unternehmer auf. Die Kemalisten konnten das Land aufgrund der kaum entwickelten Industriestruktur nicht dem liberalen „freien Spiel der Kräfte" aussetzen, da dies wegen der überlegenen internationalen Konkurrenz den wörtlichen Ausverkauf der türkischen Interessen bedeutet hätte. So nahm die „Republikanische Volkspartei" 1937 bewusst den Etatismus (frz.: *état* – Staat, türk.: *devlet*) in die Verfassung auf.

Zwischen 1923 und 1937 entstanden die großen staatlichen Banken Ziraat Bankası, Iş Bankası, Sümer- und Etibank; zudem investierte der Staat besonders in der Industrie- und Infrastrukturbranche.

Seit der Menderes-Ära (1950–60) sowie besonders unter Ministerpräsident *Özal* („Özalismus", 1983–89) wurde die **Privatisierung** stark vorangetrieben, dennoch sind auch heute noch einige Bereiche wie Eisenbahn, Luft- und Seeverkehr, Bergbau, Petrochemie u. a. fest in den Händen des Staates. Die fünf größten Unternehmen der Türkei sind staatlich geführte Betriebe. Da die meisten Staatsunternehmen nicht die Produktivitätsquote der Privatwirtschaft erreichen und ihre Bilanzen oft deutliche – durch den Staat zu deckende – Verluste ausweisen, steht die Privatisierung seit den 1980er Jahren auf der Tagesordnung einer jeden Regierung. Insofern stellt der Etatismus sicherlich den überlebtesten Pfeiler der kemalistischen Ideologie dar.

Übersieht man nun das 80-jährige Wirken des Kemalismus, so muss man staunen und achtungsvoll seinen Panama-Hut ziehen, um sich vor der Energie eines Mannes (und seiner Partei) zu verneigen, der wie kein anderer ein **islamisches Land fest in der Moderne verankert** zu haben scheint. Auch wenn dabei nicht selten der Demokratie mit der Peitsche auf die Beine geholfen wurde.

Es ist historisch immer noch nicht entschieden, ob der Kemalismus in erster Linie die konkrete Lösung einer geschichtlichen Umbruchsituation oder aber eine langfristige ideologische Maxime darstellt, die der sich differenzierenden Türkei in ihren widersprüchlichen Identitäten gerecht werden kann. Nur wenig spricht für die – von Kemalisten natürlich favorisierte – zweite Sichtweise, zu kompliziert und vielschichtig ist heute auch die türkische Lebenswelt geworden.

So wird man mit Kemalismus tendenziell vielleicht doch immer die **ironischen Sätze von Antoine de Saint-Exupéry** verbinden, der in „Der kleine Prinz" einen türkischen Wissenschaftler, nämlich den Astronomen, erst dann bei seinen westlichen Kollegen zu Ansehen kommen lässt, als er auf einem Kongress moderne Kleidung anlegt. „Zum Glück für den Ruf des Planeten B 612 befahl ein türkischer Diktator seinem Volk bei Todesstrafe, nur noch europäische Kleider zu tragen. Der Astronom wiederholte seinen Vortrag im Jahre 1920 in einem sehr eleganten Anzug. Und diesmal gaben sie ihm alle recht." Kleider machen eben nicht nur Leute, sondern ganze Staaten.

Es versteht sich von selbst, dass der Sarkasmus *Exupérys* nicht in erster Linie *Atatürk,* sondern der **westlichen Moderne** selbst gilt. Aber vielleicht ist der Kemalismus ja auch nichts anderes als das historisch verblichene Abziehbild dieses weltweiten Fortschrittsphantoms.

Nationalismus, Panturkismus und die Kurden

Ne Mutlu Türküm Diyene -
Welch Glück sagen zu können, „Ich bin Türke"

(Kemal Atatürk)

Als im Grenzsaum der zwischen Türken und Griechen geteilten Insel Zypern ein griechischer Zypriot versuchte, die **türkische Flagge** vom Fahnenmast zu holen, wurde er kurz vor Erreichen seines Ziels erschossen. Der lakonische Kommentar der damaligen Ministerpräsidentin *Tansu Çiller:* „Keiner legt ungestraft Hand an die türkische Flagge."

Womit klar wird, dass diese Flagge *(bayrak),* die in der Nationalhymne *(istklâl marşı,* „Unabhängigkeitsmarsch") besungen wird, das fast sakrale Zeichen des türkischen Nationalismus darstellt. Feierlich gehisst wird sie tagsüber an öffentlichen Gebäuden, wobei Beamte den Hut abzunehmen haben, während in der Schule die Kinder die Hymne singen. Private Firmen und Bürger dürfen sie dagegen nur an Feiertagen aus dem eigenen Fenster hängen, eine besondere Dokumentation des persönlichen Nationalstolzes, der sich dann jeder bewusst ist.

Nationalismus

Die beiden wichtigsten Prinzipien der türkischen Verfassung - der Nationalismus und der Laizismus - unterscheiden sich inhaltlich in einer grundsätzlichen Art und Weise: Während der Laizismus in der türkischen Lebenspraxis eigentlich ein defensives und keineswegs allgemein anerkanntes Gedankenmodell gegen den Islam darstellt, besetzt der Nationa-

047tu Foto: mf

lismus offensiv die ideologische Leerstelle, die mit der Verbannung der Religion als einheitsstiftendes Prinzip vakant geworden war. Kurz: Der Nationalismus kann – anders als der stark kritisierte Säkularismus – als **Identitätsprinzip des türkischen Staates** auf die weitgehende Akzeptanz seiner Bürger rechnen. Und dies leider nicht nur in Bezug auf die Flagge, sondern auch auf ethnische Minderheiten.

Das türkische Wort für Nationalismus – *milliyetçilik* – leitet sich von dem uns schon bekannten Ausdruck *millet* ab, mit dem zu osmanischer Zeit die religiösen – nicht staatlichen – Gemeinden der Muslime, Christen und Juden voneinander abgegrenzt wurden; einen Nationalismus im modernen Sinne gab es im Osmanischen Reich nicht.

Die türkische Flagge schmückt auch den Stand des Obsthändlers auf dem Basar

Die Bedeutung des Wortes *millet* (in heutigen Zusammensetzungen *milli*) änderte sich erst, als die Jungtürken und die Kemalisten den aus der französischen Revolution erwachsenen Begriff der „Staatsnation" übernahmen und einen türkischen Nationalismus propagierten. Er sollte nun die Stelle der entmachteten Religion einnehmen und als territorial umfassendes Prinzip dem Staat seine formale und inhaltliche Identität geben.

Demnach galten alle auf dem Staatsgebiet der Türkei lebenden Völkerschaften - darunter Kurden, Tscherkessen, Lazen, Araber und viele andere - als Türken bzw. genauer als türkische Nation; die von den obigen Minderheiten verlangte Voraussetzung für die **Zugehörigkeit zur türkischen Nation** war, dass sie sich in diesem Sinne verstanden und mit dem Staatsvolk identifizierten. Türke war also derjenige, der sich als Türke fühlte und die Unverletzlichkeit der türkischen Nation bejahte, auch wenn er - ethnisch gesehen - selbst kein Türke war. Das in der Verfassung explizit erwähnte Recht der Gleichheit, dass niemand aufgrund von Rasse, Geschlecht, Sprache und Religion benachteiligt werden darf, zielt nicht so sehr auf den Schutz einer multikulturellen Vielfalt, sondern proklamiert, dass die türkische Nation und Kultur ein über diesen Merkmalen stehendes Gut für alle darstellt. „Dieser Grundsatz wird in der Türkei als Auftrag verstanden, vorhandene ethnische und religiöse Ungleichheiten abzubauen bzw. die Schaffung einer ethnischen Gruppe zu verhindern."[26]

Die türkische Nation als homogene Gemeinschaft erwartet also - im Sinne des kemalistischen Nationalismus - die **Assimilation der anderen Ethnien an die türkische Staatskultur,** wie immer diese auch im Detail definiert werden mag. Als unerlässliche Vorraussetzung gilt dabei vor allem die Akzeptanz der staatlichen Einheit: Autonomie- wie separatistische Bestrebungen ethnischer Gruppen können als „Vergehen gegen die internationale Persönlichkeit des Staates" (Artikel 125 Strafgesetzbuch) mit dem Tode bestraft werden. Des weiteren wird in der Verfassung von 1982 Türkisch als Sprache der Nation gewertet; es darf keine Partei gegründet werden, die den ausdrücklichen Schutz einer anderen Sprache, Kultur oder Religionsgemeinschaft zum Ziel hat.

Panturkismus und Turanismus

Während der Nationalismus mehr oder weniger erhaben über allen parteilichen Wassern schwebt und als sicherster Pfeiler des Kemalismus gelten darf, findet der ihn übergreifende **Panturkismus** *(türkçülük)* seine rechtsnationalistische Plattform in der **„Nationalistischen Aktionspartei" (MHP).** Die von dem bereits legendären Ex-Obersten *Alparslan Türkeş* gegründete und ideologisch ausgerüstete Partei verdient insofern Beachtung, als sie seit Juni 1999 in Koalition mit der sozialdemokratischen DSP des Ministerpräsidenten *Ecevit* politische Verantwortung trägt. Mitteleuropäer muss es erstaunen, dass Sozialdemokraten und Rechtsnationalisten in einer Regierung harmonieren können. Aber die MHP, deren Jugendorganisation „Graue Wölfe" in den 1960er Jahren in der Auseinandersetzung mit den Linken noch Angst und Schrecken verbreitet hatte, legte sich nach dem Tod ihres ideologischen Führers 1997 ein gemäßigteres Profil zu.

Alparslan Türkeş (dessen Name allein schon Programm ist: Unter Sultan *Alp Arslan* errangen die türkischen Seldschuken im 11. Jh. wichtige Siege über die Christen) vertrat jenen auch **Turanismus** genannten türkischen Nationalismus, der von einem Großreich der Türken vom Balkan über den Kaukasus bis zur chinesischen Grenze träumte. Denn in all diesen Gebieten leben Türken, die in Sprache, Denkweise und Kultur der anatolischen Türkei nahestehen. Bereits Sultan *Abdülhamid II.* (1876–1909) versuchte diese ethnische Karte beim Kampf gegen Russland auszureizen.

Über einige Vertreter der Jungtürken fanden diese das Türkentum als Großmacht titulierenden Ambitionen auch (teilweise) den Weg zu *Kemal Atatürk.* Aber der war Staatsmann und Realist genug, um weniger territoriale Ansprüche denn **ideelle Aufwertungen der türkischen Kultur** aus diesen Gedanken zu schöpfen. Denn was konnte den türkischen Nationalstolz mehr stärken als die durch Historiker-Kongresse unterstützte These, dass die Türken schon seit den Sumerern und Hethitern – also lange vor den Arabern und ihrem Islam! – staatsbildende Völker gewesen seien? Dass ihre Sprache die Sonnensprache sei, die sogar die keltische Sprache beeinflusst habe, also viel universaler und erhabener ist als die arabische, die im Islam als vermeintlich heilige Sprache Gottes im Koran die Größe des Türkischen nur kurzfristig verdeckt habe?

All diese und andere Theorien dienten *Atatürk* zu nichts anderem als der Abwertung des Islam und der Einimpfung eines **vorislamischen Nationalstolzes.** Und um den Bogen zu der von den Kemalisten so gewollten westlichen Zivilisation schlagen zu können, erklärte *Ziya Gökalp* – turanistischer und modernistischer Philosoph gleichermaßen –, dass Turanismus und westliche Zivilisation sich nicht nur nicht ausschließen, sondern dass die (vorislamischen) Türken eigentlich sogar die Demokratie sowie auch Feminismus und Populismus hervorgebracht hätten.[27]

Noch radikaler fasst es *Kenan,* den ich auf der Bozburun-Halbinsel kennengelernt habe und der für die MHP auf regionaler Ebene arbeitet und allein schon bei Nennung des Parteigründers *Alparslan Türkeş* einen anbetenden Gesichtsausdruck annimmt. „Alle großen kulturellen Leistungen kommen aus der türkischen Kultur, denn sie ist die älteste der Welt. Mich interessiert nicht der Islam und auch nicht die EU, denn wenn wir Türken zusammenhalten und zusammenfinden, wird die EU uns umwerben."

Die MHP konnte sich folglich zumindest teilweise auf *Atatürk* und seinen Nationalismus berufen, als sie ihre großtürkischen Phantasien entwickelte und zum politischen Programm erhob. Als die Sowjetunion zusammenbrach und sich deren Turkstaaten - Usbekistan, Kasachstan, Aserbaidschan, Turkmenistan und Kirgisien - unabhängig machten, schien nicht nur für die Turanisten das **erhoffte Zeitalter der großtürkischen Einigung** nähergerückt zu sein. Den jährlichen Gipfeltreffen zwischen den Staatspräsidenten dieser Republiken folgten Kooperationen im Medien-, Investitions- und Ausbildungsbereich, ohne dass sich die gegenseitigen Hoffnungen auf ein gemeinsames politisches und wirtschaftliches Agieren bisher zufriedenstellend erfüllt hätten. Nichtsdestotrotz errangen die Nationalisten der MHP 1999 mit 18,1% der Stimmen ein überraschend gutes Ergebnis; ein Grund für den Erfolg dürfte die Tatsache sein, dass viele Türken sich über die immer wieder hinausgeschobene Aufnahme in die EU getäuscht und gedemütigt fühlen und der Panturkismus der Nationalisten eine antieuropäische Kompensation verspricht. Auch sind viele die europäische Kritik über den türkischen Umgang mit dem Kurdenproblem endgültig leid - womit wir am wohl sensibelsten Punkt der türkischen Nationalismuskonzeption angekommen wären.

Das Kurdenproblem

Die Kurden *(kürtler)* sind ein wahrscheinlich aus dem iranischen Raum stammendes **indoeuropäisches Volk,** das um 1000 v.Chr. im heutigen Grenzgebiet zwischen der Türkei, dem Irak und dem Iran ansässig wurde.

Einen selbstständigen **Staat Kurdistan** hat es nie gegeben, was zum einen an der Stärke der Nachbarvölker, zum anderen aber an der tribalen Struktur der kurdischen Gesellschaft lag, in der Stämme und Sippen quasi abgeschlossene Einheiten bildeten. Begünstigt wurde die Clanherrschaft auch durch die geografische Unkontrollierbarkeit der ostanatolisch-iranischen Bergwelt, die dem Zustandekommen einer zentralistischen Stammesmacht im buchstäblichen Sinne hohe Barrieren entgegensetzte.

Die Bezeichnung „Kurde" sowie die Identifizierung als indoeuropäische Volksgruppe resultiert in erster Linie aus der **Sprache,** die zur Gruppe der westiranischen Idiome gehört (wie auch die iranische Staatssprache, das Farsi). Kurdisch ist aber keine einheitliche Sprache, sondern unterteilt sich in Kurmanci (die weitaus größte Sprachgruppe), Sorani und Zazaki. Die

Unterschiede zwischen diesen Gruppen sind teilweise beträchtlich, sodass ein Zaza einen Kurmanci kaum verstehen dürfte. Grotesk mag es zudem erscheinen, dass auch die Sprache nicht immer ein sicheres Indiz für die Zugehörigkeit zum Kurdentum darstellt, denn viele Kurden verfügen aufgrund der Verfemung ihrer Idiome durch die türkische Öffentlichkeit über eine viel bessere Kenntnis des Türkischen denn des Kurdischen. Dies trifft sogar auf den Führer der militanten kurdischen Befreiungsorganisation PKK (s. u.), *Abdullah Öcalan, zu,* dessen Kurdisch-Kenntnisse als lückenhaft gelten[28].

Auch auf **religiösem Gebiet** stellen die Kurden keine homogene Gemeinschaft dar. Zwar bekennt sich die Mehrheit – etwa 70% – zum sunnitischen Islam, aber auch die alevitischen Kurden stellen mit über 20%[29] eine große Gruppe dar. Darüber hinaus gibt es christliche Restbestände sowie die apokryphe Sekte der Yezidi, deren eigenwilliger Glaube auch vorislamische Elemente enthält und deren kultische Geheimhaltungspraxis jahrhundertelang Anlass zu Verunglimpfungen („Teufelsanbeter") und Verfolgung abgab.

Die **osmanischen Sultane** begnügten sich in Kurdistan mit der Anerkennung ihrer Oberhoheit, überließen aber die faktische Machtausübung weiter den lokalen kurdischen Fürsten und Clanführern. Diese waren im großen und ganzen zuverlässige Vasallen des Sultans, die an der Ostgrenze des Reiches zusammen mit den Türken gegen den persischen Nachbarn die Grenzwacht hielten. Da die Mehrheit der Kurden als gläubige Sunniten sich in religiöser Gemeinschaft (islamische Umma bzw. Millet) mit den Türken sahen und die Stellung des osmanischen Sultans als Kalif nicht in Zweifel zogen, kamen die Kurden jahrhundertelang gar nicht auf die Idee, sich als ein besetztes Volk zu verstehen; die religiöse Identität war das entscheidende Merkmal, nicht das völkische.

Von dieser religiösen, kalifatstreuen Solidarität konnten sogar noch die Kemalisten profitieren, die in ihrem Befreiungskampf dank einer religiösen Terminologie auch die kurdischen Führer auf ihre Seiten zu bringen verstanden. Erst als **Atatürk** nach dem Sieg seine nationale und antireligiöse Revolution offen zutage treten ließ, war es mit der alten religiösen Kohabitation vorbei, denn das einigende Band – die Religion – wurde zerschnitten und ihr von Türken wie Kurden gleichermaßen verehrter Repräsentant – der Kalif – aus dem Land gejagt. Der kemalistische Nationalismus gebar so zwei Volksnationen: die türkische – gewollt – und die kurdische – ungewollt. Der Kampf um die Identität und Selbstbestimmung begann.

Im **Friedensvertrag von Lausanne** (1923) erkannten die Kemalisten lediglich den christlichen Griechen und Armeniern wie auch den Juden einen religiösen Minderheitenstatus zu. Dieser sicherte ihnen das Recht auf

Bewahrung ihrer kulturellen und religiösen Eigenheiten sowie den Gebrauch der eigenen Sprache (auch in der Schule). Abgesehen von diesen drei anerkannten religiösen Gruppen setzten die Türken in Lausanne uneingeschränkt ihr Prinzip der Einheit von Staatsgebiet und Staatsvolk durch, d. h. alle ethnischen Unterschiede wurden in dem recht abstrakten Begriff „türkische Nation" aufgehoben.

Zwar stellen die Türken mit rund 92% der Bevölkerung die große Mehrheit des Staatsvolkes dar, aber mindestens 6,2% der Bürger (also rund 5 Millionen[30)]) sind Kurden und damit eine immerhin beachtliche Minorität. Das von den Kemalisten für den Aufbau der türkischen Nation selbst beanspruchte Selbstbestimmungsrecht der Völker konnte dieser Gruppe – wie auch anderen Minderheiten – nur vorenthalten werden, indem man sie unter dem Begriff „türkische Nation" **zu „Türken" machte.** Dass diese türkische Nation, eigentlich ein aus dem Westen importiertes Konstrukt der Kemalisten, über ihre faktische multiethnische Zusammensetzung hinwegsehen musste, ergab sich aus der Notwendigkeit, den neuen Staat vor separatistischen Forderungen anderer Volksgruppen zu schützen (s.o.). So gesehen wurden die Kurden *(kürt)* denn auch lange euphemistisch als „Bergtürken" *(dağlı türkler)* bezeichnet, obwohl der Begriff nie einen offiziellen Status erlangte.

Der **erste Kurdenaufstand** im Jahre 1925 unter *Scheich Said,* der selbst dem Nakşibendi-Derwischorden angehörte, mobilisierte sich zwar religiös gegen die „gottlose" Säkularismus-Politik der Zentralregierung in Ankara, trug aber auch bereits nationalistische Züge. Der Aufstand wurde – nicht zuletzt auch aufgrund der Stammesrivalitäten unter den Kurden – schnell niedergeschlagen, *Said* und die anderen Führer in Diyarbakır gehängt.

Die Kemalisten verstärkten danach nicht nur ihre antireligiöse „Zivilisierungspolitik", sie begannen auch mit **Deportationen von Kurden,** die gemäß eines 1934 in Kraft getretenen Gesetzes als „Personen ohne Verbundenheit mit türkischer Kultur"[31)] im Sinne des obigen Nationalismus „assimiliert" , d. h. türkisiert werden mussten. Die kurdische Diaspora, die vorher bereits durch exilierte Kurden im Ausland bestanden hatte, entstand nun auch innerhalb der Türkei; von den Stammesgebieten im (Süd)osten des Landes wurden Kurden nun auch in die westlichen Gebiete der Türkei (besonders Großstädte) verpflanzt, um sie in der türkischen Mehrheit aufgehen zu lassen. Kurdische Publikationen wurden verboten.

Nach weiteren erfolglosen Aufständen in den 30er Jahren brachte die **Demokratisierung nach 1945** eine gewissen Entspannung; deportierte Familien durften wieder nach Kurdistan zurückkehren, und die Regierung erkannte auch die wirtschaftliche Notsituation im Südosten des Landes als einen wichtigen Grund der dortigen Unzufriedenheit an. Die sukzessive

Rückkehr des Islam gab auch den kurdischen Scheichs und Stammesführern teilweise ihre alte tribale Patronatsstellung zurück; viele von ihnen suchten über die Mitarbeit in Parteien die Zusammenarbeit mit der Regierung und zogen als kurdische Parlamentarier (in türkischen Parteien) nach Ankara.

Trotzdem **blieb das Verhältnis gespannt,** und die kemalistische Führung des Landes achtete argwöhnisch auf Bestrebungen, die in ihren Augen als Separatismus *(bölüçülük)* oder autonomieorientierter Regionalismus *(doğuculuk)* die Einheit des Staates gefährdete. Auf ideologischem Gebiet versuchten wissenschaftliche Publikationen nachzuweisen, dass die kurdische Sprache und Ethnie im Kern als türkisch zu gelten habe *(kürttürkleri* – Kurdentürken) und ein eigenes Volk der Kurden nicht bestehe.

Der weltweiten Öffentlichkeit wurde das Kurdenproblem besonders durch die **militanten Aktivitäten der PKK** *(Partîya Karkêren Kurdistan* – Arbeiterpartei Kurdistans) bewusst. Die in den 1970er Jahren entstandene marxistisch-leninistische Organisation wurde von dem ehemaligen Politologie-Studenten *Abdullah Öcalan* aufgebaut, der seine Partei als militärisch geschulte Guerilla-Befreiungsarmee gegen das türkische Militär und die mit ihm kooperierenden Kurdenclans einsetzte und als zweiten Pfeiler die Internationalisierung des Konflikts betrieb. Als die türkische Armeeführung nach dem Militärputsch von 1980 die nationalistischen Zügel wieder anzog und 1983 das gegen die Kurden gerichtete Sprachengesetz Nr. 2392 verabschiedet wurde (Verbot des Kurdischen auch als gesprochener Sprache, 1991 aufgehoben), begann die PKK, die ihr Kommandozentrum außerhalb der Reichweite der türkischen Armee in Syrien bzw. Nordirak installiert hatte, mit Überfällen auf südostanatolische Dörfer und Armeeeinheiten. Gleichzeitig bemühten sich demonstrierende Sympathisanten bzw. Mitglieder der PKK im Ausland um eine Internationalisierung des Kampfes.

Die **Antwort der türkischen Führung** bestand in harten militärischen Gegenschlägen und der Errichtung des Systems des *köy korucusu* (Dorfwächter). Dabei handelt es sich um regierungstreue und vom Staat bezahlte Kurden, die in Kooperation mit der Armee ihre Dörfer vor Übergriffen der PKK schützen (auf dem Höhepunkt des Kampfes gab es ca. 80.000 Dorfwächter). Außerdem wurde über die südostanatolischen Provinzen, in denen fortan bürgerkriegsähnliche Zustände herrschten, der Ausnahmezustand verhängt.

Nach dem Golfkrieg 1991 änderte sich die Situation sowohl militärisch als auch politisch. Im Zuge der Niederlage des Irak und seiner eingeschränkten Souveränität in den nördlichen Provinzen führte die türkische Armee seit 1992 grenzüberschreitende Aktivitäten gegen die PKK-Stellungen, die dadurch erheblich geschwächt bzw. zerstört wurden. Gleichzeitig konnte sich die Türkei zum Erstaunen der interessierten Weltöffentlichkeit als Schutzhort derjenigen irakischen Kurden präsentieren, die vor *Saddam Hussein* über die Grenze nach Norden geflohen waren.

Das seit 1983 bestehende absurde Sprachverbot wurde durch *Turgut Özal* aufgehoben, des weiteren wurde das **Kurdenproblem offiziell auf breiter Ebene diskutiert.** Ein „Kurdisches Institut" zur Untersuchung der kurdischen Sprache sowie die „Stiftung für kurdische Kultur und Forschung" konnten ins Leben gerufen werden, private Radiostationen erhielten die Erlaubnis, im Südosten der Türkei in kurdischer Sprache zu senden. Allerdings achteten das Militär und das Verfassungsgericht auch weiterhin streng darauf, dass keine wie auch immer gearteten „kurdischen Parteien" entstanden. Ansätze dazu wurden im Keim erstickt und die entsprechenden politischen Träger verhaftet, was der Türkei von Seiten der EU und unabhängiger Menschenrechtsorganisationen wie Amnesty International immer wieder den Vorwurf der Verletzung der Menschenrechte eintrug. Zwar fielen auch von höchster politischer Stelle Lösungsvorschläge wie „Föderation" oder „Selbstverwaltung", aber sie dienen wohl mehr der psychologischen Auflockerung des Problems denn einer substantiellen Änderung des türkischen Prinzips „Ein Staat – ein Volk". So wurden Vorstöße des liberalen Außenministers *Ismail Cem* zur (schriftlichen) Zulassung der kurdischen Sprache und Gewährung punktueller Autonomierechte im Frühjahr 2000 vom Militär kategorisch abgelehnt.

Im Februar 1999 gelang der türkischen Regierung der wohl **entscheidende Schlag gegen die PKK.** Deren Führer *Abdullah Öcalan* hatte nach Drohungen der Türkei gegen Syrien sein dortiges Domizil verlassen müssen, um nach einer wochenlangen Odysee vom türkischen Geheimdienst in Kenia gefasst zu werden. Am 29.6.1999 wurde der PKK-Führer, der in den Augen der meisten Türken nichts anderes als ein Terroristenchef und Mörder ist, zum Tode verurteilt. Kurz danach rief *Öcalan,* der zur Revision des Todesurteils den Europäischen Gerichtshof angerufen hat, zum Ende des bewaffneten Widerstands gegen die türkische Armee auf. Die türkische Regierung hat allen Grund, diesen Sieg zu feiern, hatte die PKK doch zuletzt mit Drohungen gegen den Tourismus-Sektor einen empfindlichen Nerv der türkischen Volkswirtschaft ins Visier genommen. Außerdem bieten sich neben dem möglichen langfristigen Ende der Kämpfe in Südostanatolien politische Optionen an, in denen der Fall *Öcalan* (Verzicht auf Vollstreckung des Todesurteils) der Türkei auch im Westen politischen Kredit und Zuwachs an Ansehen einbringen könnte.

Trotzdem ist hinsichtlich des Kurdenproblems bisher ein **trauriges Fazit** zu ziehen: Das ca. 24 Millionen Menschen umfassende Volk der Kurden, die größte Ethnie ohne eigenen Staat, hat aufgrund ihrer geografischen

Zugehörigkeit zu mehreren Ländern und ihrer internen Zerrissenheit auch heute kaum Aussicht, jemals ein souveränes und geeintes Gemeinwesen zu werden.

Diese realistische Prognose bedeutet, dass die Kurden in den jeweiligen Ländern eher mit dem Konzept einer **autonomen Integration** denn vollständiger Loslösung weiterkommen werden – wenn die andere Seite ihnen entgegenkommt. Das gilt auch für die anatolischen Kurden: 37.000 Todesopfer seit 1984, 3000 zerstörte Kurdendörfer sowie mindestens 2 Millionen Vertriebene dokumentieren, dass die Türkei auf Dauer mit ihrem pluralismusfeindlichen und unflexiblen Nationalismusprinzip das Problem nicht wird lösen können.

Die von der Europäischen Union, aber auch unabhängigen Organisationen wie amnesty international kritisierten **Menschenrechtsverletzungen** – willkürliche Verhaftungen, Folter, politische Morde – gehen zu einem großen Teil auf das Konto der repressiv ausgerichteten Kurdenpolitik. Dass unter den politischen Opfern auch traditionell linksengagierte und islamistische Persönlichkeiten (Gewerkschaftler, Schriftsteller, Politiker) zu finden sind, unterstreicht die doppelte Frontstellung des starren Kemalismus, der sich rechts wie links bedroht sieht.

Der Kemalismus gerät aber auch im Inneren durch türkische Menschenrechtsorganisationen (die größte ist der Menschenrechtsverein IHD – *Insan Hakları Derneği*) immer mehr unter Druck. Dies und die Hoffnung eines baldigen EU-Beitritts haben dazu geführt, dass die Türkei die Verletzung von Menschenrechten – insbesondere die in Gefängnissen praktizierten Misshandlungen – durch die Veröffentlichung eines vom Parlament akzeptierten Buches über Folterungen eingestanden und einige **neue Gesetze** verabschiedet hat (u. a. höhere Strafen für Folterer sowie medizinisches Personal, das die Misshandlungen deckt)[32].

Auch auf **ökonomischer Ebene** versucht die Regierung, die traditionell unterentwickelte und durch den Guerilla-Krieg verwüstete südostanatolische Region zu befrieden. Da ist zunächst vor allem das berühmte GAP-Projekt *(Güneydoğu Anadolu Projesi)* zu erwähnen, ein gigantisches Staudammprojekt, das die Region quasi in einen Garten Eden verwandeln soll. Bis 2011 sollen insgesamt 22 Staudämme die Wasser von Euphrat und Tigris nicht nur für die Bewässerung der Landwirtschaft, sondern auch für die Energieerzeugung speichern; der größte Einzelstausee innerhalb des Mammut-Projekts, der Atatürk-Staudamm, wurde bereits 1992 fertiggestellt und eingeweiht.[33] Außerdem wurden in den Jahren 1999/2000 insgesamt 200 Mill. DM für Investitionen bereitgestellt, die sowohl der Infrastruktur als auch dem Bildungs- und Gesundheitswesen dieser Regionen zugute kamen.

Foto: mt

Ob der erhoffte ökonomische Anschluss des südostanatolischen Armenhauses aber auch – ohne politische Veränderung – das Kurdenproblem beseitigt, muss zumindest bezweifelt werden.

Die Tatsache, dass selbst die PKK (oder mindestens einige ihrer Führer) sich als politischer Gesprächspartner für **Kompromisse** anbietet und sogar von ihrer alten Forderung einer kurdischen Unabhängigkeit abrückt, zeigt, dass der alte Dialog und das jahrhundertelange Nebeneinander von Kurden und Türken immer noch nicht ganz zerstört sind. Für den notwendigen Kompromiss – etwa ein türkisches Haus mit mehreren bereichernden ethnischen Zimmern – können sich die Kemalisten bei den alten Osmanen die Bauanleitung holen. Das atatürksche Einfamilienhaus langt jedenfalls vorn und hinten nicht mehr – es muss renoviert werden. Übrigens im Sinne von *Atatürk* selbst, denn einer seiner bekanntesten Aus- und Ansprüche schmückt so manchen Platz der Türkei: „Frieden im Lande, Frieden in der Welt“. Welch schöne Maxime ...

Familie in einem anatolischen Dorf

Land und Stadt – Ost- und Westtürkei

Kulturelle Identität

Turgut stellt das Weinglas auf den Tisch, um mir mit ernster Miene und perfekter Haltung zum Degustieren einzuschenken – eben so, wie es von den meist europäischen Gästen des Istanbuler Mittelklassehotels im Stadtteil Aksaray erwartet wird. Ich muss ein wenig lachen, zu einstudiert, irgendwie „westlich" übertrieben, erscheint mir sein Benehmen. Sein Englisch ist für türkische Verhältnisse geradezu exzellent, jedenfalls viel besser als mein rudimentäres Türkisch. Drei Jahre lang hat er auf einer Istanbuler Privatschule Englisch-Kurse belegt, das kostet zwar anfangs, zahle sich aber hinterher aus.

Turgut kommt aus **Istanbul.** Wie ihm die Stadt heute denn gefalle, will ich wissen, es hätte sich ja viel geändert in den letzten zehn Jahren. Sein Gesicht nimmt einen etwas säuerlichen, ja gequälten Ausdruck an. Eine Stadt von rund 14 Millionen Einwohnern sei an sich schon ein Problem, aber die „Veränderung", die ich anspreche, sehe er höchst kritisch. Er als alteingessessener Istanbuler fühle sich zunehmend als Minderheit in der eigenen Stadt. Ich solle mich doch umschauen, in großen Teilen sei die Stadt heute „orientalischer", ländlicher und provinzieller als noch vor zwanzig Jahren. Viele Stadtbezirke seien de facto einem anatolischen Dorf ähnlicher als einer Weltstadt. Die Leute würden nicht nur die Wäsche einer ganzen Großfamilie zum Trocknen quer über die Straße hängen, sie brächten auch ihre Ziegen und Hühner mit, um sie mitten in der Stadt wie auf einem Dorfhinterhof rauszulassen. Ja, er habe auch ein Tier, einen Hund, den er sich aus Tierliebe halte. Den könne er in seinem Viertel fast nur noch an der Leine führen, wegen der anderen Tiere und ewigem Ärger mit den Anwohnern. Nein, wenn der Zuzug vom Land und aus dem Osten nicht bald reglementiert werde, sehe er schwarz für das „europäische" Istanbul. Dann müsse er als Westtürke wohl auswandern, Kanada oder Australien wäre ihm recht. Dort könne und würde er sich mehr zu Hause fühlen als hier in „Sivastanbul" (neuerer Spitzname Istanbuls, der darauf hinweist, dass ca. 7% der Neuzuwanderer allein aus der Gegend um die anatolische Stadt Sivas stammen[34]).

Ob denn die **„Orientalisierung"** nicht auch ihren Charme hätte, sozusagen mehr Vielfalt und Farbe in den kulturellen Schmelztiegel brächte, und ob sie so nicht auch mehr von der „türkischen" Identität vermittle? Meine Frage scheint für *Turgut* fast schon eine Provokation zu sein, so entschieden reagiert er. Für einige Touristen, die sich angesichts übervoller Bazare, verschleierter Frauen und eines Heers an Schuhputzern, Brezelverkäufern und Lastträgern in Orientnostalgien ergehen, möge das ja noch zutreffen. Aber was heißt hier schon „türkische Identität"? Von diesen Leuten sei er Jahrhunderte entfernt, und ein ganzer Kontinent liege buchstäblich dazwischen. Sein Lebensstil sei europäisch, „kemalistisch", und er finde es gut, dass *Erbakan* gestürzt und seine *Refah Partisi* verboten worden sei, auch wenn das an der Existenz einer islamisch orientierten Partei nichts geändert habe (die meisten Refah-Mitglieder finden sich heute in der neu gegründeten „Tugendpartei", *Fazilet Partisi,* wieder).

Was solle denn Europa, dem man doch zugehören wolle, davon halten, dass junge Studentinnen seit Jahren mit dem Kopftuch vor der Istanbuler Universität demonstrierten (die Universitätsleitung hatte das Kopftuch untersagt und die gegen das Verbot verstoßenden Studentinnen von den Prüfungen ausgeschlossen) oder dass man darüber diskutiere, Frauen wieder Kleidervorschriften zu machen und ihnen die Schminke in der Öffentlichkeit zu verbieten? Er sei auch Muslim, aber Religion, so finde er, sei doch wohl eher Privatsache, das habe doch nichts mit staatlichen Ver- und Geboten zu tun. Wo man denn eigentlich hinwolle, nach Asien oder nach Europa? Für ihn und ungefähr weitere 15% (!) der Bevölkerung sei das klar, aber die „Anderen", die den *çarşaf* (Ganzkörpertuch der Frauen) und Vollbart predigen, ja, die lebten in einer anderen Türkei, in einer anderen Welt, mit der er nichts, oder fast gar nichts, zu tun habe. Und er verstehe auch nicht, dass die deutsche Regierung islamistischen Vereinen und Organisationen, wie *Milli Görüş* und anderen, die doch auch in Berlin, Köln, Dortmund und anderswo tätig seien, nicht einen Riegel vorschöbe.

Soweit *Turgut.* Selten habe ich in einem doch eher beiläufigen Gespräch einen **Westtürken** so redegewandt und gleichzeitig entschieden die „reine" Position der „säkularen" Türkei vertreten sehen. Der Begriff Westtürke ist dabei natürlich mehr als nur eine geografische Kategorie, er drückt darüber hinaus eine kulturelle Identität aus, eine, die wie oben gut zu sehen, städtisch, kemalistisch und okzidental (westliche Lebensformen) ausgerichtet ist.

Türken wie *Turgut* können in ihrer Lebensphilosophie und -praxis in aller Regel auf die ungeteilte Zustimmung und Parteinahme **westlicher Besucher** und Touristen zählen, begegnen diese im Gespräch doch hier ihrer eigenen Lebenseinstellung. Dass der Tourist/Besucher dabei gleichzeitig die kulturelle Differenz („orientalischer Zauber") als ästhetische Zierde und Konsumgut nicht missen möchte, ändert an der als selbstverständlich empfundenen alternativlosen Gültigkeit der westlichen Lebensform nichts; man möchte im Urlaub halt etwas anderes sehen – was noch lange nicht heißt, dass man auch so leben möchte oder könnte. Wenn eine westliche

Touristin in der Moschee bereitwillig ihr Kopftuch aufsetzt, bedeutet das wohl Respekt vor der fremden Kultur, kaum aber deren Akzeptanz. Sie kann diese „Rolle spielen", weil ihr westlicher Individualismus davon ausgeht, dass jeder seine (zeitweilige) Rolle frei wählen kann. Außerdem berührt das Kopftuchtragen als religiöses Symbol ihre persönliche kulturelle Identität in aller Regel nicht. Sie passt sich sozusagen dem kulturellen „Code" an und begreift ihn als eher äußerliche Erscheinung. Der dahinterliegende Ernst oder inhaltliche Kern des Symbols (notwendige Verhüllung der Haare, sprich der Sexualität der Frau) ist für sie nicht real. Der moderne, kulturinteressierte Tourist bewegt sich folglich wie in einem „Kaufhaus der Kulturen"; man schaut sich interessiert um, spielt und testet einen neuen Film, und wenn man genug davon hat, geht man einfach wieder aus dem Kino raus.

Für *Turgut* und für viele andere, ähnlich „westlich" denkende Türken ist die kulturelle Auseinandersetzung dagegen nicht nur eine alltägliche Realität, sie beinhaltet auch die elementar wichtige **Frage nach der Identität der heutigen Türkei.** Dabei soll pauschal und in Anlehnung an die bereits im Geschichtsteil herausgearbeitete Frontstellung der Türkei folgende These vorangestellt werden: Der Westtürke ist hinsichtlich seiner kulturellen Identität von München, Paris oder New York ungleich weniger weit entfernt als z. B. von Doğubayazit in der Osttürkei (Ostanatolien) oder dem nur wenige hundert Meter von seiner Stadtwohnung gelegenen Geçekondu (was - wie wir unten sehen werden - in gewisser Weise ein nach Westen gewandertes Anatolien ist).

Der in dieser Behauptung enthaltene fundamentale Identitätsbruch der heutigen Türkei - und um einen solchen handelt es sich - lässt sich anhand von **vier Gegensatzkategorien** aufarbeiten: nämlich hinsichtlich der geografischen (Ost-West), der sozialen (Land-Stadt), der kulturtypischen (Asien-Europa) und der zeitlichen (Vergangenheit-Moderne) Struktur. Diese Kategorien sind selbstverständlich nicht unabhängig voneinander, ja sie überlappen und bedingen einander geradezu. Mit ihrer Hilfe sollen wesentliche Parallelitäten aufgezeigt und eine grundsätzliche Einordnung der türkischen Identitätsproblematik möglich werden.

Geografischer Gegensatz von Ost und West

Kommen wir zunächst zur geografischen Unterscheidung von Ost und West. Ein Blick auf das Relief der Türkei erlaubt schnell, die allgemein anerkannte **Einteilung des Landes in sieben Hauptregionen** nachzuvollziehen: Es sind dies (von West nach Ost) die Marmara-Region, die Ägäische Küstenregion, die Pontische Küstenregion, die Taurische Küstenregion,

Zentralanatolien, Ostanatolien und Südostanatolien (siehe Überblickskarte Türkei im Anhang). Von diesen sieben Gebieten weisen sich die ersten vier als maritime Regionen aus, die drei letztgenannten sind durch hohe Bergzüge durchzogene oder abgetrennte Binnenlandschaften.

Dass **Küstengebiete** in der Regel einen viel höheren Verkehrsgrad als das schwer zugängliche Landesinnere aufweisen und folglich auf ökonomischem, militärischem und kulturellem Feld geografische Zentren der Begegnung sind, liegt auf der Hand (und wird u. a. durch die griechische Kolonisation, die nur in diesen Gebieten stattfand, unterstrichen).

Unter den vier oben genannten maritimen Gebieten fällt eine besonders auf: die **Marmara-Region,** die geografisch eine Schlüsselposition zwischen dem Schwarzen Meer *(Kara Deniz)* und dem Ägäischen Meer *(Ak Deniz* – Weißes Meer) darstellt. Dass die Meerengen der Dardanellen und des Bosporus als natürliche Kanäle und Verkehrswege geradezu die Anlage einer Hauptstadt provozierten (Byzanz-Konstantinopel-Istanbul) und dass an diesem Nadelöhr folglich die Interessen aller beteiligten historischen Mächte immer wieder zusammen- und aufeinanderstießen, versteht sich ebenfalls von selbst.

Einen relativ hohen (historischen) Verkehrs- und Berührungsgrad weist auch die **Ägäische Küstenregion** auf, und zwar allein schon aus dem geografischen Grund, dass das ihr vorgelagerte Mittelmeer mit seinen bis Griechenland eingestreuten Inseln einen quasi natürlichen Brückenkopf besitzt; außerdem ist die ägäische Küste unter allen drei türkischen Küstenlinien diejenige, deren Hinterland relativ flach, d. h. zugänglich ist. Diese beiden Regionen der Türkei sind also nicht nur rein geografisch die westlichsten, sie sind auch die infrastrukturell offensten und damit attraktivsten (im ursprünglichen Sinne des Wortes: „anziehendsten").

Das gilt – in allerdings sehr viel eingeschränkterem Maße – auch für die beiden verbleibenden maritimen Regionen, die die nördliche bzw. südliche Längslinie des türkischen Rechtecks darstellen: Die **Pontische Küstenregion** wie auch die **Taurische Küstenregion** stellen in geografischer Hinsicht maritime „Sackgassen" dar, denn beide Gebiete werden durch die gleichnamigen hohen **Gebirgszüge** vom Hinterland abgetrennt. Der nur vom Meer her leicht zugängliche Küstenstreifen ist schmal, der Kontakt in die räumliche Tiefe setzt das Überwinden des bis zu 2300 m hohen Pontischen bzw. des bis zu 3000 m hohen Taurischen Gebirgszugs voraus. Dass dies kein leichtes Unterfangen war, beweist die historische Tatsache, dass Kleinasien niemals von diesen Regionen aus erobert oder zugänglich gemacht werden konnte. Die westlichen Handelsmächte der Antike und des Mittelalters begnügten sich denn auch mit der Besiedlung von Küstenstädten oder kleinen Regionen – u. a. Sinop, Trabzon (Trapezunt) am

030tu Foto: mf

Schwarzen Meer, griechische Küstenstädte wie Aspendos, Side, Perge oder das christlich-mittelalterliche Klein-Armenien im Süden.

Zwischen diesen beiden Gebirgszügen liegt die ca. 900–1500 m hoch gelegene **Hochebene Zentralanatoliens,** in deren großflächigem Relief der abflusslose große Salzsee des Tuz Gölü sowie einige markante Vulkanmassive herausragen. Das Gebiet wurde zwar schon in historischer Zeit von einigen wichtigen West-Ost-Handelswegen durchzogen (wie die Karawanserei von Sultanhanı heute noch beweist), aber der wirtschaftliche Schwerpunkt lag immer auf der (bis in jüngster Zeit) traditionellen und - sozial gesehen - relativ immobilen Landwirtschaft (Weizen, Gerste, Viehwirtschaft). Durch diese schollenorientierte Kultivierung sowie durch die natürliche Trennung vom Meer blieben die interkulturellen Kontakte dieses Gebiets meist zeitlich langfristiger Natur, denn nur starke Landheere konnten das großflächige Gebiet erobern und halten. Es ist kennzeichnend, dass für Zentralanatolien erst nach der Schlacht von Mantzikert (türk.: Malazgirt) im Jahr 1071 der große Kultureinschnitt erfolgte, das bis dato christliche Gebiet also an islamische Herrscher fiel (die es dann bis heute ja auch nicht mehr abgegeben haben).

Moderne türkische Familie an der Westküste

Noch abgeschlossener, ja fast isolierten Mikrokosmen gleich, erweisen sich die **Hochtäler Ost- und Südostanatoliens.** Die bis über 5000 m hohe (Ararat 5165 m), von tiefen Flusstälern und Gebirgszügen zergliederte Bergwelt provoziert geradezu eine dörfliche, in sich ruhende Besiedlungsstruktur, deren Mobilität äußerst gering ist. Das extreme kontinentale Klima (einige Dörfer sind im Winter quasi für Monate von der Außenwelt abgeschnitten) und die bis in jüngster Zeit gültige infrastrukturelle Unzugänglichkeit machen das abgelegene Gebiet zu einem Hort der Tradition und Inflexibilität. Selbst die starke Landmacht der Osmanen übte ihre Herrschaft hier hauptsächlich über die Lokalfürsten aus (Kurdenstämme), sodass die Bewohner dieses Gebietes für Jahrhunderte de facto sich selbst überlassen waren.

Sozialer Gegensatz zwischen Stadt und Land

Damit ist bereits Entscheidendes über die Grundvoraussetzungen der zweiten Kategorie Land-Stadt gesagt. Kleinasien war und ist – sieht man von der Marmara- und Ägäis-Region einmal ab – ein hauptsächlich **agra-**

Bäuerin in Anatolien bei der Tabakernte

020tu Foto: td

risch bestimmtes Gebiet, auch wenn die – aus dem Westen importierte! – römisch-hellenistische Stadtkultur der Antike hier Fuß fassen konnte. Aber spätestens mit der Herrschaft der asiatisch-nomadischen Turkmenen (Osmanen) reduzierte sich die Stadtkultur der anatolischen Regionen auf wenige herrscherhauszentrierte Verwaltungsorte, die an den wichtigen Handelswegen Zentralanatoliens lagen (Konya, Kayseri). So blieb Istanbul, das beherrschende Zentrum der maritimen Marmara-Region, bis zu Beginn des 20. Jh. die einzige nennenswerte Großstadt *(şehir),* in der, wenn auch in abgeschlossener Gilden- und Milletform, verschiedene Kulturen zu Hause waren.

Noch zur Zeit der Republikgründung nach dem Ersten Weltkrieg, als die Türkei rund 10 Millionen Einwohner hatte, lebten rund 85% der Gesamtbevölkerung auf dem Land. Und trotz der Atatürkschen Reformen, die der westlichen Moderne und damit auch dem sozialen Raum der Stadt als verbindlichem Entwicklungsmodell folgten, änderte sich bis in die 50er Jahre des 20. Jh. wenig an der Dominanz der Landwirtschaft.

Mit der **wirtschaftlichen Liberalisierung** unter der Regierung *Menderes* floss dann verstärkt privates Kapital in Industrie und Handel, wovon natürlich besonders die Städte profitierten. Dies hatte zur Folge, dass die Nachfrage nach billigen Arbeitskräften in den Städten sprunghaft anstieg.

Es ist aber unrichtig zu behaupten, dass die nun einsetzende (und bis heute andauernde) **Landflucht und Verstädterung** ein kulturell positives, gleichsam gewolltes Ziel der Landbevölkerung sei. „Die Landflucht hat ihre Ursache in erster Linie nicht etwa in der Attraktivität der Städte, sondern in den erdrückenden Existenzbedingungen im ländlichen Raum." [35)]

Denn **im anatolischen Dorf** *(köy),* wo man von alters her mehr oder weniger auf familiale oder sippenorientierte Abgeschlossenheit und Selbstversorgung orientiert war, konnten die traditionellen Großfamilien mit ihrer hohen Geburtenrate und folglich beständig unrentabler werdenden Anbau- und Weidefläche ihr Auskommen kaum mehr bestreiten. Da industrielle Arbeitsalternativen auf dem Land so gut wie gar nicht vorhanden waren, blieb für viele Bauernsöhne und Tagelöhner die Migration in die Städte (und später ins Ausland) die einzige Chance, Arbeit zu bekommen.

Während die Reformen der westlich orientierten Regierungen **in den Städten** die typischen Identitätselemente der modernen Urbanisation verstärkte (materieller Aufstieg, steigende Flexibilität und Bildungsorientierung, Individualisierung, kulturelle Öffnung zur Moderne), änderte sich in den Dörfern und Gehöften der abgelegenen anatolischen Provinzen zunächst nichts.

Der **materielle und kulturelle Graben zwischen Stadt und Land** wurde immer breiter und tiefer. In Ankara war man sich dieser fortschreitenden regionalen Polarisierung stets wohl bewusst. Als aber in den 1960er Jahren durch den Ausbau der Transportwege die anatolischen Regionen zunehmend erschlossen wurden, um die Segnungen der Moderne auch aufs Land bringen zu können, benutzten die Dorf- und Provinzbewohner genau jene Straßen, um nun massenhaft in die Stadt zu wandern, „die entwicklungspolitische Absicht verkehrte sich in ihr Gegenteil."[36]

Denn an dem geografischen Missverhältnis der **wirtschaftlichen Privatinvestitionen** hatte sich nichts geändert: Noch in den 1980er Jahren wurden über 40% dieser vom Staat forcierten und geförderten Investitionen in die Marmara-Region gesteckt, nach Ost- und Südostanatolien flossen dagegen zusammen nur knapp 10%.[37] Schaut man sich den Anteil dieser Regionen am Bruttoinlandsprodukt (BIP) an, ist das Gefälle noch offensichtlicher: Im Marmara-Gebiet werden fast 37% des türkischen BIP erwirtschaftet (Istanbul allein bringt es schon auf 21,2%!), in den beiden ostanatolischen Provinzen sind es dagegen zusammen nur 9,3% (1995).[38]

Während die absolute **Bevölkerungszahl** auf dem Land seit 1970 mit ca. 23 Millionen relativ konstant blieb, hat sich diejenige der Städte auf rund 40 Millionen (1997) erhöht. Istanbul allein, wo Anfang der 1960er Jahre noch etwas mehr als 1 Million Einwohner lebten, ist heute ein Moloch von rund 12 Millionen Menschen (einige sprechen bereits von 14 Millionen, so genau weiß das keiner), wobei jährlich ca. 400.000 Personen hinzukommen. Ankara, vor seiner Hauptstadternennung ein Provinzort von rund 30.000 Einwohnern, stellt heute mit rund 4 Millionen die zweitgrößte Stadt des Landes dar, gefolgt von Izmir (ca. 2 Mill.). Der Anteil der Stadtbevölkerung, der heute bei rund 70% (!) liegt und im Zeitraum von 60 Jahren (1927–1997) um fast 700% angestiegen ist[39], scheint darauf hinzuweisen, dass sich auch das Schwellenland Türkei in eine moderne, hochflexible Stadtgesellschaft wandelt, dass also die westlichen Maximen von industrieller Entwicklung, steigenden und sich differenzierenden Dienstleistungsstrukturen und Bedürfnissen auch hier die globale, alternativlose Durchsetzung der Moderne bestätigen. Dorf und Land erscheinen demnach prozentual wie auch in absoluten Zahlen als niedergehende soziale Einheiten der Vergangenheit, ihre Strukturen scheinen buchstäblich mit der Zeit zu verschwinden (oder sich der Modernisierung anzupassen) – und der atatürksche Traum von der westlichen Türkei wäre so endlich eingelöst.

Nun, so einfach ist es mit den Zahlen denn doch nicht – und an dieser Stelle sei nochmals an *Turgut* erinnert, der im obigen Gespräch u. a. die **Verdörflichung Istanbuls** beklagt hat. Dieses Phänomen, das auch jeder ausländische Besucher einer türkischen Stadt bezeugen kann (vorausgesetzt, er bewegt sich auch abseits der touristischen Zentren und scheut nicht den Kontakt mit den Außenbezirken), lässt den Modernisierungs-

021tu Foto: td

prozess als hochkompliziertes Ineinander von Stadt- und Dorfstrukturen erscheinen.

Die dörflichen Zuwanderer beginnen ihre ungewisse städtische Karriere meist in einem **Geçekondu,** einem provisorischen Wohnviertel am Rande der Stadt. Der Ausdruck *geçekondu* („über Nacht erbaut") erinnert an einen alten islamischen Grundsatz, nach dem jemandem sein über Nacht errichtetes Dach über dem Kopf nicht mehr genommen werden kann. Die Stadtregierungen, die mehr oder weniger diese religiöse Tradition respektieren, stehen immer wieder vor dem immensen Problem, diese Geçekondu-Siedlungen in die Stadt zu integrieren, also sanitäre wie energieversorgende Anschlüsse zu schaffen.

Kommen Neuzuwanderer in die Stadt, werden sie in aller Regel von bereits dort ansässigen Bekannten, die aus dem gleichen dörflichen oder regionalen Umfeld wie sie selbst stammen und schon vorher zugewandert sind, eingewiesen und integriert. Dies ist der Grund, dass sich die **dörflichen Klientel- und Patronatstrukturen** in der Stadt erhalten und immer

In der Altstadt von Afyon scheint die Zeit still zu stehen

wieder durch Zuzüge verstärkt werden (wir erinnern uns an den Namen „Sivastanbul", der zeigt, dass viele Istanbuler Zuwanderer aus der Gegend um Sivas stammen). Die enge, auf relativ starren traditionellen Strukturen basierende Dorfgemeinschaft versetzt sich so gleichsam in die Stadt, und die Zuwanderer nehmen vorerst nicht die individuelle, anonyme und sozial flexible Identität des Städters an. Erst die Folgegenerationen der Geçekondu-Zuwanderer - so sie denn einen gewissen materiellen Aufstieg erfahren - werden die gemeinschaftsauflösende, individualisierende Lebensform der Stadt mehr und mehr annehmen.

Dies ist der Hintergrund des für den westlichen Touristen so krass aufscheinenden **„Doppelcharakters" der türkischen Stadt** - und es ist der Grund für *Turgut* und viele andere „echte" Städter die „kulturelle Verschmutzung"[40] zu beklagen.

Der Kampf um die türkische Identität, der heute vor allem in Form der islamischen Debatte und Renaissance stattfindet, wird nicht in erster Linie auf dem Land, sondern in der Stadt entschieden. Das Dorf bzw. das Land, als traditioneller Osten eine sich wirtschaftlich wie demografisch auflö-

022tu Foto: td

sende Lebensform, gewinnt als städtisches Problem, ja als Problem der Moderne schlechthin, in Form der Geçekondus eine enorme Sprengkraft. Denn der Zuzug in die Stadt, die Aufgabe des „Alten“, erfolgt unter dem Vorbehalt der materiellen Besserstellung. Kann die Moderne (Stadt) aber nicht halten, was sie verspricht, wird auch ihre Lebens- und Funktionsweise nicht anerkannt werden, und es kommt gleichsam mitten in der Stadt zur dörflichen Massendemonstration. Denn als solche müsste man die **nicht mehr integrierbaren Geçekondus** bezeichnen, in denen sich dörfliche Sozialabsicherungen und -techniken auflösen, ohne durch einen erhofften materiellen Aufstieg „belohnt“ und ersetzt zu werden. Dann wären die Geçekondus die türkische „Variante“ jener typisch „modernen“ Slums, die von Bangkok bis Rio die Untauglichkeit der modernen Lebensform für große Teile der Weltbevölkerung demonstrieren. Aber noch (!) besitzen die Geçekondus intakte soziale Strukturen und können von den Stadtverwaltungen integriert werden.

Dass **Islamisten** keine Schwierigkeit haben, die besseren alten Zeiten und Gesetze zu reklamieren („Vorstellung von einer Gerechten Ordnung“[41)]) und mitten in der Stadt die Majorität der dörflichen Religiosität mobilisieren können, kann dann kaum mehr verwundern; der islamistische Bürgermeister von Istanbul, *Recep Tayyip Erdoğan,* ist nicht nur einer der potentiellen Nachfolger von *Necmettin Erbakan,* er ist – ungeachtet der Prozesse, die ihm wegen Volksverhetzung und Korruption gemacht wurden – einer der populärsten Politiker des Landes.

Und wie immer, wenn man über Gedeih und Verderb westlicher Zivilisationsmuster debatiert, hängt alles am Geld und seiner Erwerbsbedingung: dem Faktor Arbeit. In diesem Zusammenhang verheißt der Anteil der Produktionszweige an der Wirtschaftskraft des Landes nicht unbedingt den Sprung ins Industriezeitalter. Denn das für moderne Staaten so wichtige produzierende Gewerbe, also die **Industrie,** erwirtschaftet mit 25,9% gerade mal ein Viertel des BIP (Landwirtschaft 15,3%, Dienstleistungen 58,7%[42)]). Zwar hat sich damit die Wirtschaftskraft der beiden Sektoren Landwirtschaft und Industrie seit 1923 im Sinne einer modernen Wirtschaft verändert (1923: Industrie 13,2%, Landwirtschaft 39,8%, Dienstleistungen 44,3%[43)]), aber die Bedeutung der Industrie hängt doch weit hinter dem auffallend hohen und konstanten Anteil der **Dienstleistungen** zurück. Noch wichtiger ist, dass die Beschäftigungsquote in der Industrie lediglich 15% ausmacht, während immerhin fast 40% eine wie auch immer geartete Arbeit im sogenannten tertiären Sektor der Dienstleistungen finden[44)]. „Diese Zahlen zeigen eindeutig, dass in der Türkei das Städtewachstum der industriellen Entwicklung vorauseilt, während es in Europa eine Folge der Industrialisierung war.“[45)]

Zu den Dienstleistungen gehören nicht nur die Angestellten und Beamten des Öffentlichen Dienstes; ein Heer an „selbstständigen" Schuhputzern, Simit- und Imbissverkäufern, Lastträgern, „Tante-Emma-Ladenbesitzern" und Taxifahrern (um nur einige zu nennen) bevölkert die Straßen und Gassen der Städte. Wenn es etwas in der Türkei im Überfluss gibt, dann ist es **billige Arbeitskraft,** und der (aus der Not geborene) Erfindungsreichtum der Ein-Mann-Betriebe würde jeden modernen Wirtschaftswissenschaftler, der die glänzende Zukunft des tertiären Sektors predigt, in Entzücken schwelgen lassen.

Dass viele dieser stadttypischen Tätigkeiten kaum ihren Mann, geschweige denn eine Familie ernähren können, ist die Kehrseite der Herrlichkeit, die immerhin dafür verantwortlich ist, dass die offizielle **Arbeitslosenquote** nur bei 5,9% (auf dem Lande 3,2%, in den Städten 9,2%[46)]) liegt. Vor allem hinter der erstaunlich niedrigen – und wenig aussagekräftigen – Quote auf dem Land verbirgt sich die abfedernde soziale Einbindung des Familien- und Sippenverbandes, der sich als Ganzes erhält und unterstützt, sodass das Schicksal des Einzelnen durch ein uraltes, praktisch gelebtes Solidaritätsprinzip in der Gruppe aufgefangen wird.

Und es ist dieser **aus der dörflichen Tradition mitgebrachte Sozialcharakter** (Unterstützung in der Familie, funktionierende Klientel- und Patronatswirtschaft), der auch in den Städten den sozialen Frieden der Geçekondu-Bewohner (noch) verbürgt. Es ist schon grotesk: Die Tatsache, dass das den Städtern so missliebige eingewanderte Dorf auch seine menschlich und sozial starken Werte mitimportiert – also stadtuntypische, nämlich vorindividuelle Werte –, verhindert jene moderne Amerikanisierung, die in Form von Armutsindividualisierung und Kriminalität alle Großstädte dieser Welt bedroht.

Auf der Istiklal Caddesi im Istanbuler Stadtteil Beyoğlu ist für *Turgut* und alle „Westler" die **„schöne, neue Welt" der Stadt** Wirklichkeit und Vorbild geworden. In der verkehrsberuhigten und gepflegten Hauptstraße dreht sich alles um die überbordende, nur ein wenig Geld erfordernde Konsumherrlichkeit des Westens: Schicke Boutiquen bieten Levi's, Wrangler und andere Lifestyle-Accessoires, italienische Mode lockt kosmopolitisch Frau und Mann, amerikanisierte Fast-Food-Neon-Tempel werden von Schwarmen begeisterter Jugendlicher besucht, während sich die älteren „Bürger" im romantisiert-gepflegten Ambiente der Restaurants in der Çiçek Pasaji einen gediegenen (und recht teuren) Abend erlauben. Junge Pärchen gehen Hand in Hand, ohne kaum mehr Aufsehen zu erregen als auf der Via Veneto in Rom oder den Champs-Elysées in Paris, träumen von der Ein- oder Zwei-Kind-Familie mit inklusive etwas Selbstverwirklichung und materiellem Wohlstand. Auf dieser Straße glänzt der Westen, die unablässigen Ströme der Promenierenden sind der Beweis seiner Schönheit, und wer wollte es Jugendlichen schon verdenken, dass sie sich begeistert von den Nike und anderen Fetischen im sorgsam drapierten Schaufenster überzeugen lassen. Am nordöstlichen Ende der Prachtstraße liegt der großzügig angelegte Taksim-Platz mit dem am gleichnamigen Park gelegenen Sheraton Hotel, sozusagen das städtische Synonym für die westliche Ausrichtung Istanbuls. Dass ausgerechnet hier – ginge es nach dem Willen der Islamisten – eine Moschee errichtet werden soll und dass seit Jahren darum gerungen wird, zeigt gleichsam die Stoßrichtung der religiösen Offensive, die gerade auch die symbolträchtigen Orte der „Gegenseite" für sich erobern will.

Man braucht nicht in die peripheren Stadtteile wie z. B. Sirinevler zu fahren, um **die andere Türkei** zu sehen. Mitten in der Altstadt, nur wenige Schritte westlich vom Touristenzentrum Sultanahmet, lohnen im Gassengewirr nördlich von der Küçük Aya Sofia die letzten Holzhäuser des alten Istanbul einen Besuch. Vor den meist unverschlossenen Haustüren der fast verfallen wirkenden „Hütten" machen Kinder die Straße zum lärmenden Spielplatz; bäuerlich, mindestens aber einfach gekleidete Frauen mit offenen, „erdig" wirkenden Gesichtern kontrollieren vom wäscheumhängten Fenster aus das Geschehen, mustern heimlich den in ihren Bezirk eindringenden fremden männlichen Besucher, dessen weiblicher Begleitung offen freundliche und neugierige Blicke zugeworfen werden. Die Männer, oft in jenen einfachen grauen Anzügen, die gleichermaßen Formgefühl wie Armut verraten, befinden sich – so sie denn nicht irgendeiner Arbeit nachgehen – in geschlossener Gesellschaft in der kleinen *kahvesi* an der Ecke (Kaffeehaus, wo aber entschieden mehr Tee getrunken wird), rauchen, reden und spielen *tavla,* ein gleichsam orientalisches „Backgammon", dem unter ländlichen Kaffee- bzw. Teehausbesuchern mit geradezu leidenschaftlicher Passion nachgegangen wird. „Das Teehaus ist das Wohnzimmer der Männer": Auch hier in Istanbul gilt hier und da noch dieser alte Satz, der fast schon nostalgisch an die gemütliche, männliche Institution der Dorfwelt erinnert, in der Frauen und Männer sich räumlich klar trennen. Einige drehen in ihren Fingern den *tespih,* jene an einen Rosenkranz erinnernde Gebetskette, die vor allem für religiös bewusste Männer ein unverzichtbares Requisit darstellt, andere scheinen einfach in Muße die Zeit totzuschlagen.

Dass dem Reisenden auf engstem Raum derartig konträre Bilder begegnen, dass also die moderne Türkei oft nur wenige Schritte neben der traditionellen liegt, ist sicher eine der faszinierendsten wie zugleich befremdlichsten Erfahrungen für den Fremden (übrigens ein Kulturschock, dem man in jedem Schwellenland ausgesetzt ist). Dieser äußerliche Kontrast ist verbunden mit einer unterschiedlichen Verhaltens- und Denklogik. Diese findet ihren Ausdruck nicht nur in den hier beschriebenen Kategorien Ost-West und Stadt-Land, sondern vor allem auch in den eingangs erwähnten kulturellen **(Asien-Europa)** und zeitlichen **(Vergangenheit-Moderne)** Gegensätzen der türkischen Gesellschaft. Die nächsten Kapitel sind alle diesem „inneren" Herzstück der „kulturellen Logik" gewidmet, nämlich dem, wodurch die Menschen geprägt sind und was ihr Verhalten bestimmt.

Es ist nicht übertrieben zu sagen, dass die „unsichtbaren" Unterschiede im Denken noch abenteuerlicher und überraschender sind als die auf der Straße „sichtbaren" Unterschiede, denn man nimmt sie mit nach Hause – ob man will oder nicht. Und wer so mit „Innenblick" eine fremde Kultur erfährt, wird nicht nur über die anderen, sondern auch über sich selbst – oder das, was er bis dato dafür gehalten hat – erstaunen. Denn wie ein indisches Sprichwort sagt:

„Selbst Menschen mit großen Vorzügen lernen ihr eigenes Wesen erst in der Begegnung mit anderen kennen, wie ja auch die Augen sich selbst nur im Spiegel wahrnehmen können."[47)]

023tu Foto: mf

ZENTRALE KATEGORIEN DER KULTURELLEN IDENTITÄT

Das schwere Los der Ehre – Namus

Kennen Sie den **Film „Yol“** („Der Weg“)?

Das wohl berühmteste Werk des türkischen Regisseurs *Yilmaz Güney* ruft bei westlichen Zuschauern fast immer Unverständnis, Wut, Abneigung, ja manchmal sogar Schocksymptome wie Sprachlosigkeit und tiefe Betroffenheit hervor. Einer der Höhepunkte des emotionalen Grauens – für Europäer – ist jener Themenstrang des Films[18], in dem ein auf Hafturlaub befindlicher Sträfling in sein Dorf in Anatolien zurückkehrt, um seine „Ehre“ wiederherzustellen. Im Haus seines Vaters im tiefsten, winterlich verschneiten Anatolien sieht der betroffene Zuschauer die an einen Pfahl gekettete, völlig verwahrloste Ehefrau des Sträflings. Der Zuschauer kann aus den bittenden und weinerlichen Selbstanklagen der Frau nur erraten, dass sie irgendetwas gemacht haben muss, was auch in ihren eigenen Augen verurteilenswert ist (angedeutet wird ein sexueller Fehltritt während der Abwesenheit ihres Mannes). Wie ein Stück Vieh wird sie gehalten, kann sich nicht waschen, und auch ihren aus der Ehe mit dem Sträfling hervorgegangenen Sohn darf sie nicht sehen. Als der während der ganzen

Anreise schweigsame und tief grübelnde Sträfling endlich in das Haus des Vaters kommt, verlangt dieser mit scharfen Worten die Bestrafung der Ehefrau. „Wenn du es nicht machst, dann mach ich es", provoziert er den Sohn. Dieser geht schweigend zu seiner angeketteten Frau, die sich verzweifelt vor ihm erniedrigt und in einer Mischung aus Selbstverachtung und Selbstverurteilung um Gnade fleht. Die Gestik und Mimik des Mannes – und das ist das mindestens ebenso harte innere Drama, das parallel zum Äußeren verläuft! – verrät seinen inneren Kampf zwischen persönlichem Mitgefühl und sozialer Normverpflichtung (verletzte Ehre).

Der Mann lässt seine Ehefrau losbinden, und sie darf sich waschen. Zusammen mit dem gemeinsamen Sohn, der um die 10 Jahre alt sein dürfte, treten Mann und Frau den Fußmarsch in die nächste Kleinstadt an, wo der Sohn bei Verwandten untergebracht werden soll. Der Weg durch das winterliche, bitterkalte Tal führt durch meterhohen Schnee. Sohn und Vater binden sich breite Schneebretter unter die Winterschuhe, die das Versinken im Schnee verhindern – die Mutter dagegen hat in Filzpantoffeln zu gehen. Immer weiter bleibt sie hinter dem vorangehenden Mann und ihrem Sohn zurück – und der Zuschauer hofft vergeblich auf Abbruch dieser sich immer deutlicher als **Hinrichtung** erweisenden Szene. Zwar protestiert schließlich der kleine Sohn beim Vater, zwar rennt dieser wie von Sinnen zurück zu der zusammengesackten Frau, schlägt sie, um sie am Einschlafen im Schnee zu hindern, schleppt und schleift sie auf dem Rücken weiter, schreit – zum ersten Mal kommt er aus seiner brütenden Schweigsamkeit heraus! – sie an nicht aufzugeben; allein, es ist zu spät und die Frau stirbt: Die *Gewalt der Ehre*[49] hat über das sich zu spät meldende persönliche Mitleid gesiegt.

Der innere Kampf des Mannes, der ganz gewiss nicht den Charakter eines kalten Mörders/Richters darstellt, zeigt sich zum Schluss noch einmal deutlich: Er sitzt wieder im Zug, es geht zurück ins Gefängnis. Er ist wieder so hoffnungslos schweigsam, wie er es vorher war. Er spielt mit dem Ehering am Finger, dreht ihn hin und her, versucht ihn abzuziehen, hat ihn fast schon vom Finger – um ihn mit einem entschiedenen Ruck wieder zurückzuschieben ...

Gott sei Dank nur ein Film? Vor Jahren sorgte hierzulande ein Fall für Aufsehen[50], in dem ein in Deutschland arbeitender, unbescholtener und zuverlässiger **Familienvater seine Tochter umbrachte,** da diese – in Deutschland aufgewachsen – keine Anstalten machte, ihren deutschen Freund zu heiraten. Auch den verzweifelten Anfragen des Vaters, ob denn wenigstens eine Verlobung bekanntgemacht werden dürfte, begegnete das junge Paar ausweichend. Immer wenn der Vater in sein anatolisches

Heimatdorf kam, wurde er gefragt, was seine Tochter denn so treibe und ob er nicht auf sie achtgeben würde. Wolle er dieses ehrlose Verhalten etwa dulden? Solle jeder über ihn und seine Familie lachen und mit dem Finger auf ihn zeigen? Keiner, der aus unserer modernen Gesellschaft kommt, kann sich ausmalen, was sich in diesem Mann an Druck und gesellschaftlicher Angst aufgebaut hatte, bevor er zum Messer griff, um sein eigenes Kind zu töten. Die Verurteilung vor Gericht hat er wortlos hingenommen.

Also doch nicht nur ein Film? Es gab und gibt sie auch heute noch – jene extremen Fälle, ja Tragödien, bei denen die **Ehre nur mit dem Tod des Ehrverletzenden gerettet** werden kann.

Ob im Freundeskreis oder während interkultureller Diskussionen, die zum Beispiel Mitarbeiter deutscher Firmen auf einen Auslandseinsatz in der Türkei vorbereiten sollen, die **ersten Reaktionen von Europäern auf derartige Fälle** sind im aufgeklärten Abendland immer gleich: „Furchtbar, entsetzlich, barbarisch!" – so oder ähnlich ist der weithin akzeptierte Tenor. Fassbarer wird dieses Verhalten für Europäer erst dann, wenn man daran erinnert, dass ein ähnliches Ehrverständnis auch in ländlichen Gemeinden Süditaliens und Spaniens existiert (oder existierte) – man denke nur an die strengen Regeln der sizilianischen Ehre, die auch die Blutrache kennt –, und dass auch in Deutschland vor noch nicht allzu langer Zeit auf dem Dorf das Leben durch einen verbindlichen Sittenkodex reglementiert wurde – dessen Verletzung ebenfalls mit dem Ausschluss aus der Dorfgemeinschaft oder der Ächtung des Betroffenen sanktioniert wurde.

Und auch der **gewaltsame Aspekt der Ehre** – die Tötung des Ehrverletzenden – wird etwas verständlicher, wenn man ein anderes Beispiel der Ehrverteidigung wählt: Von dem – zumindest in der Türkei jungfräulichen – Mädchen, das durch einen Mann bedrängt und von Vergewaltigung bedroht wird, erwartet man die tatkräftige Verteidigung der Ehre (*erkek gibi* – wie ein Mann) und die Bereitschaft, sich mit allen Mitteln gegen den Angreifer zu wenden, ja ihn gegebenenfalls zu töten – und sei es der eigene Onkel, Bruder oder Vater. Für derartige Fälle hält das türkische Strafgesetzbuch, das sich nach dem italienischen Strafrecht ausrichtet, strafmildernde Sonderregelungen bereit. Der westliche Beobachter, der natürlich hier ebenfalls keine Schwierigkeiten hat das Mädchen zu entschuldigen, tut dies allerdings mit dem Hinweis darauf, dass es hier nicht so sehr um eine „abstrakte" Ehre, sondern um die Abwehr einer konkreten existentiell-persönlichen Verletzung geht. Das Mädchen ist Opfer, nicht Angreifer. Und so kann er in aller Regel nicht erkennen, was dieser Fall mit den oben beschriebenen gemeinsam haben soll. Um eine solch existentielle, wenngleich eher soziale Verletzung handelt es sich aber aus dem Blickwinkel des betroffenen Ehemanns/Vaters, sodass wir nun einen genaueren Blick auf das Koordinatensystem der drei türkischen (oder genauer: agrarisch-patriarchalischen) Verhaltenswerte werfen wollen: Namus, Şeref und Saygı.

Die Ehre *(namus)* stellt den **zentralen Wert der türkischen Familiengemeinschaft** dar, der besonders – aber nicht nur – in der traditionell orientierten Lebensgemeinschaft der Großfamilie wirksam ist. Namus ist ein schwer zu fassendes Gut, das praktisch jedem in die Wiege gelegt wird und ein Leben lang geschützt werden will. Es lässt sich nicht kaufen oder anderweitig erwerben, man kann es nur verteidigen, aber – ist es erst einmal verloren – nie wieder zurückerlangen.

Frauen

Namus haben Männer wie Frauen gleichermaßen – allerdings mit einem entscheidenden Unterschied. Frauen besitzen gleichsam eine **materiale, personale Ehre: ihre sexuelle Keuschheit.**

Ein **Mädchen** *(kız)* verhält sich dann ehrenhaft *(namuslu)*, wenn es jeden Angriff auf seine sexuelle Unbescholtenheit und Reinheit (Jungfräulichkeit) mit Entschiedenheit zurückweist. Das Mädchen geht also als Jungfrau in die Ehe – was auch heute noch trotz des Einbruchs moderner Lebensformen in der Türkei die Regel sein dürfte.

Nach der Hochzeit wechselt das Mädchen in den Status der **Ehefrau** *(hanım)*, deren Ehre in der fortwährenden Loyalität zum Ehemann und der Familie besteht. Diese Ehre wird prinzipiell in der Außenwelt durch die Anwesenheit fremder Männer beständig gefährdet und muss jeden Tag von neuem verteidigt werden. Die sexuelle Position und machtvolle Attraktivität der Frau (über die Näheres im nächsten Kapitel ausgeführt wird) zieht aber prinzipiell Männer an – die sich folglich leichter entschuldigt fühlen können, wenn eine Frau sich nicht *namuslu* verhält, denn gegen die weiblichen Reize kann man sich nur schwer wehren.

Das führt dazu, dass Mädchen wie Ehefrau zum Schutz ihrer Ehre **ihre Reize verbergen** (Schleier, Kopftuch[51]), sittsame Kleidung) und/oder alle **ehrgefährdenden Situationen meiden oder eindeutig kontrollieren.** Auch eine moderne, „westlich-kemalistisch" eingestellte Frau der Oberschicht, die den Schleier und das Kopftuch ablehnt und vielleicht männliche Arbeitskollegen hat, verfügt noch über genügend Instrumente und Techniken, ihre Ehre zu schützen. Dies kann zum Beispiel äußerlich über eine betont elegante Kleidung signalisiert werden, denn diese kann auch als Mittel der Distanz eingesetzt werden und ehrbewusste Unnahbarkeit transportieren. Über die Kleidung hinaus gilt grundsätzlich, dass keine Frau

024tu Foto: td

einem fremden Mann eine verfängliche oder sie kompromittierende Situation zubilligen wird. Darunter fällt zum Beispiel – wiederum bei unverschleierten Frauen – die sich spaßig anhörende, aber durchaus ernst gemeinte Drei-Sekunden-Regel (Schaue einem fremden Mann nie länger als drei Sekunden in die Augen!) und die Fähigkeit, über kühles und selbstbewusstes Verhalten die eigene Aura undurchdringlich und unantastbar zu machen. **Es sind folglich die Frauen, die über das Maß an Nähe/Distanz zum anderen Geschlecht entscheiden.**

Weiterhin und als Unterstützung zu diesen Techniken wird in aller Regel die ehrenhafte Ehefrau – wie natürlich auch das jungfräuliche Mädchen – **im außerhäuslichen Bereich auf Begleitung Wert legen** – seien es die Schwester, der Bruder oder aber die Freundin(nen). Abgesehen davon, dass es mehr Spaß macht, zusammen auszugehen, dient diese Begleitung auch als zeugengleiche Absicherung gegen böse Verleumdung.

Denn es gilt bereits **im Vorfeld jeder verfänglichen Situation vorzubeugen.** Diese darf gar nicht erst entstehen; da sie aber als ständige Gefahr unabhängig von der persönlichen Verhaltensweise räumlich-situativ existiert, muss man seine Vorkehrungen (hier: Begleitung) treffen. Denn durch einen dummen Zufall könnte man sich ja plötzlich mit einem Mann allein in einem Raum befinden; egal ob man etwas dafür kann oder nicht. Für die zu schützende, kostbare Ehre würde solch ein Zufall eine Katastrophe bedeuten.

Auf die innerliche, persönliche Einstellung zu einer solchen Situation (gewollt – ungewollt, schuldig – unschuldig) kommt es also gar nicht an; es kommt darauf an, die Situation als solche, ihre außerhalb der Person objektiv existierende Räumlichkeit zu vermeiden.

Damit haben wir einen ersten fundamentalen **Unterschied in der Denkweise der westlichen und islamisch-östlichen Kultur** ausgemacht, dem wir von nun an ständig begegnen werden: Das westliche Denken bewertet bzw. entschuldigt ein Handeln aus der Intention des Handelnden (seiner Innerlichkeit), sodass ein und dieselbe Situation unterschiedlich bewertet werden kann. Das traditionell-islamische Denken bewertet den situativen Raum (die Äußerlichkeit), der unabhängig von dem einzelnen in einer festen Lesart existiert; die persönliche Haltung dazu ist zweitrangig.[52]

Die Ehre erweist sich also deutlich als personaler Kompass, der die überall vorhandenen situativen **Klippen des gesellschaftlichen Seins** zu umschiffen hilft. Die schlimmste unter diesen Klippen stellt der illegale, außereheliche Sexualkontakt *(zina)* dar. „Die ganze Gesellschaft wacht über die Moral des einzelnen. Es ist nichts Ungewöhnliches, dass Nachbarn Ehebrecher bei der Polizei anzeigen."[53]

Entsteht nun trotz all der vorgenannten Maßnahmen eine **ehrgefährdende Situation** – und das kann, wie im obigen Beispiel angedeutet, sogar in der eigenen Familie geschehen –, so muss sich das Mädchen/die Frau **aktiv wehren** und alles versuchen, die Gefahr des Verlusts der Ehre abzuwenden.

Eine Frau, die unehrenhaft *(namussuz)* handelt oder aber ihre Ehre nicht genügend verteidigt (und das kann schnell und ohne eigenes Verschulden passieren), läuft Gefahr, als **Hure** *(orospu)* bezeichnet und behandelt zu werden. Zwischen der Ehrenhaftigkeit von *kız/hanım* einerseits und der Unehrenhaftigkeit der *orospu* andererseits gibt es so gut wie keine Zwischenebenen, der potenzielle Sturz ist also tief, ja vernichtend. Lediglich älteren Frauen, deren gesellschaftliches Ansehen durch eine zunehmend feste soziale Einbindung in der Familienhierarchie und (gleichzeitig) eine abnehmende Bedeutung der sexuellen Attraktivität bestimmt ist, werden größere Freiheiten zugebilligt.

Kommen wir nun zur Ehre der Männer. Anders als die Frau verfügt der Mann über keine physisch-personale Ehre. Seine Ehre besteht vielmehr im Schutz der sexuellen Integrität seiner Familie, d. h. der **faktische Inhalt seiner Ehre ist die Ehre der Frauen (Ehefrau, Töchter), die zu seiner Familie gehören.** Das hat weitreichende Konsequenzen für das Verhältnis von Mann und Frau[54]; denn da die Ehre des Mannes de facto von der Ehre der Frauen abhängt, diese aber beständig und prinzipiell gefährdet ist, befindet sich der Mann in einem kontinuierlichen Zustand des Misstrauens oder aber mindestens der Kontrolle.

Die Gesellschaft erwartet von ihm, dass er jeden Angriff auf seine Ehre (= die Ehre seiner weiblichen Familienmitglieder) verteidigt, sodass er **prophylaktisch das Auftreten und Verhalten „seiner Frauen" überwachen** wird. So kämpft der Mann gleichsam an zwei Fronten: Er ist einerseits nach innen abhängig vom korrekten Verhalten seiner Frauen (wird dieses also zumindest anfangs, beim Kennenlernen und in den ersten Jahren des Zusammenseins misstrauisch verfolgen[55]), andererseits muss er von außen kommende Gefahren selbsttätig rechtzeitig abwehren. Der erste Fall ist uns nun weitgehend klar, denn er besteht in dem ehrenhaften Verhalten der Frau, die eigene Ehre tatkräftig und aktiv zu schützen, und damit auch die Ehrverteidigung ihres Mannes zu erleichtern.

Der zweite Fall kann zum Beispiel eintreten, wenn ein männlicher Angreifer von außen in irgendeiner Form die **ehrhafte Distanz zu den Frauen des Mannes überschreitet.** Das kann, je nachdem, wie stark die Familie traditionell und religiös verhaftet ist, schon dadurch gegeben sein, dass ein fremder Mann die Ehefrau/Tochter anspricht oder sie auch nur ungebührlich anstarrt, oder ein Verehrer die Tochter des Mannes einfach nicht in Ruhe lässt. In diesem Fall hat der Mann die Pflicht, den Angreifer entschieden abzuwehren.[56] Bei „leichten Fällen" wird dies durch lautstarkes, aber Abwehrbereitschaft signalisierendes Schimpfen geschehen (meist reicht dies schon, denn es geht oft nur darum, seine Verteidigungsbereitschaft zu zeigen und mit ihr zu drohen!), bei schweren Fällen kann es auch zu Handgreiflichkeiten kommen.

Näher betrachtet ist die Situation des Mannes nicht zu beneiden, denn er muss nicht nur nach außen auf der Hut sein, sondern auch immer ein misstrauisches Auge auf das Verhalten der weiblichen Familienmitglieder haben. Die männliche Namus ist übrigens nicht an die Person des Vaters gebunden; seine Stelle kann – zum Beispiel beim Tod des Vaters – vom ältesten Sohn eingenommen werden, der unter den gleichen Verhaltenszwängen stehen und die Namus-Position seines Vaters übernehmen wird.

050tu Foto: mf

Es sei nochmals daran erinnert: Die Ehre kann man nur verteidigen, man kann sie – einmal verloren – **nicht wiedererlangen.** Namus ist – im Gegensatz zu Şeref und Saygı (s. u.) – kein Quantitätsbegriff, von dem man mehr oder weniger hat. Namus ist eine unveränderliche, einmal geschenkte Größe, die einem Respekt und soziale Integration verschafft. Ihr Verlust ist irreparabel.

Ein Mann, der in einer traditionellen Dorf- und/oder Lebensgemeinschaft seine Frau in flagranti erwischt, kann seine Ehre gegebenfalls nicht anders als durch den **Tod** des männlichen Angreifers und durch den Tod der Ehefrau verteidigen (*namusunu temizlemek* = seine Ehre verteidigen).

Die Tochter, die durch schamloses Verhalten die Ehre der Familie gefährdet, erzwingt geradezu die Reaktion des Vaters – gleichwohl der Vater seine Tochter persönlich lieben kann und gleichwohl die Tochter für ihr Verhalten – in modernen Augen – sympathische und überzeugende Gründe haben mag. Er hat praktisch **keine Wahl,** so er nicht Gefahr laufen will,

Auf dem Weg zum Mann – ein Junge in seinem Festanzug nach der Beschneidung

seine Ehre zu verlieren und zu einem sozialen – und damit auch persönlichen – Nichts zu werden.

Denn der **Verlust der Ehre** bedeutet für einen Mann zumindest in der traditionellen Gemeinschaft das soziale Aus: Physisch existiert er zwar noch, als sozial anerkanntes und respektiertes Wesen ist er für die Gemeinschaft erledigt. Die Folge wird sein, dass er auch persönlich die Selbstachtung und den Boden unter den Füßen verliert; Emigration oder gar Selbstmord sind mögliche Reaktionsformen, um dem dann unerträglichen Leben zu entfliehen. „Die Ehre des Mannes ist kurz nach der Heirat und später noch einmal, wenn seine Töchter heiratsfähig werden, am verletzlichsten. Die Ehefrau stellt die größte Gefahr für die Ehre eines Mannes dar, da sie es ist, die die Ehre am nachhaltigsten ruinieren kann ... Die Frau, die als Fremde ins Haus kommt ... und deren Solidarität man sich nie ganz sicher sein kann, kann Unreinheit und Schande in die Lineage bringen. Sie ist gleichzeitig das Heiligste und Verletzlichste, was ein Mann besitzt.“[57)]

Das ist die implizite, in westlichen Augen furchtbare Logik der „Gewalt der Ehre“, die einen Mann – über das persönliche Empfinden hinweg – formal konstanten Verhaltenszwängen unterwirft.

Namus in der heutigen türkischen Gesellschaft

Natürlich muss an dieser Stelle hervorgehoben werden, dass die Wirksamkeit von Namus in der von Umbrüchen gekennzeichneten Gesellschaft der Türkei nicht mehr so rein und einheitlich ist, wie sie oben beschrieben wurde. Insbesondere **in den Städten,** aber auch in allen Touristenorten, wo die soziale Kontrolle schwieriger ist und sich zudem individuelle Lebensformen durchsetzen und anbieten, wird das Namus-Korsett abgeschwächt – gleichsam mit einer modernen Patina überzogen – erscheinen. Aber die weiterhin weit verbreitete latente Tiefenwirkung der hier aufgezeigten Kriterien lässt zum Beispiel eine 1996 vom Staatlichen Planungsamt durchgeführte Umfrage[59)] erkennen, nach der nur 10% aller Männer bereit sind, die **Bekleidung der Frau** dieser selbst zu überlassen. Die überwältigende Mehrheit der Männer achtet weiterhin mit (offenen oder heimlichen) Argusaugen auf das Erscheinungsbild der Ehefrau, lehnt Minirock, allzu leichte Bekleidung und übertriebene Schminke in der Öffentlichkeit ab – und wir wissen nun auch warum.

Weit drastischer – und dramatischer – erweist sich die aktuelle Wirksamkeit der Ehre in folgenden Nachrichten. Im Januar 1999 wurde vom türkischen Innenminister *Hasan Denizkurdu* der sogenannte **„Jungfräulichkeitstest"** verboten, der in der türkischen Republik zwar niemals eine legale Grundlage hatte, nichtsdestotrotz aber von verschiedenen offiziellen Stellen gegen den Willen der Betroffenen durchgeführt wurde. Es konnte vorkommen, dass Pärchen, die in einem Hotel übernachteten und nicht verheiratet waren, sich plötzlich der Polizei gegenübersahen und nach dem Trauschein *(evlenme cüzdanı)* gefragt wurden. Wenn es den nicht gab, wurde ein gynäkologischer Test angeordnet, damit die Frau ihre „Unschuld" beweisen konnte. Noch schlimmer waren die Anordnungen einiger Schulrektoren, die bei Verdacht Mädchen ebenfalls zum „Jungfräulichkeitstest" schickten und – bei entsprechendem Ergebnis – den Ausschluss aus der Schule bewirkten. Eine Reihe von jugendlichen Selbstmorden geht auf das Konto dieser Praxis, die vom Innenminister selbst – zu spät – als Menschenrechtsverletzung angeprangert wurde.

Ist die **Zahl der Selbstmorde** im Namus-Bereich dunkel und schwer abschätzbar, so gilt laut Amnesty International das gleiche auch für Verletzungs- oder Tötungsdelikte, bei denen irgendeine Ehre verteidigt oder eine Ehrverletzung gerächt wird[60)]; die Hauptleidtragenden sind auch hier die Frauen. Das Schicksal von *Semsiye Allak* zeigt exemplarisch, dass auch in der Türkei **Namus-Morde** weiterhin vorkommen. Die 35-jährige Frau aus Mardin (im Südosten der Türkei), die durch eine Vergewaltigung unverheiratet schwanger geworden war, wurde im Januar 2004 von den eigenen Familienangehörigen zu Tode gesteinigt.

Offiziell kamen in den Jahren 2001–2005 in der Türkei 1190 Personen durch Ehrenmorde und Blutrache ums Leben, 710 Männer und 480 Frauen. Die meisten Ehrenmorde spielten sich dabei im traditionellen Osten bzw. Südosten des Landes ab. Es sind aber auch Fälle in den Städten und in Europa zu verzeichnen, und zwar überall dort, wo über die Zuwanderung traditionell ausgerichteter Familien der Anpassungsprozess an die Moderne langsam und (oft) mit tragischen Brüchen erfolgt. Häufig wird ein jüngeres männliches Familienmitglied mit der **Rettung der „Familienehre"** betraut, da dessen zu erwartendes Strafmaß relativ niedrig liegt, so z. B. im Fall von *Hatün Sürücü,* die 2005 in Berlin von ihrem 18-jährigen Bruder getötet worden war.

Bei all dem Gewaltpotential und der ansonsten so lückenlos geschützten Sensibilität des Namus-Bereichs mutet es auf den ersten Blick seltsam an, dass in Querelen und **Streitigkeiten türkischer Jugendlicher** die schlimmsten Flüche und Beschimpfungen gang und gäbe sind. Diesen ist eines gemeinsam: Sie wollen den anderen verletzen, indem sie dessen Namus-Bereich (seine weiblichen Familienmitglieder oder ihn selbst) verbal verunglimpfen. „Ich f...e deine Mutter, deine Schwester" usw. sind noch gängige Varianten im großen Repertoire. Die andere Seite kontert natürlich mit gleicher Münze. Man könnte sagen, dass dieses bis zu einer gewissen Grenze von den Erwachsenen tolerierte Treiben dazu dienen soll, die von den Erwachsenen geforderte und erwünschte Sensibilität bezüglich Namus „probeweise" zu testen und über die provozierten Reaktionen ihre Gültigkeit (manchmal schmerzhaft) zu erfahren. Fliegen allerdings dann zwischen den heißblütigen Verteidigern und Verletzern der jeweiligen Ehre die Fäuste oder gar Flaschen – wird also aus dem Spiel Ernst –, dann schreiten die Erwachsenen ein. Es ist, als ob die „Gewalt der Ehre" einerseits antrainiert, gleichzeitig aber domestiziert werden soll; das Produkt ist dann so etwas wie eine **kontrollierte Bereitschaft zur Aggression,** die den späteren Mann in die von der Gesellschaft geforderte Disposition bringt, immer mit ihr zu drohen, sie aber nur im Ernstfall einzusetzen.[61]

Viele Probleme, denen männliche, aber vor allem weibliche **Touristen** begegnen, resultieren aus der Unkenntnis des zentralen Werts Namus. Leser und Leserinnen können sich nun selbst ausrechnen, wie das Auftreten spärlich bekleideter oder gar barbusiger Touristinnen an der Küste in der türkischen Gesellschaft notiert und gewichtet wird. Das katastrophale Image der „westlichen" Frau, deren Verhalten grundsätzlich *ayıp* (anstößig, unanständig) und *namussuz* (ehrlos) ist, stellt das unmittelbare Resultat eines kulturellen Missverständnisses dar.

Noch dramatischer bestätigt sich die Vor-verurteilung der „westlichen" Frau, wenn – wie in den letzten Jahren geschehen – eine Art **weiblicher Sextourismus** gerade die türkische Küste zum Ziel hat. Die meisten Touristinnen ahnen gar nicht, was sich hinter der Fassade und dem flirtroutinierten Charme der türkischen Beach-Boys tut, deren Verhalten nur auf den ersten Blick von einer Doppelmoral gekennzeichnet zu sein scheint. Denn natürlich nehmen diese gern das sexuelle Angebot wahr, das ihnen die liebeshungrigen (oder -frustrierten) Touristinnen eröffnen. Auf der anderen Seite wird das gleiche Verhalten im inneren Urteil zur moralischen Verdammung führen. Eine solche Frau wird in der Regel nicht auf die aufrichtige Wertschätzung des türkischen Partners zählen können – im Gegenteil, sie ist – und das muss leider so hart ausgedrückt werden – ehrloser „Dreck", den man sich niemals in die Familie holen würde.

Das sieht – wie schon gesagt – nach einer schizophrenen männlichen Doppelmoral aus, in der der „Dreck" einerseits sehr begehrenswert, andererseits verabscheuungswürdig ist.

Im nächsten Kapitel werden Sie erfahren, dass es – im logischen Sinne – zwar keine widersprüchliche Doppelmoral, aber sicherlich eine patriarchalische Moral ist – und zwar eine, die Angst vor den Frauen hat.

Die Macht der Sexualität – Fitne

Wenn die Hündin nicht mit dem Schwanz wedelt,
läuft der Rüde nicht hinterher.

Die Anziehung der Frau besiegt den Mann.

(Türkische Sprichwörter)

„Nein", protestiert *Mehmet* vehement gegen meine Anspielungen, „kein Mann an der türkischen Küste sieht westliche Frauen als orospu an"(*orospu* – „Hure"). Dann zögert er und fügt hinzu: „Jedenfalls nicht die jungen, bei den älteren, die nur deswegen hierhin kommen, ist das vielleicht etwas anderes." Er redet laut und bestimmt, erzählt von seinen Erfahrungen, versucht gerecht zu sortieren und gerät immer mehr in einen **inneren Zwiespalt,** in dem die moderne Oberfläche des an der Küste lebenden Teppichhändlers der anatolischen, islamischen Identität weicht.

Ja, er habe mit einer Kanadierin und einer Belgierin durchaus ernste Beziehungen begonnen; die erstere habe er sogar mit nach Hause genommen, um sie seinen Eltern vorzustellen. Aber dann habe er doch gemerkt, dass die beiden Kulturen zu unterschiedlich seien. Was er damit meine, will ich wissen. Nun ja, die Kulturen seien eben zu unterschiedlich, beharrt er. Die Kanadierin sei auf einem Segelboot die ganze Küste entlanggefahren, nur mit einer Freundin und deren Freund. Sie habe viel Wert auf ihre Freiheit gelegt, und mehr als einmal hätten sie Streit bekommen. *„Weiß ich, was sie an den anderen Orten gemacht hat?"* Er zögert kurz: „Ich glaub', es liegt irgendwie an mir. Wenn sie mich angerufen hat, dass sie in Bodrum oder Antalya ausgegangen sind und neue Leute kennengelernt haben, hab' ich manchmal nicht schlafen können. Ich weiß doch, was in den Bars und Discos abläuft. Und ich weiß, wie offen westliche Frauen sich geben und wie sie sich kleiden. *Das ist doch eine Einladung zur Anmache.* Ich aber bin eifersüchtig, ich halte das nicht aus. *Ich möchte wissen, wo meine Freundin ist und was sie macht."*

Er zieht ein Bild aus der Tasche, ein junges Mädchen mit strahlendem, aber etwas verschämtem Lächeln unter dem Kopftuch. „Ich heirate jetzt dieses Mädchen aus meinem Dorf. Solange ich hier an der Küste arbeiten muss, wird sie dort bei ihrer Familie bleiben. *Ich werde immer wissen, dass sie dort gut aufgehoben ist und dass ihr nichts passieren kann."* Ob er sie nicht hierhin, nach Marmaris, holen wolle? *„Nein, das ist kein guter Ort für sie.* Ich möchte nach Nevşehir zurück. Auch wegen mir selbst. Wenn ich hier abends in die Bar Street gehe, weiß ich nie, ob ich nicht wieder auf eine Versuchung stoße, die mich dann doch nicht weiterbringt. *Weißt Du, diese Frauen mit ihrem Lachen und ihren offenen Kleidern machen dich ganz verrückt."*

Am Ende dieses Kapitels werden Sie verstehen, dass sich hinter den kursiv gedruckten Sätzen **nicht nur Mehmets Meinungen, sondern die einer ganzen Kultur** verbergen. Wobei *Mehmet* übrigens ein äußerst sympathischer junger Mann ist, dem ich tiefe Einblicke in die Kunst des Teppichknüpfens und der Religiosität verdanke. Und der in seinem Urteil über westliche Touristinnen sehr viel differenzierter und verständnisvoller argumentiert als viele andere Männer. Aber keiner kann aus seiner kulturellen Haut, und viele Urlauberinnen ahnen noch nicht mal, was die Männer an der Promenade heimlich über sie denken.

Im Zentrum der islamischen Sexualtheorie (die eine gewisse Entsprechung auch in christlichen Mittelmeerländern findet) steht die Überzeugung, dass die **Frau ein sexuell übermächtiges Wesen** darstellt. Simpel gesagt: Frauen besitzen eine physische Attraktion, der sich der Mann nur schwer erwehren kann.

Der in diesem Sinne zentrale arabische Ausdruck *fitna* findet sich auch im Türkischen *(fitne):* Seine Bedeutung reicht von „Versuchung", „verführerische Schönheit" bis hin zu „Aufruhr", „Aufstand", „Unfrieden" und „Chaos". Die **Frau ist prinzipiell Fitne,** d. h. sie besitzt eine verführerische Anziehungskraft, die, wenn sie nicht kontrolliert wird, schnell den familiären und sozialen „Unfrieden", das gesellschaftliche „Chaos", nach sich zieht. Das Verhältnis zur Frau ist also ambivalent: Sie ist einerseits das tief begehrte Gut (dem entsprechen die Worte des Propheten: „Ich liebe Frauen und Düfte am meisten"[62]), andererseits die Quelle für Streit und Unfrieden (so die warnenden Worte aus gleichem Mund: „Den Männern habe ich keine schädlichere Zwietracht hinterlassen als Frauen."[63]). Die Frau (oder Sexualität) gleicht so einer süßen Frucht, deren Genuss gewisse Regeln und „Zubereitungsmechanismen" erfordert, da ansonsten die Gefahr einer Magenverstimmung oder gar -vergiftung besteht.

Anders als das Christentum, das aufgrund seiner historisch tiefverwurzelten Körperfeindlichkeit Sexualität per se als etwas Negatives, mindestens aber Anrüchiges dargestellt hat, bejaht der Islam ausdrücklich die sexuellen Bedürfnisse, und zwar sowohl beim Mann wie bei der Frau. „Sie [die Frauen] sind euch ein Kleid, und ihr [die Männer] seid ihnen ein Kleid." Die **Ehe ist der einzig legitime Ort für das Ausleben der sexuellen Bedürfnisse.** Insofern stellt sie nicht nur eine gewünschte gesellschaftliche Institution, sondern auch einen „gesunden" Zustand für Männer und Frauen dar. Denn nicht ausgelebte Sexualität birgt immer die Gefahr von Fitne in sich; das gilt auch für Junggesellen, wie ein arabisches Sprichwort schön verdeutlicht: „Der Unverheiratete sieht die Wände und meint, es seien Frauen". Es ist also völlig ungesund und unnatürlich, nicht verheiratet zu sein; die Ehe ist der innere, intime Raum *(haremlik),* in dem die sexuellen Wünsche praktisch gelebt und damit sozial kontrolliert werden können.

Eine Frau hat ebenso wie der Mann Anspruch auf sexuelle Erfüllung in der Ehe. Ist der Mann nicht mehr willens oder fähig den sexuellen Akt auszuüben, so ist dies ein Scheidungsgrund, für den die Frau vor jedem islamischen Gericht Verständnis findet. Auch ist der Mann gehalten, auf die sexuellen Bedürfnisse und Wünsche seiner Frau einzugehen, denn sobald die **sexuellen Bedürfnisse in der Ehe nicht erfüllt** werden (können), stellt Fitne eine nach außen gehende Versuchung dar, die den gesellschaftlichen Frieden in Frage stellt. „Wenn man den in jedem Menschen existierenden und normalen Sexualtrieb nicht in der Ehe befriedigt, wird man an verbotene Türen klopfen."[64]

Diese prinzipielle Gefahr, die von (unverheirateten, verwitweten oder unbefriedigten) Männern wie Frauen gleichermaßen ausgeht, führt allerdings nun zu einem höchst ungleichen geschlechtsspezifischen Rollenverhalten. Denn da die Frau als solche, quasi biologisch, Fitne (Versuchung) ist, den Mann also anzieht wie das Licht die Motte, ist ihr Erscheinen im Außenbereich immer problematisch. Dies führt zunächst zur **räumlichen Trennung der Geschlechter,** die gleichzeitig auch der klassischen Arbeitsteilung einer vorindustriellen Gesellschaft entspricht: Der Frau gehört der häusliche Bereich (der – im weiteren Sinne – der Raum des *haremlik* ist = der **Innenbereich,** der auch das Geheime – *mahrem* – birgt), dem Mann gehört der gesellschaftliche Raum, der **Außenbereich** *(namahrem).* Die Raumaufteilung gilt also für beide Geschlechter, keineswegs nur für die Frau. Während diese im Haus eine starke Position besitzt und den Mann zu bestimmten Uhrzeiten aus gewissen Räumen „verbannen" kann (z. B. beim Besuch der Nachbarinnen und Freundinnen), ändert sich die „Herrschaft über den Raum" grundsätzlich, sobald die Frau die Straße betritt. „Das Wohnzimmer ist das Teehaus der Frauen, und das Teehaus ist das Wohnzimmer der Männer", so ein bekanntes türkisches Sprichwort, das jedem Reisenden angesichts des rein männerbesetzten *çay bahçesi* oder *çay evi* (Teegarten bzw. -haus) bestätigt werden wird.

Da die räumliche Trennung aber nun ein ungenügendes und keineswegs lückenloses Kontrollinstrument darstellt – Männer und Frauen begegnen sich trotzdem an vielen Punkten –, und da die Frau mit ihrer Erscheinung als solche in der Öffentlichkeit auffällt, gilt es diese Erscheinung in ihrer verführerischen Oberfläche soweit wie möglich unkenntlich bzw. unsichtbar zu machen. Das geschieht durch die **Bedeckung des Frauenkörpers**

026tu Foto: mf

in der Öffentlichkeit. Die diese Funktion erfüllenden Kleidungsstücke sind also Fortsetzungen des räumlichen Trennungsprinzips, das die Anwesenheit der Frau im öffentlichen Raum negiert und gleichzeitig den mit ihr assoziierten Innen- und Intimbereich *(haremlik/mahrem)* schützt. Das türkische Wort für Verschleierung *(örtünme)* weist in seinem Wortfeld auch auf die figurative Bedeutung des „Bedeckten", „Geheimen" *(örtülü)* hin; es ist das, was nicht jeder sehen soll und darf. Je nachdem, wie rigoros die öffentliche Bedeckung des Frauenkörpers umgesetzt wird, variieren die Kleidungsstücke vom *çarşaf* (Ganzkörperumhang, der gelegentlich sogar durch Handschuhe und den *peçe* – Gesichtsschleier – ergänzt wird und damit die völlige Unsichtbarkeit bewirkt) bis zum locker *(başlık)* oder streng *(türban)* gebundenen Kopftuch, das lediglich die Haare bedeckt.

Die **Haare** sind sensible, weil höchst sexuelle Körperzeichen, und zwar für beide Geschlechter. Während der Bart in der Regel als ein Zeichen für Männlichkeit verstanden wird, stellt das offene Haar einer (jungen) Frau Verlockung und Anziehung dar. An besonders „reinen" Orten wie der Mo-

Teehaus – das Wohnzimmer der Männer

schee müssen deshalb selbst westliche Touristinnen das Kopftuch benutzen. (Der Aspekt der „Reinlichkeit" – *temizlik* – spielt auch beim Rasieren der Schamhaare eine Rolle.)

Die räumliche Trennung der Geschlechter wird auch dort, wo Männer und Frauen notwendigerweise aufeinander treffen können und müssen, durch **Distanz schaffende Verhaltensregeln** fortgesetzt: In Verkehrsmitteln (Bus, Bahn, Dolmuş etc.) sitzen Frauen niemals neben Männern; im Hamam gehört meistens der Morgen den Frauen, der Abend den Männern; in der Moschee sorgt ein Nebenraum oder eine Empore dafür, dass die Frauen den Blicken der Männer entzogen sind; und auf dem Dorf wird sich kein Mann dem Brunnen nähern, solange dort die Frauen ihre Geschäfte besorgen.

Wer in den Raum des anderen Geschlechts (zufällig) eindringt, verhält sich defensiv, soll heißen, er verlässt diesen Raum wieder, so schnell es geht, oder er signalisiert in seinem Verhalten, dass er „weniger" anwesend ist. Das gilt für beide Geschlechter. Für eine Frau stellt der öffentliche Raum, von den obig genannten Ausnahmen abgesehen, die Domäne des Mannes dar. Sie entzieht sich hier nicht nur durch die Kleidung, sondern auch dadurch, dass sie jede Nähe zu Männern meidet und diesen Raum schnell und gezielt durcheilt. Lediglich der Einkaufs- oder Sonntagsbummel mit Freundinnen verschafft ihr durch die Anwesenheit mehrerer schützender Geschlechtsgenossinnen Sicherheit und Muße. In einem Café oder Teegarten würden sich diese Frauen in den Bereich *aile* (Familienecke) setzen, niemals aber auf die Idee kommen, das „Teehaus der Männer" zu frequentieren. Aus Sicht der Frau geht es dabei nicht so sehr darum, dass sie die Männer stören könnte, sondern dass sie selbst diese als störend empfindet. Das gleiche kann umgekehrt auch für einen (jungen) Mann gelten: Gerät er zur Nachmittagszeit im Haus in den Kreis der dort sich versammelnden Frauen, wird er sich entweder schnellstens zurückziehen oder aber so unauffällig wie möglich verhalten.

Die äußerliche, räumliche Trennung wird durch die **Schamhaftigkeit** *(utangaçlık)* komplettiert. Die Schamhaftigkeit äußert sich zum einen durch das Gefühl der inneren Distanz zum anderen Geschlecht und ist damit eine emotionale Kategorie, sie stellt aber auch eine soziale Verhaltensweise dar mit der Funktion die immer gefährdete Sphäre der Ehre schützen zu können. Ein Beispiel: Der ältere Bruder begleitet seine jüngere Schwester in die Stadt und trifft einen gleichaltrigen Bekannten, mit dem er sich kurz unterhält. Die Schwester hält sich von dem Gespräch fern, schlägt beim Gegenüberstehen die Augen nieder oder wendet sie ab und zeigt eine schamhafte Zurückhaltung, solange der fremde junge Mann in ihrer Nähe ist.

Wohlgemerkt: Das Mädchen mag den Bekannten ihres Bruders als nett, hässlich, höflich, unhöflich, sympathisch oder wie auch immer empfinden; **ihr korrektes äußeres Verhalten – nicht ihr inneres Empfinden – ist von Bedeutung.** Man wird ihre situationsadäquate Gestik und Mimik loben, mag sie innerlich denken oder fühlen, was sie will. Das gesellschaftlich erwartete Verhalten verlangt also nicht – in erster Linie – die innere Überzeugung, sondern die Anwendung einer Verhaltensnorm auf eine entsprechende Situation. Wobei im obigen Beispiel der schamhafte Verhaltenscode – bei entsprechendem Temperament und Selbstbewusstsein – auch durch einen verschlossen-stolzen Code ersetzt werden kann; der angestrebte Effekt – Schaffung und Signalisierung von Distanz – ist der gleiche, auch wenn das Mädchen es in diesem Fall an dem gebührenden geschlechtsspezifischen Respekt (Saygı) mangeln lassen würde.

Umgekehrt wird ein nicht passendes, d. h. **unschamhaftes oder unanständiges Verhalten** als *ayıp* gebrandmarkt. Ein junges türkisches Mädchen, das in Anwesenheit von fremden Männern kokett lacht, verhält sich *ayıp;* es sei denn, sie entstammt einer westlich eingestellten Familie aus Istanbul oder Izmir – Vater überzeugter Kemalist, Mutter im akademischen Bereich berufstätig –, bei der die Grenze von *ayıp* vielleicht erst mit dem öffentlichen Kuss auf der Straße überschritten ist.

Der forsche Strandgigolo, der sich am Strand neben eine Touristin setzt – bei einer Türkin würde er es gar nicht erst wagen –, verhält sich auch in den Augen der türkischen Beobachter *ayıp*. Dass vielleicht niemand etwas sagt, liegt darin begründet, dass es die Aufgabe der Frau ist, laut und entschieden auf Distanz zu pochen und den Charmeur von ihrem Handtuch zu verscheuchen. Erst wenn sie dies tut (sich selbst also nicht *ayıp* verhält), kann sie auf Beifall und Unterstützung ihrer Umgebung rechnen; spätestens jetzt wird der Beachboy seinen Rückzug antreten. Der Touristin, die sich am Strand von Ölü Deniz im Bikini sonnt, wird – wie allen Gästen – viel nachgesehen, legt sie aber ihr Oberteil ab, ist es auch hier mit der schonenden Sonderbehandlung vorbei – *ayıp!*

Die beiden letzten Beispiele konfrontieren das traditionelle (eher dörflich-anatolische) Geschlechterverhältnis mit der **westlichen (urbanen) Kultur der Moderne.** Letztere propagiert gerade nicht die Unsichtbarkeit der Frau, sondern im Gegenteil ihre detaillierte Erscheinung, ihre minutiös abgelichtete Nacktheit, die – wie Sexualität überhaupt – als Bild und Produkt aus dem Intimbereich in jedes Lampenlicht gerückt wird. Mann und Frau scheinen zudem im Westen selbstverständlich in einem gemeinsamen Raum zu leben, und geschlechtsspezifische Rollen werden – zumindest im Idealfall – abgebaut oder relativiert, um beiden Geschlechtern die freibestimmte, persönliche Lebensweise zu ermöglichen. Der/die Einzelne folgt (vermeintlich) keinen Normen und Situationszwängen, sondern entscheidet punktuell und individuell nach seinem/ihrem Gusto. **Aus islamischer Sicht** stellt sich diese Lebensphilosophie als dekadent, sittengefährdend und unmoralisch dar: ein sittliches und soziales Tohuwabohu, das gerade ein Beweis für Fitne ist. Denn aus dem entregelten und individualisierten Umgang mit Sexualität resultieren nicht nur die Gefährdung der Familie und die Zerstörung der natürlichen, aber regelbedürftigen Harmonie zwischen Mann und Frau, sondern auch der (damit verbundene) Verfall einer zivilisierten Gesellschaft überhaupt.

Bedenkt man, dass die kemalistische Revolution das Ideal der westlichen Zivilisation gerade über die Entschleierung und Veröffentlichung der Frau zu propagieren hoffte, so verkehren sich heute geradezu die Fronten, wenn Islamisten und Islamistinnen zur Rettung der Zivilisation für die (Wieder)verschleierung protestieren. **Der Kampfplatz zwischen den beiden Zivilisationsidealen ist die äußere Erscheinung der Frau.** Während die Islamisten die Ungleichheit von Mann und Frau betonen, um die qualitative Differenz zu retten, betont der Westen die prinzipielle Gleichheit, um die geschlechtsneutrale Individualität als Befreiung und Fortschritt zu feiern. Und während der Islam die Frau verhüllt und damit ein Geheimnis *(mahrem)* schafft und wahrt, entblättert die westliche Kultur die (junge) Frau, um durch das öffentliche Bild alle (Männer) am „Geheimen" voyeuristisch teilhaben (und konsumieren) zu lassen.

Konträrer geht es nicht – und es ist hier keineswegs ausgemacht, wer wen wo wie unterdrückt bzw. befreit. Die marokkanische Wissenschaftlerin und Schriftstellerin *Fatima Mernissi* reklamiert, dass die **Rolle der Frau in beiden Kulturen vom Mann definiert und kontrolliert** wird: „Während der Muslim mit Hilfe des Raums die männliche Herrschaft über die Frauen im öffentlichen Raum festschreibt, macht sich der westliche Mann Zeit und Beleuchtung zunutze. Er verkündet, dass weibliche Schönheit bedeutet, wie 14 auszusehen ... Auf jeden Fall aber sind die westlichen Einstellungen gefährlicher und hinterhältiger als die der Muslime, weil die Waffe gegen die Frauen im Westen die Zeit ist. Zeit ist weniger sichtbar und flüssiger als Raum. Im Westen benutzt man Bühnenlicht und Abbildungen, um weibliche Schönheit in einer idealisierten Kindheit einzufrieren und Frauen zu zwingen, dass sie im Altern, der normalen Entfaltung der Jahre, eine beschämende Entwertung sehen ... Wir Musliminnen haben nur einen Fastenmonat, den Ramadan, aber die armen westlichen Frauen halten 12 Monate Diät ... Die Macht des westlichen Mannes beruht darauf, festzusetzen was Frauen anzuziehen und wie sie auszusehen haben. Er hat die gesamte Modeindustrie unter seiner Kontrolle, von der Kosmetik bis zur Unterwäsche."[65)]

In der Tat funktionieren **im Westen** die Kategorien „Zeit" und „Schönheitsideal" wie ein in die Öffentlichkeit gestellter spiegelhafter „Schleier", dessen ideelle, zum Bild gewordene Modepuppe aber (aus der Sicht der Frau) eine noch weit schlimmere Wahrheit verkündet: Der Mann bestimmt nicht nur die Denk-, Leistungs- und Schönheitskategorien der geschlechtsneutral individualisierten Gesellschaft, er idealisiert sie nach seinem Bilde. Die Frau vermännlicht, sie macht sich schlank, sportlich, dünn, geschäftlich hart, erfolgs- und leistungsorientiert, sie übernimmt geistig und körperlich die männlichen Werte und wähnt sich so, in der politischen und gesellschaftlichen Verfolgung und Einklagung dieser global postulierten Werte, befreit. Ihre Emanzipation – oder doch Entfremdung? – beinhaltet die Angleichung an den Mann, der narzisstisch ihre Haut unter seinen ästhetischen Kriterien ausstellt, ihr Idealgewicht samt Essportionen bestimmt und sein Schönheitsideal über Laufsteg und Leinwand promenieren lässt. Die Dominanz des Mannes (oder genauer: seiner jahrhundertelang entwickelten Kategorien) ist im Westen total, denn er lässt der Frau nicht einmal den Harem, das Innerliche, das Verborgene, den *mahrem*, kurz: den geistigen und körperlichen Raum, das Andere zu sein.

So könnte der frappierende Einwand jener islamistischen Studentinnen zusammengefasst werden, die vor der Istanbuler Universität – gegen den westlichen Kemalismus und seine Bekleidungsvorschriften – **für die Abgrenzung durch Kopftuch und Verschleierung demonstrieren** und deshalb von der Uni ausgesperrt werden. Die äußere Erscheinung der Frau als politischen Kampfplatz bestätigten auch jene türkischen Abgeordneten, die *Merve Kavakcı* von der islamistischen Tugendpartei (FP – Fazilet Partisi) ein Verfahren wegen Volksverhetzung anhängig machten. Die Abgeordnete der FP hatte es 1999 gewagt, das Parlament mit Kopftuch zu betreten. Die Beurteilung des Kopftuchs als Symbol eines politisch gefährlichen Islamismus teilen die Kemalisten übrigens auch mit deutschen Behörden: Im März 2000 wurde vor dem Stuttgarter Verwaltungsgericht die Klage einer muslimischen Lehrerin abgewiesen, die an staatlichen Schulen mit Kopftuch lehren wollte. In der Begründung wurde darauf verwiesen, dass der Staat in Schulen ein religiöses Neutralitätsgebot zu wahren habe. So wie in Bayern – wo die Kreuze in den Klassenzimmern nur an die neutrale deutsche „Leitkultur" erinnern.

Die islamische Frau ist zum Politikum zwischen zwei Kulturen avanciert. „‚Seid zu Hause lieb, draußen eine Hexe.' Mit diesem Slogan behaupten und inszenieren die Frauen selbst, militant fordernd und radikal, ihre Andersartigkeit gegenüber dem Westen und seiner Zivilisation."[66] Es stört Kemalisten wie „Westler", dass diese Kopftuch tragenden Frauen, die für ihre Religion sogar berufliche Einschränkungen bzw. Ausschlüsse hinnehmen, nicht mehr die oben idealtypisch dargestellten Vertreter einer „rückständigen", aussterbenden anatolischen Dorfwelt sind, sondern gebildete und selbstbewusste junge Persönlichkeiten, die erfolgreich studieren und im Internet-Café sitzen. Die **westlich emanzipierte Frau,** die den Schleier als herrschaftliches Relikt einer archaischen Männertyrannei identifiziert und ihre Geschlechtsgenossin mitleidig im tiefen Mittelalter verhaftet wähnt, fällt angesichts dieser Demonstration von Feminismus aus allen politischen und ästhetischen Wolken. Ihr global gewähntes Emanzipationsmodell fühlt sich konterkariert, ja fast ins Gegenteil entwertet.

Mernissi versucht die gemeinsame **Front gegen die Männer** wieder in Erinnerung zu rufen, indem sie erklärt: „Die modernen Musliminnen ... haben die Haremsschranken der Männer zu Staub zerrieben und den öffentlichen Raum erobert. Mit oder ohne Schleier."[67] Das Eindringen in den (öffentlichen) Raum der Männer, in deren Berufswelt, der Anspruch auf Gleichwertigkeit (nicht Gleichheit!), all diese Ziele finden sich sicherlich auch bei den jungen islamistischen Frauen, die studieren und einen Beruf ausüben wollen. Auf das Kopftuch wollen sie dabei aber nicht verzichten, und so verweist dieses Stück Tuch nicht in erster Linie auf den politisch-öffentlichen, sondern den geschlechtsspezifisch-geschlossenen Raum. Eine strategische Allianz mit dem westlichen Frauenbild ist nicht vorgesehen.

„Im Westen demonstrieren die Frauen, indem sie sich schminken und Schmuck tragen, ihre Sexualität in größerem Ausmaß nach außen. Wir machen genau das Gegenteil und behalten uns unsere Sexualität für bestimmte Situationen vor. Draußen, in der Öffentlichkeit, auf der Straße zeigen wir diese so wenig wie möglich."[68] Und bei den folgenden Sätzen aus der islamistischen Frauenzeitschrift „Mektup" würde nicht nur jeden westlichen, die Frau drapierenden Modeschöpfer das Grausen überfallen, auch die Chefredakteurin des westlichen Frauenmagazins würde mit den Zähnen knirschen: „Nie sollten wir uns in unserer häuslichen Kleidung auf der Straße sehen lassen. Wenn wir so ausgingen, würden wir uns sinnlichen Blicken aussetzen und bei den Männern Verführungswünsche wecken. Zu Hause wollen wir attraktiv für unsere Männer sein, draußen genau das Gegenteil erreichen; also innen anziehend, draußen abstoßend wirken." Deutlicher kann man die dem Westen konträre Ästhetik des Erotischen kaum pointieren: Nur im *mahrem* (Haus) entschleiert und individualisiert sich die Schönheit des Geheimnisses, die allgemeine Veröffentlichung im Außen ist *ayıp*. Wir überlassen es dem Urteil der Leser (und natürlich auch der Leserinnen), in welchem Modell sie die Zukunft der Erotik besser aufgehoben sehen.

Moderne junge Frauen bei der Schönheitspflege

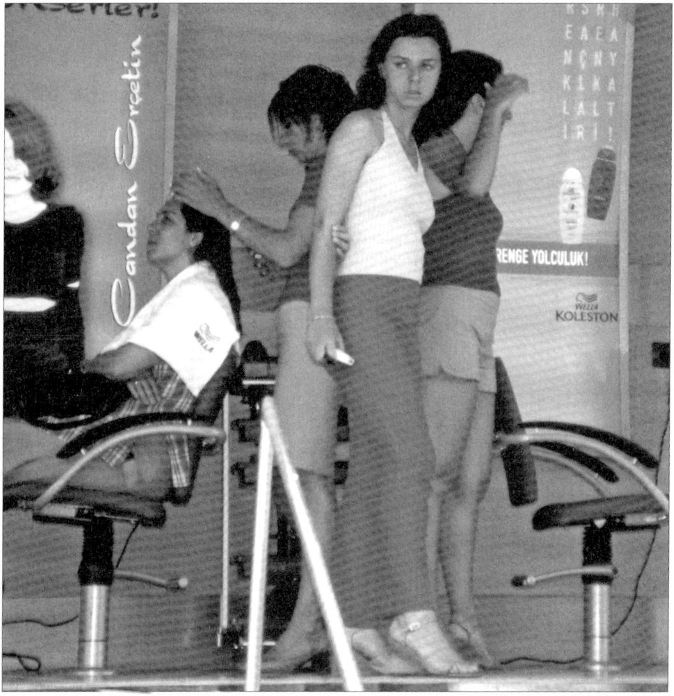

027tu Foto: mf

Sicher ist, dass den beiden konträren Verhaltensweisen eine ähnliche Attraktivitätsverteilung der Geschlechter zugrunde liegt: Auch im Westen gilt die Frau – trotz emanzipatorischer Ansätze, den Mann zu einem äquivalenten Lustobjekt zu machen – als die Anziehende(re) (Fitne). Sie ist sich dessen bewusst, dass sie durch den Körper veröffentlichende (betonende) Kleidung gewisse Reize aussenden kann. Noch bewusster ist sich dieser Tatsache die westlich eingestellte Türkin – meist aus der oberen Mittelschicht –, die in den großen Städten oder an der ägäischen Küste im eleganten Kostüm oder gar Minikleid daherkommt. Auch wenn die Zahl **westlich gekleideter Türkinnen** keineswegs klein ist, wissen – oder fühlen – sie alle sehr wohl den provokativen Spagat zwischen zwei konträren, aber nebeneinander existierenden Kulturen. Und sie sind sich darüber klar, dass auf der Straße alle Männeraugen auf sie gerichtet sind. Ihre Distanzmittel sind Chic und eine überzeugend präsentierte Aura der „Unerreichbarkeit", die meistens durch Stolz und Selbstbewusstsein, manchmal aber sogar durch eine Art bewusster Brüskierung (Repräsentierung des westlichen Bildes schlechthin) erzeugt wird. Es ist der altbekannte Effekt: Sieht man ein Bild (Ideal) auf zwei Beinen, so wird geglotzt – aber niemand traut sich heran.

Auf dieses letztgenannte Mittel sollten sich allerdings westliche Touristinnen nicht verlassen! Immer wieder hört man den wütenden Kommentar, dass Türkinnen im Minikleid daherkommen können, ohne „angemacht" zu werden, **westliche Touristinnen** aber Freiwild sind. Der Unterschied resultiert aus der kulturellen Schublade, nach der westliche Frauen per se ayıp sind, während türkischen Frauen – auch denen im Minikleid – grundsätzlich Ehre und Unantastbarkeit unterstellt wird.

Sicherlich spielt auch die aufreizend offen gekleidete Türkin mit dem Feuer (Fitne) – aber sie spielt es kontrolliert, und gerade sie wird sich nicht in Situationen begeben, wo ihr die Spielregeln aus der Hand genommen werden.

Der Blick auf die traditionell islamische, die moderne islamistische und die westliche Türkin samt all der konkreten Zwischenformen zeigt, dass es die Türkin – wie auch den Türken – nicht gibt und dass man sich schon die Mühe der Differenzierung machen muss.

Das Einbrechen des westlichen Frauenbildes (steigender Anspruch an das persönliche Lebensglück) und die zunehmende ökonomische Selbstständigkeit der Frauen dokumentieren vor allem die in den Städten steigenden **Scheidungsquoten,** während auf dem Lande und vor allem in Zentral- und Ostanatolien die Ehe immer noch als lebenslange soziale und wirtschaftliche Einheit angesehen wird, die in der Regel nur unter schwerwiegenden Gründen aufgelöst wird.

Ebenfalls im Wandel sind die **Formen der Partnersuche:** Während in den westlich orientierten Gesellschaftsschichten die persönliche Partnerwahl nicht zuletzt aufgrund der Aufweichung der Geschlechtertrennung zunimmt (man trifft sich am Arbeitsplatz oder der Universität oder anderen Schnittpunkten), stellt die Heirat auf dem Land immer noch weitgehend eine Familienangelegenheit dar. Zwar gibt es auch hier Räume (der Weg zur Schule, der Bummel über den heimischen Markt etc.), in denen junge Frauen und Männer die Geschlechtertrennung „austricksen" und sich vorsichtig „kennenlernen" können, aber die Anbahnung einer ernsten Verbindung erfolgt dann doch über ein feingesponnenes Geflecht von Familienkontakten, bei dem vor allem die weiblichen Verwandten (Mutter, Tante) in „aufklärerische" Aktion treten.

Schauen wir noch einmal auf die alte, ländlich-traditionelle Geschlechtertrennung, die in allen Situationen dermaßen von den Kategorien Innen *(mahrem,* Frau) und Außen *(namahrem,* Mann) bestimmt wird, dass Fitne (Sexualität) überhaupt nicht in die Öffentlichkeit dringen kann, da Schleier und Haus sie geheimnisvoll verdecken und schützen. Einmal, nur ein einziges Mal im Leben von Mann und Frau wird dieses Geheimnis rituell veröffentlicht und allen Augen feilgeboten: nach der **Hochzeitsnacht.** Wenn hier, in irgendeinem der letzten abgelegenen Bergdörfer Ostanatoliens, der Bräutigam das Gemach seiner Braut betritt und den Schleier lüftet, um für sich seinen *mahrem* zu erschließen, so mag die ganze Familie, ja vielleicht das ganze Dorf gespannt auf den Vollzug dessen warten, was die beiden Brautleute danach wieder vor allen und jedem für ein Leben verbergen werden. In alten Zeiten standen Familienwachen vor der Tür, die für Braut wie Bräutigam einen alptraumhaften Druck bedeutet haben mögen, und erst das am nächsten Morgen von den Frauen des Hauses begutachtete blutige Laken bewies nicht nur den persönlichen Triumph der beiden Neuvermählten - der eine hatte seine Potenz-, die andere ihre unberührte Ehre unter Beweis gestellt –, es signalisierte auch, dass die beiden von nun an eine legitime neue Einheit darstellten, eine, in der Fitne gebannt und das Geheime gelebt wurde.

Mehmet hat mich abends zu sich nach Hause eingeladen. Er wohnt zusammen mit seinem Schwager und seiner Schwester in einem der modernen Mietwohnungen am Rande der Altstadt. In der Wohnung geht es - ein seltsamer Kontrast zum nahen touristischen Boulevard - ganz anatolisch zu. Seine verheiratete Schwester, mit langem Überhang und Kopftuch, begrüßt mich höflich, ja fast schon ehrerbietig : *Hoş geldiniz - Hoş bulduk.* Sie bereitet und serviert den Tee, am Gespräch beteiligt sie sich nicht, während ihre 6- bzw. 8-jährigen Kinder vorwitzig den Besucher examinieren. *Mehmet* zeigt mir ein großes Fotoalbum, das sowohl Familienbilder aus seinem Heimatort wie auch Bilder aus seiner Zeit in Marmaris enthält. Beim Durchsehen der ansonsten recht sorgsam eingeklebten Fotos fällt mir auf, dass drei Bilder in der Mitte abgerissen sind; die verbliebene, ein geklebte Hälfte zeigt immer *Mehmet.* Ich schaue ihn fragend an, und er senkt seine Stimme etwas, als ob die anderen es nicht hören sollten: „Auf den Bildern war die Kanadierin, von der ich dir erzählt habe. Ich hab' sie zerrissen, um in der Familie kein schlechtes Vorbild abzugeben. Morgen, im Geschäft, kann ich dir ein Bild von ihr zeigen, aber hier, zu Hause, wäre es unanständig *(ayıp).* Ich weiß, ich bin schwach gewesen und habe Fehler gemacht. Aber es hat auch sein Gutes, denn ich weiß nun, was ich will. Die Heirat in meinem Dorf ist das Richtige für mich, religiös und überhaupt. Du weißt schon - die kulturellen Unterschiede ..."

Im Innenbereich:
Die Familie und der Wert Saygı

Auch wenn die Frau den Leuchter hält, hält der Mann die Kerze.

(Türkisches Sprichwort)[69]

Ich werde die Szene in jener Nacht vor vielen Jahren nie vergessen. Während meines Studiums fuhr ich am Wochenende Taxi; in einer kühlen und verregneten Herbstnacht nahm ich am Bahnhof einen bärtigen Mann als Fahrgast auf, der mir zunächst durch seine vielen Koffer auffiel. Er trug jenen einfachen, grauen Anzug, an dem man leicht den **türkischen Gastarbeiter** erkennen konnte. Auf der Fahrt in eine der von vielen Ausländern bewohnten Vorstädte des nördlichen Ruhrgebiets erfuhr ich nur, dass er aus der Gegend von Erzurum stammte. Sein Deutsch war schlecht, die Fahrt also einsilbig, bis ich schließlich – es war nach Mitternacht – vor einem grauen Reihenhaus hielt, in dem – so schien es mir – alle bereits schliefen.

Kaum aber hatte ich den Kofferraum aufgemacht, stürzten eine Frau und fünf Kinder – die ältesten schon fast erwachsen – aus dem Haus. Hätten sie nun gelacht oder aber den Angekommenen laut rufend begrüßt, wäre mir die Szene wohl kaum im Gedächtnis geblieben. Nichts aber dergleichen geschah; alle pressten zunächst hastig die Hand des Vaters – denn um diesen musste es sich bei meinem Fahrgast wohl handeln – mit beiden Händen gegen Stirn und Lippen, wobei sie halblaut etwas murmelten, um sich erst dann auf die Koffer zu stürzen. Der älteste Sohn war der erste gewesen, aber auch noch das jüngste Kind – vielleicht vier oder fünf Jahre alt – schien nichts Eiligeres zu tun zu haben, als die Hand des Vaters zu ergreifen, um die gleiche Geste wie alle anderen zu wiederholen. Der Mann, der mir gerade noch so unscheinbar vorgekommen war, nahm die Ehrbezeugungen so selbstverständlich und beifällig entgegen wie ein gütiger Herrscher die Verbeugungen seiner Untertanen. Das Seltsame war, dass mir nichts an dieser – für den Mitteleuropäer eigentlich befremdlichen – Szene angestrengt oder künstlich übertrieben vorkam. Im Gegenteil: In dieser **rituellen Begrüßung** lag ein leiser, aber tiefer Respekt, eine gleichsam von Achtung erfüllte Freude und Zuneigung, die sich den zu heftigen persönlichen Gefühlsausbruch fast zu versagen schien, um die Person

828tu Foto: mf

(Rolle) gebührend und genügend zu ehren. Ich habe später noch lange darüber nachgedacht, warum mir diese Szene so sehr in Erinnerung geblieben ist. Ich glaube, es war diese seltsame Entdeckung, dass man einen geliebten Menschen dadurch begrußte, dass man ihn nicht so sehr als Person, sondern vor allem als Träger einer mächtigen Rolle bestätigte und dieser Rolle Reverenz erwies. Hätte ihn jemand angelacht oder laut angesprochen – also auf persönliche Nähe bestanden –, so hätte er sich ihm gleichgemacht, sich also auf eine Stufe gestellt. Den Vater kann man aber nur durch Ungleichheit ehren, denn er steht über den anderen. Man verehrt ihn nicht, wenn man ihn persönlich gleichgestellt begrüßt, im Gegenteil: man versagt ihm (seiner Rolle) so den Respekt. Viel später erst wusste ich, dass ich zum ersten Mal die Bekanntschaft mit Saygı gemacht hatte.

Im Gegensatz zu Namus und Fitne, die quasi naturgegebene, statische und unveränderliche Werte darstellen, erweist sich die dritte zentrale Verhaltensnorm der türkischen Kultur, **Saygı (Achtung, Respekt),** als ein sozialer und gradueller, d. h. ab- oder zunehmender Wert. Seine Funktion besteht vor allem darin, das hierarchische Verhältnis der Autorität zu regeln. Dabei handelt es sich nicht so sehr um ein individuell erworbenes, persönliches Ansehen denn um die Ausfüllung einer sozialen Position. Achtung schuldet man einer Person, die eine gewisse familiäre oder soziale Stellung innehat, d. h. man erweist dieser Position selbst Saygı (was unter Umständen auch beinhalten kann, dass man dem Träger dieser Position individuell kritisch gegenüberstehen kann).

Die Hauptkategorien, nach denen Saygı vergeben wird, sind das **Geschlecht** (grundsätzlich zollt die Frau dem Mann Saygı), das **Alter** (Jüngere haben den Älteren Respekt zu erweisen) und der **familiäre/soziale Status** (der Vater steht an der Spitze der Familienhierarchie). Gemäß dieser Kategorien ergibt sich ein fast starres Netzwerk an sozialen Positionen.

Besonders gut ist die Funktion von Saygı anhand der **traditionellen Familienhierarchie** aufzuweisen, sodass wir uns demonstrationshalber einen dörflichen Haushalt irgendwo in Anatolien vorstellen, in dem neben Vater und Mutter noch mehrere Kinder – Söhne und Töchter – leben. Gleichzeitig können wir dabei einen Blick auf die jeweilig wichtigen Lebensphasen (Beschneidung, Hochzeit) des Innenbereichs *(haremlik)* werfen, der in einem weiteren Sinne als mit Haus und Familie identisch betrachtet werden kann (der *haremlik* im geschichtlichen Sinne stellt eigentlich nur die Frauengemächer des Hauses dar).

An der Spitze steht also, wie schon gesagt, der **Vater;** er ist gemäß Alter, Geschlecht und sozialer Stellung (als Ernährer und Beschützer) nicht nur das innere Oberhaupt, er repräsentiert die Familie auch maßgeblich nach außen. Alle Familienmitglieder sind ihm gegenüber zu Saygı verpflichtet, gleichwohl seine Frau innerhalb des Hauses den organisatorischen und natürlich emotionalen Mittelpunkt darstellt. Letzteres ist hinsichtlich der Erziehung der Kinder sehr bedeutend; während nämlich der Vater die gesellschaftliche Rolle der Einordnung qua Autorität repräsentiert, stellt die Mutter den emotional-persönlichen Wärmebereich dar. Es handelt sich quasi um eine rollenspezifische Arbeitsteilung: Der Vater straft und reglementiert, die Mutter söhnt aus und kompensiert, ohne dass deswegen der erste individuell ein Tyrann und die zweite ein Engel sein muss.

Die **Bestrafungspraxis** in traditionellen (Groß)familien verdient eine Erläuterung: Bestraft wird immer nur die konkrete Situation des Fehlverhaltens, d. h. die Strafe erfolgt unmittelbar und sofort. Eine dosierte, gezielt mittel- oder langfristig eingesetzte Straferziehung (z. B. bewusster und langanhaltender Liebesentzug bei schlechten Schulnoten), wie in europäischen Familien oft üblich, existiert nicht und würde von unserer türkischen Familie nicht verstanden, ja als grausam angesehen werden. Bestraft wird auch nicht das Kind als solches, also sein Charakter, sondern sein Auftreten in einer normverletzenden Situation, die aus welchen Gründen auch immer *ayıp* ist. Gelingt es z. B. dem kleinen Jungen, der stolz seine erste Zigarette pafft, dem plötzlich auftauchenden Vater zu entwischen, muss er bei seiner Rückkehr nach Stunden (in der Regel) nicht mehr befürchten, bestraft zu werden, denn die normverletzende Situation ist ja vorbei. Das Kind lernt so schnell den typisch türkischen Verhaltenskodex, nach dem nicht so sehr das Vergehen selbst, sondern seine öffentliche Präsenz sanktioniert wird. Bestraft wird also in erster Linie ein räumlich-situatives Fehlverhalten, nicht ein moralisch inneres Versagen. Hat unser Junge übrigens Pech und wird vom Vater in flagranti erwischt, wird er bei der Mutter Trost und seine Züchtigung mit einem süßen Dessert aufgewogen finden.

Da der Vater nun eine höhere Position hat als die Mutter, erfahren die Kinder über ihn nicht nur das gesellschaftliche Prinzip der Ein- und Unterordnung als das maßgeblichere, sie lernen auch, die persönliche Gefühlswelt (das mütterliche Innen) von der gesellschaftlichen Rollenwelt (das väterliche Außen, Saygı) zu trennen und letzteres als das wichtigere Prinzip (im Außen) zu erkennen. Damit wird für sie das Haus zum (Rückzugs-) Raum der Emotionalität, das Außen zum Raum der Normen.

Kinder, ob Jungen oder Mädchen, wachsen in den ersten Lebensjahren gemeinsam auf und profitieren beide von einer geradezu unerschütterlichen Nachsichtigkeit und Kinderliebe, die ihnen (fast) alles nachsieht und sie emotional ausgiebig verwöhnt.

Allerdings wird von vornherein den **Jungen** eine bevorzugte Stellung eingeräumt, die früh dazu führt, dass die kleinen Prinzen praktisch Narrenfreiheit genießen und allen auf der Nase herumtanzen können. Ist der Junge dabei besonders wild und frech, wird dies wohlwollend notiert, denn Aggressivität und Energie erscheinen als gewünschte Dispositionen, um später kraftvoll und selbstbewusst Namus und Saygı verteidigen zu können. **Mädchen** dagegen erfahren früh eine indirekte, aber fühlbare Zurückstellung, stehen weniger im Mittelpunkt und verinnerlichen auf diese Weise ein eher bescheidenes und passives Verhalten.

Das verwöhnte Paschaleben des Jungen endet mit seiner **Beschneidung** *(sünnet)* zwischen ca. dem 5. und 10. Lebensjahr. Sie wird entweder von einem freiberuflichen Beschneider *(sünnetçi)* oder in einer Klinik vorgenommen. Da dies für die Familie ein großer Festtag ist, kommt es vor, dass zwei Brüder trotz eines gewissen Altersunterschiedes am selben Tag beschnitten werden, da so die Kosten für die umfangreiche Feier nur einmal aufgebracht werden müssen. Der Junge/die Jungen sind die überschwenglich gefeierten Helden des Tages: Sie bekommen eine Galauniform an und werden – begleitet von einem hupenden Autokonvoi – demonstrativ durch den Ort gefahren. Erinnerungsfotos, Spielzeug und Geldgeschenke machen den Jungen weiterhin klar, dass dies ihr besonderer Ehrentag ist. Nach der eigentlichen Beschneidung – dem partiellen Abtrennen der Vorhaut – wird der Junge in ein geschmücktes Bett gelegt, während die Verwandten und Eingeladenen feiern. Bereits die bei der Beschneidung gelobte Tapferkeit des Jungen, der möglichst wenig schreien oder gar weinen soll, weist darauf hin, dass von nun an von ihm die Orientierung an der Männerwelt (Vater) verlangt wird.

Die Beschneidung stellt – ähnlich wie die Hochzeit beim Mädchen den Übergang zur Frau bedeutet – die **Initiation (Einweihung) zum Mannsein** dar. Von nun an steht die Mutter dem Jungen nicht mehr für körperliche Zärtlichkeiten zur Verfügung, er wird sich bei den Männern (Brüder, Vater) aufhalten, sich an ihnen messen, mit ihnen reden und baden und ihren Rollencode (männliches, stolzes Auftreten) übernehmen. Die Beschneidung bedeutet für den Jungen also die abrupte Trennung von der kindlichen, emotionalen Welt der Frauen (Haus) und seine Orientierung in das männliche Außen. Mit diesem Schritt gewinnt er gegenüber allen Familienmitgliedern – insbesondere den weiblichen – an Saygı und übernimmt von nun an auch Schutzfunktionen für diese.

Die **Respektbeziehung gegenüber seinem Vater** bleibt lange konstant, ja wird sogar ritualisiert. Vor dem Vater wird er aus Achtung nicht rauchen, keine sexuellen Anspielungen machen, noch wird er ihm (vor allem nicht in der Öffentlichkeit, d. h. in Gegenwart anderer Personen) bei Streitfällen widersprechen.

Ersin, ein erwachsener, bereits verheirateter Mann, der selbst schon zwei Kinder hatte und zusammen mit seiner Familie im Haus seiner Eltern in der Nähe von Denizli lebte, beschrieb mir das „Phänomen" des Nicht-Rauchens vor dem Vater folgendermaßen: „Ich kann vor meinem Vater einfach nicht rauchen, ich kann es einfach nicht. Er weiß natürlich, dass ich rauche, und er sagt mir auch immer, dass ich mir doch ruhig eine anzünden solle. Aber ich kann es einfach nicht, warum weiß ich auch nicht genau. Wenn er in den Raum kommt, und ich rauche, gehe ich hinaus; sieht er mich zuerst mit der Zigarette, kommt er erst gar nicht herein." Er schüttelte dabei lachend, aber etwas verlegen den Kopf, als verbinde dieser Ritus ihn und seinen Vater in besonders liebenswerter Weise. Wieder sieht man, dass es nicht auf das Verhalten als solches ankommt – der Vater weiß, dass sein

Sohn raucht –, sondern auf die Vermeidung der Situation, dass dieses Verhalten vor dem Vater geschieht. Ein „guter" Vater weiß um diesen lebenslangen, kuriosen „Ehrbezeugungszwang" und wird seinen Sohn niemals zu überraschen suchen.

Das **Verhältnis von Mutter und Sohn** ist natürlich auch nach der Beschneidung – trotz des nun „männlichen" Abstands seitens des Sohnes – ein inniges und besonderes. Dabei ist es nicht so sehr die weiterhin bestehende weibliche Autoritätsposition (Saygı), die die Mutter zur quasi wichtigsten Frau für einen Mann werden lässt, sondern der (fast) unverrückbare emotionale Bezugspunkt, den sie für diesen darstellt. Sie ist sozusagen die einzige Frau, der ein Mann uneingeschränkt Vertrauen und Achtung entgegenbringt – die spätere Ehefrau nicht ausgenommen, denn auf ihre Ehre (Namus) wird er immer ein schützendes wie auch misstrauisches Auge haben müssen. (Vor diesem Hintergrund kann man sich das Drama vorstellen, das in dem bereits genannten Roman von *Yaşar Kemal* „Töte die Schlange" nach einer historischen Vorlage verarbeitet worden ist; hier tötet der Sohn – nach einem zersetzenden inneren Kampf mit sich selbst – die Mutter, die in den Augen des Dorfes ehrlos und schuld am Tod ihres Mannes ist).

Gegenüber der Mutter ist der Erweis von Saygı weit formloser und entspannter als gegenüber dem Vater; das Verhältnis bleibt persönlich, die Achtung ist eher innerlicher denn formaler Natur. In ihrer Gegenwart wird der Sohn z. B. sehr wohl rauchen und auch über persönliche, innere Pro-

029tu Foto: mf

bleme reden; beim ersten Verliebtsein ist es garantiert die Mutter, die eingeweiht und zur Komplizin gemacht wird (s. u.).

Sind **mehrere Brüder** in einer Familie, so schuldet der jüngere dem älteren selbstverständlich Saygı. Letzterer ist der *büyük* („Große"), erstgenannter der *küçük* („Kleine"), wobei diese Ausdrücke sich hier natürlich nicht notwendigerweise auf die Körpergröße beziehen. Zwei kleine Beispiele mögen diese innerfamiliäre Ungleichheitsbeziehung demonstrieren: Bei einem öffentlichen Tischtennisturnier in einem deutschen Jugendverein beobachtete ich zwei türkische Brüder, die gegeneinander antreten mussten. Beide waren begeisterte Spieler und hofften auf den Turniersieg. Der jüngere der beiden hatte in vielen privaten Spielen vorher immer wieder bewiesen, dass er der weit bessere Spieler war, sodass der ältere auch nun, egal wie er sich anstrengte, immer mehr ins Hintertreffen geriet. Die Partie schien wie üblich entschieden, als der ältere mit hochrotem, wütendem Gesicht dem jüngeren kurz etwas sagte, das keiner der Umstehenden verstand. Von nun an verlor der jüngere, wenn auch mit saurer und verschlossener Miene, nicht nur die weiteren Punkte, sondern das gesamte Spiel; nach seinem Ausscheiden gab er seinem Bruder – die Augen niederschlagend – wortlos die Hand, um ihn im Endspiel wieder anzufeuern.

Das zweite Beispiel, das ebenso grundsätzlicher Natur ist, erlebte ich in einem Restaurant an der türkischen Riviera, das von zwei Brüdern geleitet wurde. Beide waren fast gleich alt, beide sehr stolz und selbstbewusst, der eine überragte den anderen aber an körperlicher Größe und Stärke. Sie lachten ausweichend und etwas verlegen, als ich sie fragte, wer von ihnen denn der ältere sei, und forderten mich auf zu raten. Da der eine – kleinere – aber am Tisch saß und sich mit den Gästen unterhielt, während der größere das Personal kommandierte und auch selbst Hand anlegte, gab es nichts zu raten. Der kleinere war der Gastgeber, der seine Gäste begrüßte, während der größere sie bediente; folglich war der kleinere der ältere.

Für die männlichen Familienmitglieder stellt Saygı also einen stark vertikalen, Ungleichheit produzierenden wie ausdrückenden Wert dar. Hierarchisch sind auch die **Beziehungen auf der Frauenseite** (Mutter – Töchter, ältere – jüngere Schwester), allerdings sind sie weniger abgrenzend, emotionaler und im ganzen weniger rollenbetont (also formloser). Ihr eher ausgleichender Umgang lässt die Frauen – zumindest nach außen – als integrative Schutz- und Lebensgemeinschaft erscheinen; man pocht nicht so sehr – wie die Männer – auf Ungleichheit, sondern auf (geschlechtsspezifische) Solidarität.

Einen gewissen Härtefall stellt in diesem Zusammenhang die **Ankunft der Braut bzw. Schwiegertochter** *(gelin)* dar. Das heißt übersetzt soviel wie „die, die kommt"; der Ausdruck erklärt sich aus der Tatsache, dass es in den ländlichen und traditionellen Gebieten Anatoliens jahrhundertelang die Regel war, dass die Braut in die Familie des Mannes zog. Da dieser zumeist im Haus seiner Eltern wohnen blieb, stellte die Heirat für die *gelin* nicht nur einen kompletten Familien-, sondern auch einen grundsätzlichen Loyalitätswechsel dar. Gleichzeitig war von nun an die Familie des Ehemannes – nicht mehr die Herkunftsfamilie – für den Schutz und die Ehre der Frau verantwortlich.

In der **Hierarchie ihrer „neuen" Familie** steht sie nicht zuletzt deshalb anfangs ganz unten. Denn sie muss als diejenige, die von „außen" kommt, ein prinzipielles Misstrauen in Kauf nehmen, da sie als relativ „Unbekannte" ihre Ehren- und Schamhaftigkeit erst unter Beweis stellen muss und die neue Familie insofern „belastet". Dieser misstrauische und prüfende „Gütetest" kann sich besonders im Verhältnis zur Mutter des Mannes auswirken, die als oberste Respektperson der weiblichen Familienmitglieder die *gelin* quasi „einarbeitet". Deren kompromissloser Gehorsam äußert sich in der widerspruchslosen Übernahme der Haus- und (auf dem Land) Hofarbeiten. Gegenüber dem Vater des Mannes hat sich die *gelin* mit der achtungerweisenden Distanz einer jüngeren, fremden Frau zu verhalten, d. h. sie wird in seiner Anwesenheit kaum sprechen, ja ihn nicht einmal ansehen und sich äußerst schamhaft verhalten.

Ihr Ehemann mag sie (idealerweise) persönlich sehr lieben, aber auch er wird beim Zusammensein mit anderen Familienmitgliedern (insbesondere dem Vater) ihr gegenüber eine bewusste Zurückhaltung an den Tag legen. Öffentliche **Liebkosungen** vor den Augen der Familie sind absolut unüblich, ja fast ein Tabu; außerhalb des persönlichen, intimen Bereichs gilt das Zeigen von Zärtlichkeiten als unanständiges Verhalten, woran deutlich wird, dass der häusliche Innenbereich den im vorangeangenen Kapitel dargestellten Gegensatz von Innen (Familie) und Außen (Gesellschaft) im Haus selbst nochmals reproduziert.

So gibt es im Haus **den gesamtfamiliären und den paarorientierten, intimen Bereich.** Letzterer war zu osmanischer Zeit übrigens der eigentliche *haremlik* (die Gemächer der Frauen, *mahrem),* dem als quasi öffentlicher Teil des Hauses der *selâmlık* (sogenannte „Herrenräume") gegenüberstand. Die Intimität von Mann und Frau gehört in den ersten und erlischt im zweiten. Das Gebot des strikten Verbergens von Intimität zwischen Eheleuten erfährt erst im Alter eine Lockerung; auch in ländlichen Gebieten kann man (z. B. bei Busfahrten oder Spaziergängen) ältere Ehepaare sehen, die sich manchmal vertraulich an den Händen halten.

Es ist leicht nachzuvollziehen, dass unter diesen – traditionellen! – Bedingungen die **Brautzeit** für viele jung verheiratete Frauen eine harte Lebensphase *(gelinlik)* darstellt. Sie muss sich das Vertrauen und die Achtung ihrer neuen Familie im buchstäblichen Sinne des Wortes erarbeiten, ja „erdienern". Erst mit der Geburt des ersten Kindes ändert sich ihr niedriger Status; sollte dieses dann sogar ein Sohn sein, ist der *gelin* der Akzeptanzaufstieg und der Zugewinn an Saygı sicher. Erst jetzt gehört sie richtig zur Familie, und erst jetzt steht ihrer vollen Integration und Anerkennung kein Misstrauen mehr im Wege.

Die lange Phase des Misstrauens seitens des Vaters wie auch des Ehemannes gegenüber einer „Fremden" erklärt, dass **Heiraten zwischen entfernten Verwandten** (Cousin, Cousine) bevorzugt werden; man kennt dann die Familie, die „Fremdheit" und Unsicherheit ist nicht so groß, und auch für die Frau verläuft der Familienwechsel weniger dramatisch.

In einer solch traditionsgebundenen, ländlichen Lebensgemeinschaft stellt die Heirat für eine junge Frau also gleich einen doppelten Einschnitt dar; denn nicht nur der Familienwechsel, sondern die **Hochzeit** *(düğün)* selbst ist schon eine Zäsur. Sie stellt – analog zur Bedeutung der Beschneidung beim Mann – den Übergang von der Mädchen- in die Frauenrolle dar. In der *kına gecesi* („Hennanacht" – die Nacht vor dem Hochzeitstag, in etwa unserem Polterabend vergleichbar) werden der Braut Hände und Füße mit Henna eingefärbt, ein alter Brauch, der böse Einflüsse fernhalten und künftiges Glück garantieren soll (auch der Junge trägt vor seiner Beschneidung Henna an den Händen).

Männer und Frauen feiern die *kına gecesi* getrennt, tanzen, singen und essen, während die Braut, von allen bewundert und im Mittelpunkt stehend, fast zur gefärbten und verkleideten Puppe erstarrt. Aufs höchste geschmückt (die traditionellen bunten Samtkleider und -westen mit ihrer auffälligen Stickerei sind heute auch auf den Dörfern selten zu sehen, denn Kostüm und „weiße Hochzeit" sind auch in der Türkei auf dem Vormarsch) und frisch frisiert geht es am nächsten Tag vor den Standesbeamten *(evlendirme memurluşu),* wo sich die beiden Brautleute von jeweils zwei Zeugen flankiert ihr *evet* (ja) sagen. (Die früher übliche Eheschließung durch den Imam ist seit 1926 untersagt, auch wenn Imam-Ehen im Osten der Türkei noch gelegentlich praktiziert wurden und werden.[2])

Die zahlreich Anwesenden (auf dem Lande praktisch das ganze Dorf) gratulieren nun beiden und beschenken die Braut mit Goldschmuck, die heute übliche Form der Mitgift; sie bleibt immer im persönlichen Besitz der Frau, sozusagen ein Absicherungspfand für alle Fälle. Schon Tage vorher kann die weibliche Entourage die Aussteuer *(çeyiz)* der künftigen *gelin* begutachten, meist ein Berg an Bettwäsche und aufwendig gestickten Deckchen aller Art.

Nun geht es zum Haus des Ehemannes bzw. dem seiner Familie (oder in den für solche Zwecke eingerichteten kommunalen *düğün salonu* – Festsaal), wo wieder reichlich gefeiert wird, allerdings meist ohne die Eltern des Mädchens, da diese nun ja dem Ehemann gehört. Somit obliegt den entfernteren weiblichen Verwandten (Tanten) die Pflicht, die in einem Raum wartende Braut in die Geheimnisse der Hochzeitsnacht *(zifaf gecesi)* einzuweihen und sie darauf vorzubereiten.

Irgendwann nach dem Abendessen schlägt die Stunde der Wahrheit, der Bräutigam betritt das Schlafzimmer, und die beiden sind – endlich! – allein: Der Schleier kann gelüftet werden. In früheren Zeiten war es tatsächlich so, dass erst in diesem Moment der Bräutigam seiner Braut den Schleier abnahm und sie voll „erkannte", und in noch früheren Zeiten blieben Wachen an der Tür stehen, damit auch vollzogen wurde, was zu vollziehen war. (In einigen kurdischen Dörfern sollen die Wachen einst sogar den Auftrag gehabt haben, den Mann zu erschießen, falls er nicht imstande sei, die Ehe zu vollziehen.) Am Morgen verließ der Ehemann das Zimmer, und die Frauen des Hauses inspizierten das Bettlaken, um allen zu bestätigen, dass das Mädchen ehrbar und der Mann potent war.

Nun, so rituell geht es heute meist nicht mehr zu; ebenso wie beim Frauenbild eine breite Differenzierung zu beobachten ist, variiert auch das Hochzeitsritual – je nach sozialem und kulturellem Stand der Teilnehmer – zwischen der individuellen, ganz privaten Liebeshochzeit und der oben beschriebenen dörflichen Familienhochzeit. Letztere dürfte allerdings – mit westlichen Mischformen durchsetzt – immer noch die Regel sein, denn eine Heirat ist in der Türkei eben immer noch eine Sache zwischen zwei Familien.

Wie aber, so mag mancher fragen, können Mann und Frau sich kennenlernen, wenn doch die Geschlechtertrennung (oft) so dominant ist, wie sie im vorigen Kapitel dargestellt wurde. Auch hier muss differenziert werden: Die **traditionelle Brautschau** stellt ebenfalls eine Familienangelegenheit dar, geht es doch allgemein darum, den Familienbereich durch eine gute Verbindung zu stärken. So gibt es die klassisch-patriarchalischen, aber seltener werdenden Fälle, wo allein die Väter zweier Familien mit Blick auf den gegenseitigen Familienvorteil Braut und Bräutigam füreinander bestimmen – wobei nach islamischem Recht auch das Mädchen nicht gegen ihren Willen verheiratet werden darf!

Aber überwiegend ist die Suche nach der geeigneten Braut sicherlich eine Domäne der Frauen. Denn Mütter und Schwestern eines heiratsfähigen Sohnes (oder einer Tochter) haben natürlich die Möglichkeit, im Frauenbereich durch Besuche und Erkundigungen Informationen über passende Kandidaten/innen einzuziehen. Früher gab es sogar den inoffiziellen Beruf der *görüçü* (Brautschauerin), eine quasi gesellschaftlich anerkannte Kupplerin, die über alle und jeden Bescheid wusste und im

Dienst der Heiratswilligen durch alle Familien segelte, um das Richtige zu finden. Die Kriterien, nach denen dabei sortiert wurde, waren immer die gleichen: Das Mädchen musste selbstredend ehrenhaft, sprich Jungfrau (Namus) sein, ihre Familie einen guten Ruf haben (Saygı, Şeref) und ihre Aussteuer *(çeyiz)* passend sein. Ebenso wichtig und damit zusammenhängend erschien die Integrationsfähigkeit der künftigen *gelin,* und last but not least wurde ihre Schönheit und Gesundheit in die Waagschale geworfen. An einem interfamiliären Brautschautag *(kız görmeye)* durfte und darf die Kandidatin dann der versammelten Weiblichkeit Tee servieren, und der Bräutigam kann - natürlich in Gegenwart weiblicher Anstandsdamen - darauf hoffen, seine zukünftige Frau wenigstens kurz sehen zu dürfen.

Natürlich gibt es im Land der mindestens zwei Gesichter auch die **moderne Liebesversion:** Die westlich erzogene *Jale* lernt an der Uni *Emin* kennen, die beiden verlieben sich Hals über Kopf, geben ihren Eltern Bescheid, die nach kurzen besorgten Nachfragen ihr Placet abzugeben haben, heiraten drei Wochen später und ziehen in ein kleines Appartement: basta.

019tu Foto: td

Die Regel ist das allerdings nicht. Und so könnte, je nach den Kategorien Stadt/Land, West-/Osttürkei, Kemalismus/Islamismus usw., eine **„Mischform" aus Familien- und persönlicher Partnersuche** heute ungefähr folgendes Durchschnittsformat haben: *Orhan* hat über seine Schwester deren Freundin *Lâle* „kennengelernt" und bei einigen Treffen zu dritt die Gelegenheit gehabt, neben ihrem hübschen Gesicht auch das prächtige Haar zu bewundern, das unter dem - natürlich unabsichtlich - verrutschten Kopftuch hervorquillt. Einige Augenschläge noch, und die Schwester kann beiden bestätigen, dass das Gefühl der Sympathie von der jeweils anderen Seite ähnlich empfunden wird. Jetzt weiht *Orhan* auch seine Mutter ein, die sofort über Schwester, weibliche Verwandte und Bekannte die Umstände der anderen Familie zu durchforschen beginnt.

Fallen all diese Informationen - gesellschaftlicher Stand, Ehrenhaftigkeit usw. - positiv aus, wird es ernst und der Vater wird informiert, der - durch die Vorarbeit der Mutter in der Regel schnell überzeugt - die „Angelegenheit" auf die männliche, „offiziöse" Ebene bringt. Er lässt bei dem Vater der Braut anfragen, ob man sich in einer wichtigen Sache vielleicht einmal unterhalten könne. Da *Lâle* und ihre Mutter das väterliche Terrain auch schon längst bearbeitet haben, kommt es zum offiziellen Treffen der beiden Familienoberhäupter, die sich befriedigt über den gesellschaftlichen wie familiären Zugewinn schnell einigen.

Der Hochzeitstermin wird, nach Festlegung der Mitgift, ausgemacht, und die beiden „Verlobten" haben von nun an sogar die halboffizielle Erlaubnis, z. B. im Garten des Hauses auch mal alleine zusammenzusein und Pläne zu schmieden. Halboffiziell heißt, dass die Mütter in der Regel immer um dieses tête-à-tête wissen und schützend ihre Hand darüber halten, während die ehrhaften Väter es vorziehen nichts zu wissen, bei ihrem Gang durch den Garten aber immer wieder Hustenanfälle erleiden, damit niemand - weder das Paar noch der Vater - durch eine unehrenhafte Situation überrascht wird.

Nach der grandiosen und durch einige traditionelle „Schmuckelemente" (Saz-Spieler, Hennanacht etc.) verzauberten Hochzeit zieht das Paar vorläufig in die obere Etage des väterlichen Zweifamilienhauses, um sich dort allein gelassen ungestört über die früheren Rituale der Hochzeitsnacht lustig zu machen. Und sie lebten glücklich und zufrieden ...

Halt, eine Sache ist noch zu erwähnen: das Drama der **Brautentführung** *(kız kaçırma)*. Früher soll es vor allem ein erprobtes Mittel gewesen sein, die horrende Brautgeldforderung *(başlık)* der Brautfamilie zu umgehen oder wenigstens zu drücken (sie beruht auf der vor allem in der Landwirtschaft geltenden Überlegung, dass der Familie des Mädchens beim Wechsel in die andere Familie ja immerhin eine Arbeitskraft abhanden kommt). *Kız kaçırma* wird aber auch dann angewandt, wenn die Eltern des Mädchens aus irgendwelchen anderen Gründen mit dem Bräutigam nicht einverstanden sind, z. B. weil sie einen anderen bevorzugen.

Die Sache funktioniert ungefähr folgendermaßen: Der schöne, aber arme *Zafer* liebt die schöne, aber reiche *Müjde* und natürlich vice versa. Der Vater *Müjdes* ist strikt gegen eine Verbindung und untersagt seiner Tochter, ihn jemals wieder auf diese Sache auch nur anzusprechen. *Müjde* zeigt sich nun störrisch gegen alle möglichen Neubewerber, und nach ihrem 18. Geburtstag wird sie von *Zafer* in einer Nacht-und-Nebel- Aktion (nicht auf einem weißen Pferd, aber in einem weißen Fiat) entführt. Die beiden übernachten irgendwo, draußen, in einer Hütte oder wo auch immer, und es kommt zum Tatbestand der „vollzogenen Ehe". Meint *Zafer* es ernst (und wir wollen davon ausgehen, denn sonst ist *Müjde* erledigt), so stellt er sich nun der Polizei; die befragt die volljährige Wunschbraut und notiert, dass sie mit der Entführung einverstanden war. Der herbeihechelnde Reporter der Lokalzeitung schreibt eine glühende „Romeo-und-Julia"-Geschichte.

Währenddessen schickt sich der Vater nach einem Wutanfall ins Unvermeidliche und stimmt der Heirat der beiden zu. Denn was soll er machen? Bleibt er bei seinem „Nein", ist die Ehre seiner Tochter, seiner Familie und damit auch seine eigene für immer dahin. *Müjde* könnte er kaum mehr an einen anderen Mann bringen. Also besser einen armen Schwiegersohn als keinen. Zähneknirschend stimmt er zu, und *Zafer* darf als *içgüvey* sogar unter seinem Dach leben (der *içgüvey* ist derjenige Bräutigam, der z. B. aus materiellen Gründen in die Familie der Braut zieht, im Gegensatz zum „respektableren" *güvey* oder *damat,* der die Braut in seine Familie holt).

Wie gesagt, es handelt sich um ein Drama, aber wenigstens ein ritterliches, und es geht auch meist nicht so traurig aus wie das von Shakespeare. Dennoch kann das Risiko – besonders für das Mädchen – erheblich sein. Denn erstens muss sie sich sicher sein können, dass der Mann zu ihr hält – falls nicht, ist sie erledigt. Zweitens sollte sie die Reaktion ihres Vaters einschätzen können; ist der besonders starrköpfig oder ist dessen Aversion gegen den jungen Mann aus anderen Gründen – z. B. bei einer Familienfehde – unüberbrückbar, so muss sie einkalkulieren, dass der Vater nicht nachgibt und seine Tochter verstößt – womit sie auf Gedeih und Verderb auf ihren Entführer angewiesen ist. Die Liebe muss also sehr groß oder wenigstens gut kalkuliert sein.

Gar nicht ritterlich, sondern eher als kulturelles Missverständnis ist jener in deutschen Großstädten oft zu hörende Fall zu werten, wo **junge türki-**

sche Männer ihre deutsche Freundin verlassen. Sie waren monate-, ja vielleicht jahrelang mit ihr zusammen, haben sie eventuell sogar der türkischen Familie vorgestellt, um dann, urplötzlich und ohne offensichtlichen Anlass, die Verbindung zu lösen. Die konsternierte deutsche Freundin erfährt kurz danach, dass die einstige große Liebe eine Bekannte aus dem türkischen Heimatdorf geheiratet habe.

Der Hintergrund: Viele türkische Gastarbeiter der ersten Generation halten die Beziehungen zu ihrem anatolischen Dorf in der Hoffnung und Überzeugung aufrecht, nach einigen Jahren als gemachte Leute zurückkehren zu können. (Erst die Folgegenerationen, also die Kinder und deren Kinder, assimilieren sich mehr und mehr an die westliche Kultur.) Die Väter sehen ihren Aufenthalt also häufig als vorübergehend an und halten zäh an den kulturellen und sozialen Werten ihres Herkunftslandes fest; die westliche Kultur bleibt ihnen fremd, ja sie stehen ihr ablehnend gegenüber. (Daraus resultiert der westliche Vorwurf der Abschottung und freiwilligen Ghettoisierung bzw. der fehlenden Anpassungsbereitschaft.)

Die geschlechtsspezifische Aufteilung der Räume, die uns aus der traditionellen türkischen Kultur nun bekannt ist, führt auch in Deutschland dazu, dass die Frauen des Hauses so gut wie möglich von der fremden, „unanständigen" Kultur ferngehalten werden, während den auf das „Außen" orientierten Söhnen erlaubt ist, sich umzutun und die „Vorteile" dieser Gesellschaft zu erkunden. Die sexuelle Freizügigkeit der westlichen Kultur wird von den jungen Männern dabei in der Regel gerne wahrgenommen und von den Vätern toleriert, da diese ohnehin davon ausgehen, dass westliche Frauen sich – in ihrem Sinne – kaum ehrenhaft verhalten. Der Sohn kann schließlich nichts dafür, wenn ihm eindeutige Angebote gemacht werden (Fitne).

Etwas anderes ist es aber, das deutsche Mädchen als potentielle *gelin* zu akzeptieren; wenn schon ein türkisches Mädchen aus dem heimatlichen Nachbardorf als „Fremde" misstrauisch beäugt wird, um wieviel größer ist dann die Angst vor „Schande" und „Unehre", wenn es sich um eine westliche Frau handelt, die schon durch ihr freizügiges Verhalten gegenüber dem Sohn alle Vorurteile bestätigt zu haben scheint? Und diese Angst lebt nicht nur in dem noch ganz anatolisch denkenden Vater, sondern auch in dem nur noch halb anatolisch denkenden Sohn. So folgt dieser – wenn auch vielleicht zerrissen – der dörflich-familiären „Heiratspolitik" seines Vaters; der westliche Spaß ist eine Sache, der östliche Ernst eine andere.

Selbstverständlich gibt es auch genügend Gegenbeispiele von ernstzunehmenden und **gelungenen Beziehungen zwischen Europäern und Türken;** die Voraussetzungen sind im allgemeinen immer dann gut, wenn der türkische Partner aus dem (kulturell verstandenen) Westen der Türkei stammt, ein kemalistisches Elternhaus hat und eine dementsprechend westliche Bildungskarriere durchlaufen hat. Noch größer sind natürlich die Chancen, wenn es sich um in Europa aufgewachsene Gastarbeiterkinder der zweiten und dritten Generation handelt; die möglichen kulturellen Missverständnisse verringern sich in diesem Falle erheblich, denn die innere und äußere Bindung an das Heimatland wie auch die (Groß)familie nimmt immer mehr ab.

Dass es aber auch in solchen Fällen **Probleme mit der kulturellen Identität** geben kann, zeigt folgendes Beispiel: Eine junge, selbstbewusste Türkin, die in Deutschland groß geworden war, ihr Studium erfolgreich absolviert hatte und als Einzelkind immer noch bei ihren sehr toleranten Eltern wohnte, schilderte mir ihre Zerrissenheit folgendermaßen: „Irgendwie ist es ganz seltsam; in der türkischen Gesellschaft kann ich nicht mehr leben, die Beschneidung meiner persönlichen Freiheit ist einfach zu groß. Hier in Deutschland kann ich auch männliche Freunde haben, ohne dass direkt irgendetwas getuschelt wird. Umgekehrt bekomme ich manchmal furchtbares Heimweh, und ich weiß, dass diese meine deutschen Freunde niemals verstehen können, was ich beim Hören gewisser türkischer Lieder empfinde. Dann fühle ich mich wieder jenen türkischen Männern und Frauen näher, mit denen ich sonst nicht leben kann. Es ist schlimm, ich weiß einfach nicht, wo ich hingehöre." Ich war erstaunt, als sie mir erzählte, dass sie heute immer noch nicht allein ins Café gehen könne: „Ich habe immer das Gefühl, alle (Männer) schauen mich an und fragen sich, was will die hier allein?"

Nach dem Studium hatte sie ihren Eltern – der Vater war Sozialdemokrat und kemalistisch orientiert – ihren deutschen Freund vorgestellt, womit sie zum erstenmal in Konflikt mit ihrem Vater geriet. Obwohl der Freund bereit war sie zu heiraten, bestand sie auf eine gewisse Bedenkzeit, wollte also zunächst eine Beziehung ohne Bindung, was die grundsätzlichen Einwände des Vaters gegen den deutschen „Fremden" noch um die allgemeine „Unschicklichkeit" der Situation vermehrte. Vor den türkischen Argumenten ihres Vaters floh sie für Monate in die Türkei zu Verwandten. „Als ich zurückkam, habe ich mich wieder mit meinem Freund getroffen. Meine Eltern wissen das, aber vor allem mein Vater nimmt es einfach nicht zur Kenntnis. Das was man nicht sieht, gibt es auch nicht (!). So ist unser Verhältnis wieder ganz gut. Ich liebe und schätze meine Eltern und möchte sie nicht enttäuschen. Auch finde ich ihre Beziehung irgendwie ganz toll, aber ich selbst kriege das nicht mehr hin. Ich möchte türkische Wärme und Enge und westliche Freiheit gleichzeitig. Das muss doch gehen!"

Tja, es ist schon ein Kreuz mit der westlichen Freiheit, und in jedem Plus steckt halt auch ein Minus ...

Im Außenbereich: Gleichheit und Ungleichheit und der Wert Şeref

Şeref können nur Männer besitzen, da dieser Wert in den öffentlichen und politischen Beziehungen, die nur Männer unterhalten, und nicht innerhalb der Familie eine Rolle spielt.
(Andrea Petersen)[71]

Nun, hundertprozentig richtig ist die Bemerkung von *Andrea Petersen* heute nicht mehr. Eine Frau wie *Tansu Çiller,* ehemalige Ministerpräsidentin der Türkei, wird sicherlich für sich **Şeref (Prestige, Ansehen)** beanspruchen können. Richtig ist aber natürlich, dass Şeref - im Gegensatz zu den Werten Namus und Saygı - eine explizit gesellschaftliche Größe ist, also ein **Wert der Männerwelt** bzw. ihrer möglichen hierarchischen Positionen. Şeref und Saygı ist gemeinsam, dass sie vertikal die Ungleichheit zwischen gesellschaftlichen Rollen und ihren Trägern regeln; da Saygı die familiäre – also Männer und Frauen umfassende – Hierarchie regelt, stellt das Geschlecht (neben dem Alter) ein entscheidendes Unterscheidungsmerkmal da. Das ist bei Şeref nicht so, da dieser Wert per se als männlich erachtet wird, weil - traditionell! - nur Männer im Außen aufeinandertreffen. Mehr noch als bei Saygı wird der **gesellschaftlichen Position** oder Autorität Respekt erwiesen; ihr Träger ist personal auswechselbar. Das erklärt auch viel besser, warum Şeref bezüglich der Person ab- oder zunehmen kann, während die şerefhaltige Position (z. B. Ministerpräsident) immer ihr relativ konstantes Maß an Şeref behält. Eine Person gewinnt/verliert Şeref je nach ihrer Nähe/Abstand zu einer gesellschaftlichen Autoritätsidee. Die Kriterien von Şeref sind weit unpersönlicher und äußerlicher als die von Saygı.

Sie können im großen und ganzen auf die beiden Kategorien Macht und Reichtum zurückgeführt werden. Das **Zollen von Şeref** kann dabei äußerlich die gleichen Formen von unterwerfendem Respekt bzw. stolzer Autorität annehmen, die man auch bei Saygı innerhalb der Familie ausmachen kann. Und auch die implizite **Gegenleistung** zwischen den beiden ungleichen Polen ist ähnlich: So wie der jüngere Bruder dem älteren Saygı schuldet und umgekehrt dafür *sevgi* (schützende Liebe und Zuneigung) erwarten kann, so kann eine gesellschaftliche Position ihrem Träger Şeref verleihen, um als Gegenleistung Großzügigkeit, Wohlwollen *(hoşgörülük)* und Schutz in Aussicht zu stellen. Während dem Arzt, dem Lehrer oder dem Bürgermeister Şeref aufgrund von Kompetenzen **(Macht, Fähigkeit)** zufließt, mag das Prestige eines Großgrundbesitzers oder Industriellen aus seinem **Reichtum** resultieren (welches letztendlich auch Macht darstellt).

Die Autorität all dieser und anderer gesellschaftlicher Positionen stattet ihre Träger – natürlich in graduellen Abstufungen – mit dem Charakter des **patron** aus; der Ausdruck, der im Türkischen allgemein „Chef" bzw. „Tonangebender" bedeutet, weist schon etymologisch auf die ideele Vaterfigur hin. Und das Verhältnis, das der Vater in der Familie hat, findet tatsächlich auch seine Entsprechung im *patron.* Denn so wie der Vater seine Ehre schützt, indem er die Familie schützt, ist der *patron* bestrebt, seinen **Einflussbereich zu schützen;** hinter diesem Verhalten steht der alte osmanische Gedanke des *had,* der die gesellschaftliche Realität in Einflussbereiche aufteilt. Ein Großgrundbesitzer oder auch Politiker, der gegenüber seinen Abhängigen bzw. Anhängern die Möglichkeiten seiner Position nicht durch Wohlwollen und Schutz realisiert, kann das Prädikat *şerefli* (ehren-, respektvoll) einbüßen; seine akzeptierte Stellung hängt also davon ab, ob er die Rechte und Pflichten seines Bereichs ausfüllen kann.

Ungleichheit ist demnach kein Blankoscheck für das beliebige Handeln einer Seite, sondern eher eine wechselseitige Funktionsbeziehung, die einen Ausgleich bzw. Nutzen anstrebt. Denn die Gleichheit ist allgemein auch in der Männerwelt ein durchaus angestrebtes Ziel, wird doch immerhin jedem Mann der höchste und unveränderbare Wert Namus quasi gleichberechtigt in die Wiege gelegt. Şeref als legitimierter und akzeptierter Ausdruck der Ungleichheit innerhalb der Männerwelt beseitigt diese persönlich-geschlechtsspezifische Gleichheit nicht, denn prinzipiell stehen die Şeref verleihenden Räume jedem offen – wie historisch schon die stark vertikalen Karrieren zu osmanischer Zeit verdeutlichen. Es ist also die allgemein anerkannte Wichtigkeit des jeweiligen Bereichs *(had),* die jedem Mann neben der egalitär-konstanten Familienehre (Namus) eine variable, d. h. sich nach seiner Stellung bestimmende gesellschaftliche Ehre (Şeref) zukommen lässt.

Wenn Şeref, Saygı und Fitne Kategorien sind, die Ungleichheit strukturieren und regeln, so wird man sich fragen, wo denn in der türkischen Gesellschaft überhaupt **Gleichheit** ihren Platz finden kann. Die Antwort ergibt sich fast logisch aus dem bisher gesagten: Gleichheit gibt es nur in der gleichgeschlechtlichen, gleichaltrigen und gleichgestellten Beziehung, also nur da, wo alle bisher genannten Kategorien nicht anwesend sind. Und nur hier, z. B. zwischen gleichaltrigen Männern einer sozialen Schicht, die sich zudem in einer sozial undefinierten Situation befinden (d. h. der eine darf nicht Gast bzw. Gastgeber sein) gibt es so etwas wie ungehemmte Individualität und Rollenfreiheit, denn sie müssen sich nicht Saygı oder Şeref unterwerfen.

031tu Foto: mf

Vom Busfahrer bis zum Großindustriellen, vom Dorfvorsteher bis zum Landesvater reicht die **şerefhaltige Aufteilung der türkischen Gesellschaft** in größere oder kleinere Autoritätsbereiche.

So mancher mag einwenden, dass das doch in der **westlichen Welt** nicht anders sei, schließlich steige auch hier der Respekt mit der gesellschaftlichen Stellung. Dem ist prinzipiell auch so, allerdings zeigt die Rollenvielfalt der westlichen Welt eine weit größere Flexibilität und Individualität. Die westliche Person glaubt und hofft, Rollen kontrollieren, ja erfinden und nach persönlicher Wahl wechseln zu können; das Individuuum ist also das Bestimmende, nicht die vorgegebene Situation oder das festgelegte Wertesystem.

So offenbart denn die verehrende Bezeichnung des türkischen Präsidenten *Demirel* als *baba* (Landes-Vater) und die der türkischen Ministerpräsidentin *Çiller* als *ana* oder *anne* (Landes-Mutter) die Wertparallelität zwischen dem Außen (Gesellschaft) und dem Innen (Familie), d. h. Familie und Gesellschaft werden durch die gleichen Werte strukturiert. **Verwandschaftsbezeichnungen** besitzen nämlich in der Türkei nicht nur einen familiären, sondern auch einen „Außenwert". Ihr Gebrauch gegenüber Fremden in der Anrede signalisiert das tatsächliche oder auch gewünschte Autoritätsverhältnis, das zwischen dem Anredenden und Angeredeten besteht oder bestehen soll. Mit Hilfe der in den Verwandschaftsbezeichnungen enthaltenen Saygı-Positionen lässt sich also die Außenwelt bezüglich Gleichheit und Ungleichheit bewerten und strukturieren.

Schauen wir uns – nach dem Kriterium „Alter" von „oben" nach „unten" schreitend – die wichtigsten Familienpositionen an[72]: Dem *baba* (**Vater,** höchste Autoritäts- und Respektperson) steht die *anne* oder *ana* (**Mutter,** höchste weibliche Autorität mit stark emotionalem Fürsorgeanspruch) gegenüber. Beide Ausdrücke sind höchste Ehrenbezeichnungen.

Nächst ihnen sind die **Onkel** zu erwähnen; der *amca* (Bruder des Vaters) besitzt durch seine Nähe zum Vater ein stärkeres Autoritätsgewicht als der *dayı* (Bruder der Mutter). Die Anrede eines Mannes mit *amca* betont also einen Altersunterschied (Autoritätsgefälle) zwischen Anredendem und Angeredetem und bekundet somit Respekt, wohingegen *dayı* eine weit flachere Autoritätsebene impliziert (der Ausdruck bedeutet im Türkischen u. a. auch „Bursche" und „Schupo").

Umgekehrt verhält es sich bei den **Tanten:** Die Schwester des Vaters, *hala,* steht nicht an Alter, aber aus Gründen der Geschlechtertrennung in puncto Saygı unter dem *amca;* durch ihre Nähe zum Vater hat sie aber eine strengere Reputation als die Schwester der Mutter, *teyze,* mit der eine jüngere Frau an den warmen, emotionalen Schutz einer älteren appelliert.

Der **ältere Bruder,** *ağabey* bzw. *abi,* zeigt schon über das Wort selbst (*ağa* = Meister, *bey* = Herr), dass ihm von einem Jüngeren (der aber noch in etwa der gleichen Generation angehört) Respekt entgegengebracht wird. An die **ältere Schwester,** *abla,* können sich jüngere (aber ebenfalls zur gleichen Generation gehörende) Frauen um Hilfe wenden.

Spricht man dagegen eine(n) Gleichaltrige(n) mit *kardeş* **(jüngerer Bruder)** oder *kız kardeş* **(jüngere Schwester)** an, so reklamiert man die Gleichheit zum Angesprochenen; man bemüht sich also um individuelle Nähe, Şeref und Saygı sind hier nicht relevant. Die gleiche Ansprache an jüngere Männer/Frauen kann so aufgefasst werden, dass man tatsächlich über das eigene Alter eine Respektposition beansprucht.

Zwei kleine Beispiele: Zwei junge Frauen, die an einem großen *otogar* (Busbahnhof) den Abfahrtsplatz ihres Busses suchen, sprechen eine etwas ältere Frau mit *abla* an und bitten sie um Hilfe. Die Frau erkundigt sich sofort und zeigt den beiden den richtigen Stellplatz. Wäre die Frau beträchtlich älter gewesen, wäre die Anrede *teyze* passend gewesen.

Barbara Wolbert erläutert die Lenkbarkeit der Anrede aus Frauensicht: „Spreche ich beispielsweise einen vielleicht nur wenig älteren Mann als ‚amca' an, gebe ich ihm zu verstehen, dass ich seinen Schutz erbitte und schließe aus, dass er und ich als Heirats- bzw. Sexualpartner füreinander in Frage kommen. Spreche ich ihn als ‚abi' an, appeliere ich zwar an seine Ritterlichkeit, stelle mich aber als Generationsgenossin mit ihm auf eine Ebene; als ‚kardeş' angesprochen, wird er mich als Gesinnungsschwester oder eben als die Ältere auffassen, von der er sich etwas sagen lassen kann."[73]

Zusammenfassung aller Kategorien

Während Fitne das grundsätzliche Verhältnis der Geschlechter und ihren Umgang bestimmt, stellen die drei Werte Namus (aus Sicht der Person: unveränderlich und gleich), Saygı und Şeref (veränderlich und ungleich) das Gerüst der sozialen Wirklichkeit dar. Damit ist die **traditionelle türkische Lebenswelt** - also insbesondere die dörfliche - ein geschlossenes System, das gleichsam objektiv seine Mitglieder formt und in festen Banden hält. Deren Handeln ist weitgehend festgelegt und folgt konstanten Größen - und nicht umgekehrt. „Der einzelne empfindet sein Verhalten als konsistent, weil die Situationen, in denen er sich bewegt, konsistent sind, und nicht, weil er sich in den unterschiedlichen Situationen gleich verhält. Die Identität des einzelnen liegt außerhalb von ihm, in dem Kontext, in dem sich die Situationen ergeben, und nicht in ihm als Person."[74)]

Der **Wert des Individuums** resultiert aus seiner Stellung in diesem sozialen System und nicht aus einer angeblich autonomen Freiheit, die sich eigene Werte wählt. Dass dieses in sich geschlossene konstante System durch den Einbruch der Moderne zunehmend erschüttert und ent-wertet wird, scheint durch die fast vollständig verwestlichte Lebensweise der Städte und westlichen Regionen bewiesen. „Da sich in einer Industriegesellschaft die Individuen weniger über die Mitgliedschaft in einer Solidargemeinschaft definieren, als dies in einer Agrargesellschaft der Fall ist, verlieren auch die Werte Namus, Şeref und Saygı, welche das Ansehen innerhalb der Gruppe bestimmen, mit der zunehmenden Industrialisierung an Bedeutung."[75)]

In der globalisierten Welt des westlich befreiten - oder besser: entfesselten - Individuums verschwindet folglich das Merkmal der „erdigen", d. h. festgelegten kulturellen Identität. Stattdessen greift eine Rollen-gleich-gültigkeit um sich; die Menschen werden überall „modern", aber leider auch „undefiniert" und dadurch häufig etwas farblos. Hier liegt sicherlich einer der nostalgischen Gründe, dass die das Besondere suchenden **westlichen Touristen** sich beeilen, den kleiner werdenden „Zoo der Kulturen" noch zu er-fahren und abzulichten. Gegebenenfalls schwärmen sie dann zu Hause bei Diavorträgen für Stunden davon, wie „natürlich", „freundlich" und „anders" die Menschen „dort" noch seien. Eines der Geheimnisse des westlichen Kulturtourismusbooms ist eben die Sehnsucht nach farbenkräftiger Identität: Das Glück ist halt immer gerade da, wo man selbst nicht ist - denn „man" ist ja selbst auch nichts mehr. Spieglein, Spieglein an der Wand, wer war ich einmal in einem anderen Land ...

032tu Foto: mf

DIE INTERKULTURELLE BEGEGNUNG IM ALLTAG

Sauberkeit und Reinheit – Nicht nur mit links

Siehe, Allah liebt die sich Bekehrenden und liebt die sich Reinigenden.

(Der Koran, 2. Sure)

Deutsche Touristen fallen so ziemlich aus allen Wolken, wenn sie hören, dass eines der verbreiteten **Vorurteile über Europäer** in der Türkei ihre Unsauberkeit *(pislik)* ist. Der Grund ist einfach, waschen sich doch Europäer tatsächlich in stehendem, d. h. nicht-fließendem Wasser – igitt, igitt. Dem Badewannengenuss können Türken folglich nicht allzuviel abgewinnen, denn egal ob unter einer modernen Dusche oder in traditioneller Handarbeit mit Kelle und Bottich – mit Wasser wird nicht gespart und es muss immer fließen.

Hamam

Ein Besuch des berühmten türkischen Dampfbads, des Hamam, gehört heute fast zum Pflichtprogramm eines Türkeibesuchs. Die traditionellen Badeanstalten, häufig in kuppelgeschmückten alten **Gebäuden** untergebracht, waren meist Teil eines Stiftungskomplexes *(vakif)*, zu dem in osmanischer Zeit auch Moscheen, Medresen (Theologenschule) und Bibliotheken gehörten. Da das alte Stiftungswesen nach der Kulturrevolution unter *Atatürk* umgebaut wurde und kaum neue Hamams entstanden, stammen die meisten heute noch tätigen Anlagen aus historischer Zeit. Nicht selten sind sie so alt, dass sich das Amt für Denkmalpflege für sie interessiert. Von außen sehen sie oft nicht unbedingt einladend aus, davon sollte man sich aber nicht täuschen oder gar abschrecken lassen, denn im Innern erwartet einen Marmor und Entspannung pur.

In einem echten Hamam baden die Frauen meist tagsüber, während der Abend den Männern gehört (an der westlichen und südlichen Urlaubsküste gibt es auch durch Fitnessstudio und Sauna aufgepeppte „Etablissements", die gemischtes Publikum akzeptieren – eine Offerte, von der nur Touristen Gebrauch machen dürften).

Nachdem man am Eingang bezahlt hat, bekommt man ein großes Tuch *(peştamal)* und wird in den **Umkleideraum** geführt. Dort hinterlegt man seine Sachen in einem kleinen Korb oder Fach (Wertgegenstände an der Kasse verschließen lassen!), schlüpft in die bereitgestellten Holzschuhe *(takunya)*, bindet sich das Tuch wie einen langen Schurz um die Hüften und stapft in Erwartung höchster Wonnen in den dampfenden **Baderaum.** Dessen Zentrum bildet eine ca. 80 cm hohe viereckige Marmorplatte *(göbektaşı)*, die meist unmittelbar unter der Kuppel des Raums plaziert ist; die Wände um sie herum sind ebenfalls aus hellgrauem Marmor und weisen mehrere Waschstellen auf, die manchmal nischenartig voneinander getrennt sind. Spätestens hier wird man neben den Wasserhähnen auch Schöpfschalen und Seife vorfinden (falls sie einem nicht bereits schon am Eingang ausgehändigt worden sind).

Man wäscht sich nun, indem man aus den jeweiligen Wasserhähnen heißes und kaltes Wasser in den Schalen mischt und sich über den Körper gießt, um sich dann gründlichst einzuseifen und die Prozedur des Übergießens zu wiederholen.

Ist man damit fertig, legt man sich auf die beheizte Marmorplatte, die in Verbund mit Feuchtigkeit und Dampf die Poren noch weiter öffnet. Auf dem Rücken dösend kann man nun in Ruhe die Kuppel des Hamam studieren, von wo durch sternförmige Öffnungen Licht in den Raum hineinfällt. Irgendwann ist man dann an der Reihe: Als Mann wird man von einem *tellâk* **(Badediener),** als Frau von einem weiblichen Pendant, der *natır,* bedient. Zunächst wird man mit einem Frottierhandschuh aus Ziegenhaar *(kese)* von oben bis unten ein- und abgerieben, eingeseift und wieder abgespritzt. Zusätzlich gibt es eine Massage, bei der es vielleicht manchmal knackt, aber – keine Angst! – niemals schmerzlich oder gefährlich wird. All das beseitigt nicht nur die allerletzten abgestorbenen Hautpartikelchen, es fördert auch den Kreislauf, sodass man sich dann wie ein neuer Mensch wieder ins Straßengetümmel stürzen kann.

Während der ganzen Prozedur bleibt das nasse Badetuch lose zwischen den Beinen und um die Hüften gewickelt; kein **türkischer Mann** pflegt sich nach seiner Beschneidung jemals nackt zu zeigen. Als vor wenigen Jahren der Film „Hamam“ , eine italienisch-türkisch-spanische Koproduktion unter der Regie von *Ferzan Özpetek,* das Thema der Homosexualität aufnahm – seit osmanischer Zeit kursieren Gerüchte, dass die Badeanstalten mehr als nur der körperlichen Entspannung dienten –, verwahrte sich der türkische Bäderverein wütend gegen derartige Lästerungen und wies darauf hin, dass gerade Männer abends das Hamam gezielt und kurz als Badeanstalt zu nutzen pflegen.

Das stimmt sicherlich, denn im Gegensatz zu den Frauen, die stets in Gruppen kommen und oft den ganzen Tag im Hamam verbringen, besuchen Männer nach der Arbeit das Bad nur für eine relativ kurze Zeit. Auch kommen sie häufig allein, wollen schweigen und sich von den Mühen des Tages entspannen.

Dagegen genießen die **Frauen** den Besuch geradezu als soziales Happening. Früher, als noch nicht jedes Haus über seine eigene Dusche verfügte, war es durchaus üblich, dass die weibliche Verwandtschaft mit der Braut vor der Hochzeit *(düğün)* einen Tag im Hamam verbrachte, und ebenso üblich ist und war es, dass Frauenzirkel ihre festen Tage im Badehaus haben.

Das Hamam ist so einer der wenigen Orte im männlichen „Außenbereich“, der für Frauen einen legitimen Treffpunkt darstellt; man genießt nicht nur das gegenseitige Einseifen und Pflegen, sondern lacht, tratscht, witzelt und wettert (z. B. über Männer), was das Zeug hält. Europäische Besucherinnen können sicher sein, die anteilnehmende und inspizierende Neugierde der versammelten Weiblichkeit auf sich zu ziehen. Eine Freundin, die vor Jahren mit einer marokkanischen Bekannten das Bad aufsuchte, war Tage danach noch begeistert von der Offenheit und Freundlichkeit der Frauen; nie sei sie so gründlich abgeschrubbt und ausgefragt worden. Offensichtliche Verwunderung hätten vor allem ihre Achselhaare hervorgerufen; ob sie sich denn nicht enthaaren würde, war die immer wieder mit Erstaunen gestellte Frage.

Körperbehaarung

Womit wir zur Unterscheidung von *pis* (dreckig, unrein, ekelhaft, unanständig) und *temiz* (sauber, rein, attraktiv, anständig) kommen; bereits die Parallele in den vier Wortbedeutungen zeigt, dass es hier um mehr als nur um Hygiene geht.

Im Falle der Haare haben wir schon bei der Erwähnung von Fitne erfahren, dass der Islam mit der strikten Trennung von Mann und Frau eine Art ergänzender Gegensätzlichkeit der beiden Geschlechter betont. Und so wie die geschlechtsspezifischen Räume möglichst sauber, d. h. rein voneinander getrennt werden sollen, so sollen auch die geschlechtsspezifischen Körpermerkmale klar, d. h. rein unterschieden werden können.[76] Dies erklärt zunächst, dass beide Geschlechter ihre **Schamhaare** entfernen, damit das jeweilige Geschlecht klar, also rein hervortritt. Die hier angesprochene Reinheit betrifft die Deutlichkeit und Erkennbarkeit (Klarheit) des jeweiligen Geschlechts, Haare würden es verdecken und undeutlich (und damit unklar) erscheinen lassen. „Beseitigt wird, was beiden Geschlechtern gemein ist – der Unterschied wird so hervorgehoben."[77]

Schamhaare gelten demnach als *pis,* und zwar ursprünglich in der Bedeutung „unrein – undeutlich" ; von dieser eher sexualtheoretischen Unreinheit ist es dann aber nicht mehr weit zur Vermischung mit dem hygienisch-ästhetischen Begriffsmerkmal des Wortes, nämlich im Sinne von schmutzig-ekelhaft. Das Schmutzige ist damit das Undeutliche, also das, was sich wegen fehlender Erkennbarkeit der klaren Zuordnung bzw. Kontrolle entzieht. Dieser allgemeine Zusammenhang erklärt, dass Frauen sich auch **Achsel- und Beinhaare** entfernen, da Behaarung – mit Ausnahme des weiblichen Haupthaars – als männliches Merkmal gilt. Während der Bart einen Mann als Mann klar und attraktiv macht, müssen an der Körperoberfläche der Frau die Haare verschwinden, will sie eine reine, attraktive Frau sein. Die Epilation *(ağda)* von Bein-, Achsel- und Schamhaaren geschieht übrigens mittels einer Paste, die entweder Kiefernharz oder eine sirupartige Zuckermasse mit Zitronenzusätzen[78] enthält *(ağda kullanmak).*

Rituell-religiöse Reinheit

Der gleiche Übertragungseffekt in den verschiedenen Bedeutungen der beiden Begriffe *pis* und *temiz* findet sich im Fall der rituell-religiösen Reinigung. Abgesehen von Sachen, die an sich und immer unrein sind (z. B. Exkremente, Schweine und Hunde), gibt es **körperliche Zustände bzw. Situationen der Unreinheit,** die es unmöglich machen, in die Moschee zu gehen oder zu beten und zu fasten, da man sich im Zustand der Unreinheit nicht Gott nähern kann. Das führt zur rituellen Waschung *(aptes);* sie ist nach folgenden körperlichen Handlungen bzw. Zuständen durchzuführen: nach dem Geschlechtsverkehr, nach der Menstruation (oder auch unregelmäßigen Blutungen) und nach dem Gang zur Toilette. Die Aufzählung macht klar, dass Frauen sich notwendigerweise viel häufiger und länger im Zustand der Unreinheit befinden als Männer; die Fastentage, die sie im Fastenmonat Ramadan aufgrund ihrer Periode nicht im reinen Zustand fasten können, müssten strenggenommen nachgeholt werden, soll der volle Umfang der Fastenzeit gewahrt sein.

Auch wird klar, dass das religiös Unreine – nicht aber die persönliche Unsauberkeit! – eng mit der Sexualität zusammenhängt. Da zu diesem Bereich auch die Geburt von Kindern zählt – sie macht 40 Tage unrein [79] – erhöht sich der zeitliche wie **grundsätzliche Reinheitsunterschied zwischen Männern und Frauen** nochmals; letztere sind aufgrund ihrer biologischen Funktionen an sich unreiner als Männer, denn sie können diese teilweise – im Gegensatz zu den Männern – gar nicht ausschalten bzw. kontrollieren.

Sexualität und all ihre Bereiche beziehen sich, wie bereits dargestellt, auf den *mahrem* (Geheimnis, Intimbereich). Im Verhältnis zu Gott – nicht zu den Geschlechtern untereinander – ist der Bereich des *mahrem* zugleich *haram* (das Verbotene). Alle Sachen, die in ihm passieren oder aus ihm hervorgehen – Geschlechtsakt, Samenerguss, Geburt – ziehen die religiöse (!) Unreinheit nach sich. Das Verbotene ist also das Unreine, also das, was die Annäherung an Gott unmöglich macht. Die rituelle Reinheit ist folglich eine rein **religiöse Reinheit,** die im Alltag unbewusst auch hygienische Verhaltensweisen nach sich zieht, d.h sie ist zunächst ideeller und erst dann praktischer Natur.

Haram ist der Genuss von **Schweinefleisch** und auch – wie *Andrea Petersen* ausführt – die Zurschaustellung **gewisser Teile des menschlichen Körpers,** „... der weibliche vom Busen, der männliche vom Nabel abwärts. Vor der Beerdigung wird an einem Toten Maß genommen; die Tiefe des Grabes richtet sich nach dem Geschlecht des Toten. Alles, was haram ist, müsste bedeckt sein, wenn der/die Tote im Grab stehen würde. Frauengräber sind daher tiefer angelegt als Männergräber.“ [80] Damit ist der obere Teil des Körpers per se reiner als der untere; der Kopf (das Ideelle) steht über den Körperteilen und Funktionen, die der Erde (Materie) und dem Erdhaften (Absonderungen des Körpers, Sexualität, Geburt) zugeneigt sind. An dieser Stelle verbindet sich auch das Konzept der Reinheit (dem Verbergen des *haram)* mit den bereits dargestellten Kleidervorschriften, nach denen die Offenlegung der sexuellen Körperbereiche – und nun kommen alle Wortbedeutungen von *pis* zusammen – nicht nur religiös unrein, sondern auch ästhetisch unattraktiv und moralisch unanständig ist; letztere Urteile folgen aus ersterem. Und auch auf diesem Gebiet haben Frauen, wie wir längst wissen, viel mehr zu verhüllen als Männer.

So muss man denn den Schluss ziehen, dass Männer aufgrund ihrer eher äußeren sexuellen Aktivität und Anatomie nicht nur einen leichteren Weg zur Reinheit, sondern auch zu Gott haben. Diese – in allen sogenannten „Hochkulturen" zu findende – **erhöhte Position des Mannes** äußert sich in den traditionellen Gebieten der Türkei buchstäblich darin, dass der Mann nicht nur seinen Gang aufrecht und stolz gestaltet, sondern auch sein ganzes Gebaren, sein Blick einen Zug „ nach oben" ausdrückt (die Frau dagegen hastet verhüllt und defensiv durch das Außen, ihr ganzer Körper weist „... nach unten, zur Erde, zum Haus, nach Innen hin ..."[81]).

Der **Zug „ nach oben"**, das gesteigerte Verhältnis zu Gott (und die damit verbunden Kategorien Autorität und Reinheit) drückt sich auf vielen Gebieten aus; offensichtlich streben die schlanken, phallusartigen Minarette (analog zu den gotischen Kirchtürmen) in den Himmel; von ihnen schwirrt der männliche Ruf des *ezan* (Gebetsruf) über die Gemeinde hinweg, zu ihren Füßen reinigen sich die Gläubigen nach rituellen Vorschriften am *şadırvan* (Moscheebrunnen) von allen materiellen, niedrigen Unreinheiten, bevor sie in einem Wechsel von aufrechten und niederfallenden Gebetsbewegungen vor Gott treten. In diesem Sinne reinigt auch fließendes Wasser von oben nach unten, wie also soll das im ruhenden Wasser der Badewanne bewirkt werden? Und auch im Haus „... hängen oder stehen andere wertvolle Gegenstände – etwa Familienfotos – immer sehr weit oben im Raum auf Schränken oder hoch angebrachten Regalen. Männer sitzen oben auf dem Diwan, Frauen auf der Erde."[82]

Man erkennt leicht, dass der islamische Reinheitsbegriff weniger der persönlichen Hygieneauffassung denn der rituell-situativen Reinheit verpflichtet ist; erstere ergibt sich aus der letzteren, wobei vielen Leuten die **Verbindung von religiöser und hygienischer Reinheit** oft gar nicht mehr bewusst ist. Das von *Petersen* angeführte Beispiel, „... dass sich verheiratete Frauen nicht auf das Bett unverheirateter Mädchen setzen dürfen, da jene unrein (d. h. sexuell aktiv, M.F.), diese aber rein (d. h. sexuell unberührt, M.F.) sind"[83], dürfte in der modernen Türkei kaum mehr bewusst praktiziert werden.

Trotzdem weist das Beispiel vehement auf den durchaus noch sehr lebendigen und sensiblen **Zusammenhang von Reinheit und Ehre** (Namus) hin; die Reinheit (Jungfräulichkeit) muss sich vom Unreinen trennen und

033tu Foto: mf

fernhalten, und der Mann, der seinen Innenbereich (Familie, Haus, Mahrem) nicht rein bzw. anständig und sauber halten kann, verliert seine (religiöse und soziale) Ehre.

Wenn die **Aleviten** auf ihren nächtlichen (!) Versammlungen mit Frauen zusammen feiern und überhaupt die festgelegten sunnitischen Rituale wie z. B. die täglichen fünf Gebete oder die reinigende Fastenzeit im Ramadan nicht praktizieren, können sie nicht anders als schmutzig, unanständig und ehrlos angesehen werden. Nächtliche Versammlungen, noch dazu mit Frauen, sind ohnehin unanständig (die Nacht ist wegen ihres die Unterschiede zudeckenden bzw. verdeckenden Charakters die gefährlichere – schwieriger zu kontrollierende Tageszeit, sie verführt zu Unreinheit, d. h. Vermischung der getrennten Mann/Frau Bereiche).

Und die Nicht-Einhaltung von äußerlichen Ritualen lassen die Aleviten – aus der Sicht der Sunniten – ständig im Zustand der Unreinheit sein, denn wer sich äußerlich nicht über Rituale klar und deutlich definiert, der ist suspekt und nicht einzuordnen. Der Alevit würde sich natürlich dagegen verwahren, indem er – und hier trifft er sich mit dem christlichen Verständnis von religiöser Praxis und Anständigkeit – darauf hinweist, dass nicht so sehr die äußerlichen Rituale, sondern das innere Verhältnis zu Gott entscheidend seien. Die Aleviten drehen folglich das Argument gegen die Sunniten einfach um: Diese seien dreckig, weil sie sich nur oberflächlich (äußerlich) wüschen, nur auf die Rituale und Situationen schauten, ohne sich aber innerlich so zu verhalten.

Man erkennt leicht den alten grundsätzlichen Gegensatz zwischen einem eher persönlichen, inneren Verhältnis zu Gott (Aleviten, Christen) und einem äußeren Verhältnis, in dem es nicht auf die **innere Intention** und Überzeugung, sondern auf den **rituellen Vollzug** ankommt. Die religiöse, soziale, moralische Wirklichkeit liegt für die Sunniten nicht in den Personen, sondern herrscht außerhalb, in einer von Gott geformten und festgelegten Welt, in der sich der einzelne durch sein äußerlich korrektes, der Situation entsprechendes Verhalten nur noch anzupassen hat. Diesem Gegensatz zwischen persönlicher Selbstbestimmung einerseits (die Aleviten stehen hier dem westlichen Denken sehr nahe) und der unpersönlichen und starren Situationsabhängigkeit andererseits (die Sunniten erscheinen als unflexible Vertreter einer vormodernen Geschlossenheit und Unfreiheit) werden wir immer wieder begegnen.

Kommen wir auf das Konkrete zurück. Die ehrenvollste Position im Haus gebührt natürlich dem heiligen Buch, dem **Koran;** er darf nur im Zustand der Reinheit angefasst und rezitiert werden, wobei er stets mit der rechten, keinesfalls mit der linken Hand bedient und geführt wird. Das gleiche gilt beim **Essen:** Die Speisen werden mit der rechten Hand zum Mund geführt, die **linke Hand** bleibt mehr oder weniger beschäftigungslos. Letztere ist nämlich unrein; mit ihr reinigt man sich auf der Toilette.

Toilette

Spätestens an diesem profanen Punkt rümpfen hygiene- und sitzklobewusste Europäer, die sich bei einem Tagesausflug von ihrem Urlaubsort einer dörflichen *tuvalet* (Toilette) gegenübersehen, die empfindliche Nase. Und sie fragen sich mit Blick auf eingangs erwähntes Vorurteil, wer denn wohl eher **als unhygienisch bezeichnet** werden muss: derjenige, der sich auf einem properpolierten Keramikthron niederlässt und den Allerwertesten mit dreifachgeschichtetem Blümchentissue verwöhnt *(Toilette alla franga),* oder derjenige, der in unbequemer Hockhaltung über einem fliegenumschwirrten Plumpsklo *(Toilette alla turca)* mühsam das Gleichgewicht zu halten versucht und sich mit Wasser – Papier gibt es weit und breit nicht – und der linken Hand reinigen muss.

Die Antwort ist auch hier provozierend einfach: der Europäer. Während nämlich der anatolische Bauer sein Klo gar nicht berührt und auch die Reinigung mit Wasser und der eigenen Haut (Hand) betreibt, sitzt der Europäer da, wo vielleicht viele andere gesessen haben, schmiert und reibt (wie kann man sich ohne Wasser dort säubern!?), bis ihm ggf. der Hintern wehtut, und (ver)braucht außerdem viel mehr Materialien als der ökologisch fortschrittliche Asiate.

In den großen Hotels und Restaurants der Städte und der Urlaubsküste braucht der Westler aber keine Angst zu haben; hier hat die **westliche Sitzklokultur** grandiose Fortschritte gemacht. Ich werde niemals den bissigen Kommentar eines Griechen vergessen – Sie erinnern sich, dass Griechen und Türken eine gutfundierte kulturell-historisch-politische Animosität pflegen (siehe Geschichtsteil) –, der mir mit schallendem Gelächter die Geschichte von dem anatolischen Gastarbeiter zum besten gab, der beim ersten Kontakt mit einer europäischen Toilette die Schuhe ausgezogen haben soll, um sich in Hockstellung auf den Toilettenrand zu stellen. „Barbaren, unzivilisierte Wilde; sie wissen noch nicht einmal eine Toilette zu benutzen", so das Urteil des angeblich kulturell Höherstehenden.

Viele Europäer, die zum erstenmal vor einer Toilette alla turca stehen, schauen kaum weniger düpiert drein als wahrscheinlich jener anatolische Bauer, der sich gar nicht vorstellen konnte, dass man sich mit dem Hintern auf eine Toilette setzen kann, jenen Ort ganz unten, der die Exkremente, das Unreine aufnimmt.

Wie gesagt, in den westlichen Urlaubsorten der Türkei kann man sein geliebtes Sitzklo immer in Notfallreichweite halten, und selbstverständlich ziehen auch westlich eingestellte Türken heute das schicke Accessoire alla franga dem rückständigen anatolischen Pendant vor. Sollten Sie aber trotzdem einmal bei dem kleinen Restaurant um die Ecke oder bei einem Landausflug mit einer **Toilette alla turca** konfrontiert werden, so werfen sie möglichst nicht all die mitgebrachten Tempotaschentücher in das Loch; das Resultat wäre eine ganz unhygienische Verstopfung.

Es ist nicht schwer und nur anfangs ungewohnt: Sollte kein Wasserhahn unten an der Toilette angebracht sein, werden sie garantiert eine Schale (notfalls auch eine Flasche) sehen, die Sie – vorher – mit Wasser füllen, um nach dem Geschäft zuerst einen kleinen Schwall von oben nach unten fließen zu lassen; für die „ Feinarbeit" gieße man sich dann Wasser in die hohle linke Hand, die sanft und feucht für die vollständige Reinigung zu sorgen hat. Nachdem dann auch sorgfältig die Hände gesäubert worden sind, wird man sich so rein und erfrischt fühlen, dass der ein oder andere seinen Keramikbottich zu Hause fortan mit verächtlicher Arroganz als kulturelle Degeneration betrachten wird.

Man macht übrigens kein Aufsehen um den **Gang zur Toilette,** ja man verbirgt ihn möglichst und vor allem vor dem anderen Geschlecht (wo zu dem Begriffsfeld der unreinen Exkremente noch der Aspekt der sexuellen

Ebene hinzukommt). Das gilt vor allem für Frauen, die besonders sorgfältig alle Körperfunktionen vor den Blicken der Männer verbergen.

Ein Tipp: Wen es mitten im Stadtgewühl einmal überkommt, findet an der nächsten Moschee immer eine **tuvalet,** wie Toiletten allgemein bezeichnet werden. Die Toiletten für Männer tragen die Aufschrift *erkek* bzw. *bay,* die für Frauen *kadın* oder *bayan.* Die öffentlichen Toiletten in den Städten - besonders in den Touristenorten - verlangen eine kleine Gebühr.

Fasten im Ramadan

Es sind diese Körperfunktionen - sexuelle wie auch orale, sprich Essen und Rauchen - die in der Fastenzeit Ramadan im Zentrum der persönlichen Prüfung stehen. Wobei die Enthaltsamkeit nicht nur eine körperliche, sondern vor allem eine **geistige und soziale Reinigung,** eine Verdeutlichung von *pis* und *temiz* darstellt. Der Tag, an dem alles zu sehen und alles offenbar ist, zeigt der ganzen Gemeinschaft nicht nur den Gläubigen, sondern auch den Anständigen. So ist der Ramadan tagsüber eine kollektive Anstrengung, um die Gebote Gottes und der Reinigung zu erfüllen. Die Nacht, in der die Differenzen und Kategorien undeutlich werden und die Menschen sich der Öffentlichkeit entziehen, eignet sich nicht zur Demonstration der gemeinschaftlich praktizierten Anständigkeit. Hier würde das Fasten, das im öffentlichen - nicht im privaten! - Raum stattfinden muss, keinen Sinn machen. So ist der Ramadan nicht nur der Monat der Reinigung und Säuberung, er ist auch der Monat der Solidarität untereinander; selbst Türken, die ansonsten kaum mehr etwas mit dem Islam verbinden, schließen sich dem Fasten an.

Häusliche Reinheit

Die Verbindung von Ehre (Namus) und Sauberkeit bzw. Reinheit wurde schon erwähnt. Eine der geforderten Tugenden einer Ehefrau ist es, das Innen (Haus) sauber - d. h. von Schmutz frei - halten zu können. **Äußerer Schmutz** könnte nämlich ihre Fähigkeit zur inneren Reinlichkeit und Anständigkeit in Frage stellen und damit ehrenrührig wirken. Auch wird sie ihre **körperlichen Funktionen** vor fremden Besuchern verbergen, um als sensibles Zentrum häuslicher Reinheit keinen Angriffspunkt für die Beobachtung unreiner (ehrenrühriger) Handlungen zu bieten. In sehr traditionellen Familien kann das sogar für das **Essen** gelten: Ist ein fremder Mann im Haus, wird man die Frauen - so man sie überhaupt zu Gesicht bekommt - kaum essen sehen. Womit wir schon bei der Gastfreundschaft wären ...

Die Gastfreundschaft

Kommen Sie zu Freunden!
(Werbeslogan)

Mir ist nicht ganz wohl bei dem Gedanken, dass die sprichwörtliche türkische Herzlichkeit und Offenheit Fremden gegenüber wie ein Markenartikel angepriesen wird ...
(Barbara Yurtdaş)[84]

Tourismus und Gastfreundschaft

Die Bedenken von *Yurtdaş,* eine mit einem türkischen Mann verheiratete Schriftstellerin, sind noch sehr gemäßigt – und auch etwas ungenau – ausgedrückt. Nein, es kann einem nicht „wohl" sein bei der zum Slogan der Tourismuswerbeindustrie verkommenen Lobpreisung einer sozialen Verhaltensweise, die unter anderem von dem gleichen **Tourismus** – wir reden hier von Massen – deformiert und zerstört wird. Aber machen wir uns nichts vor: Es ist nicht nur und nicht in erster Linie der auf die Urlaubsorte beschränkte Devisenansturm, der der traditionellen, aus halbnomadischer Zeit stammenden Gastfreundschaft *(konukseverlik)* den Garaus macht, indem er sie zu einer Art Serviceleistung plus Lächeln transformiert.

Es ist in allererster Linie die langsame, aber kontinuierliche Auflösung jener sozialen und dörflichen Strukturen, die jahrhundertelang die Gastfreundschaft als unverzichtbares Element einer schwer zu bereisenden Welt würdigten. Es ist wie immer: Der **moderne, westliche Mensch,** der sich so sehr um seine individuelle Unabhängigkeit bemüht und meist noch nicht einmal seinen Nachbarn zu kennen genötigt ist, bewundert gerne die pittoresken, warmherzigen Tugenden der Vergangenheit, ja er schwarmt von ihnen, wird ihm doch hier bewusst, dass ihm in seinem individuellen, aber immerhin abgesicherten Konsumparadies irgendetwas abhanden gekommen ist. Wer den andern nicht braucht, ist eben schnell allein. Und wer allein ist, aber immerhin viel Geld hat, der wird bald auch bereit sein, für Wärme, Freundlichkeit und Glück zu zahlen. Womit wir wieder bei dem obigen Slogan und vielen Illusionen wären.

Der gleiche Tourist würde aber nach zwei oder drei Wochen in einer traditionellen türkischen Gastfamilie die umfassende „ Betuttelung", die totale Versorgung und Betreuung, wohl leid sein und sich nach der modernen Großstadtanonymität sehnen. *Barbara Yurtdaş* bringt ihren inneren, kulturellen Zwiespalt auf den Punkt: „Zu meiner Schande muss ich gestehen, ich fühle mich als Gast in einer türkischen Familie nicht uneingeschränkt wohl. Die allgegenwärtige Gefälligkeit hat auch ihre Schattenseiten ... Das mag ungerecht klingen, undankbar, geradezu scheußlich egoistisch. Versuche ich doch, die angenehmen Seiten zweier unterschiedlicher Lebensstile für mich zu beanspruchen: einerseits die Selbstständigkeit, die ich als Europäerin gewöhnt bin, und andererseits die Wärme und Nähe türkischer Gastfreundschaft."[85]

Damit bei dieser etwas kritisch und mäkelig erscheinenden Eröffnung des Kapitels kein Missverständnis entsteht: Die türkische Gastfreundschaft gibt es tatsächlich – Slogan hin, Slogan her. Und sie ist etwas **Anrührendes und Überwältigendes,** etwas, was man sein Leben lang nicht mehr vergisst und was zum schönsten Erlebnis einer Türkeireise zählen kann. Sie überwältigt um so mehr und beschämt fast schon, wenn man daran denkt, wie türkische Gastarbeiter und Mitbürger manchmal bei uns behandelt werden.

Hier kann man sich nicht nur eine, sondern gleich mehrere Scheiben an **Freundlichkeit und Herzlichkeit** abschneiden. Wobei wir nicht so sehr von der ohne Zweifel vorhandenen Freundlichkeit der türkischen Serviceanbieter in den Touristenorten reden, von den Hoteliers, Restaurants- und Geschäftsbesitzern und ihren Angestellten. Sie alle haben längst gelernt, mit dem Fremden ihr Geschäft zu machen. Nicht dass sie unfreundlich oder nicht hilfsbereit wären, aber ihre Einladung zum *çay* (Tee) ist bestenfalls ein ferner Abglanz jener ursprünglichen Gastfreundschaft.

Die erfährt man vor allem dort, wo es zu wirklichen Begegnungen kommt, wo es keine Luxushotels und Mietwagenverleiher gibt, wo die Straßen enger, aber die Herzen weiter werden. Jede **türkische Familie in einem anatolischen Dorf** würde eher ihr Schlafzimmer räumen, als einen hilfesuchenden Gast abweisen. Und sollten Sie tatsächlich einmal eine Einladung in eine traditionelle Familie erhalten, können Sie sicher sein, dass man sich für Sie gegebenenfalls ruiniert, um ihnen das Beste zu bieten, was weit und breit zu kriegen ist; man wird sie begleiten, schützen und ihnen Wünsche erfüllen, solange sie nur zu erfüllen sind.

Ein kleines Erlebnis

Das hört sich märchenhaft an, ist es aber nicht – jedenfalls nicht auf den zweiten Blick. Um uns dem Geheimnis der Gastfreundschaft zu nähern, sei hier zunächst ein kleines Erlebnis erzählt, das durchaus gängiger Art ist und das ich vor Jahren **im ostanatolischen Dorf** Doğubayazit hatte, ein kleiner Ort südlich des Ararat, nahe der iranischen Grenze. Ich und mein Begleiter waren am späten Nachmittag durch den wenig spektakulären Ort geschlendert, um uns schließlich an den einfachen Außentischen eines

Gasthauses *(lokanta)* niederzulassen, wo Tee serviert wurde. Fast alle Tische waren von Männern besetzt, die *tavla* (das türkische Backgammon) spielten, sich unterhielten oder einfach ihre Zigaretten rauchten. Die *lokanta* war wie der Ort selbst: Es herrschte eine ruhige, fast ein wenig schläfrig wirkende Atmosphäre, eine Stimmung von Am-Ende-der-Welt-sein.

Am Tisch neben uns saß ein einzelner älterer Mann, der ruhig und in sich versunken seine Zigarette rauchte und – zumindest für ostanatolische Verhältnisse – ansehnlich gekleidet war. Als er mich und meinen Begleiter Deutsch reden hörte, horchte er auf und mischte sich plötzlich ein, indem er uns auf Deutsch nach unserem Heimatort fragte. Ich antwortete, es gab eine kurze Wechselrede, und ich zeigte mich erstaunt über seine guten Deutschkenntnisse.

Der Mann lächelte und lud uns mit einer einladenden Geste seiner Hand an seinen Tisch, wobei er direkt beim Kellner *(garson)* drei weitere *çay* bestellte. Er habe jahrelang bei einer deutschen Autofirma gearbeitet, es sei eine schwere, aber auch schöne Zeit gewesen, und erst vor wenigen Monaten sei er mit seiner Familie hierhin in sein Dorf zurückgekehrt. Er bewundere Deutschland, dort sei alles so gut und ordentlich geregelt, und natürlich habe er auch gutes Geld und eine ansehnliche Pension verdient. Der Mann war also ein *almancı* (Deutschtürke), wie die heimkommenden Gastarbeiter in der Türkei genannt werden. Wir hörten mit Interesse zu, stellten Rückfragen und zeigten uns unsererseits begeistert von den landschaftlichen und kulturellen Schönheiten Ostanatoliens, dem Euphrat-Tal sowie dem nahe gelegenen Işak-Paşa-Sarayı.

Das Gespräch in der fremden Sprache hatte mittlerweile die Aufmerksamkeit der anderen Männer auf sich gezogen. Es kamen laute Fragen von den Nebentischen, die unser neuer Freund laut und breit zu beantworten schien. Schließlich traten zwei Männer an unseren Tisch, verbeugten sich leicht, gaben uns die Hand, um auf eine entsprechende Geste unseres Gastgebers an den Tisch zu rücken. Wieder wurde Tee serviert und die Männer boten sich und uns Zigaretten an.

Das Gespräch erging sich über die üblichen Themen: wie es in Deutschland denn mit der Arbeit und Bezahlung aussehe, wie teuer die Autos, die Mieten, die Lebensmittel usw. seien. Wir fragten umgekehrt nach den Lebensbedingungen hier, erfuhren, dass es keine Arbeit gab, dass das Verhältnis zum nahen Nachbarn Iran nicht das beste sei, dass das Leben teuer und schwierig wäre.

Aber mehr als die freundlich und neugierig durchgesprochenen Themen ist mir die Veränderung unseres Gastgebers in Erinnerung geblieben. Er machte die Übersetzungen, dirigierte Fragende und Antwortende, schob uns immer wieder ins Zentrum des Gesprächs, um das von uns Gesagte

034tu Foto: mf

dann laut und wichtig - wahrscheinlich mit eigenen Kommentaren durchsetzt - an die anderen weiter zu geben. Auch seine Gestalt und Haltung - so schien mir - hatten sich irgendwie verändert: Er saß in zentraler Position am Kopfende des Tisches, wir zu seiner Rechten, während die anderen Männer - es waren mittlerweile sechs oder sieben geworden - sich in Gewichtung ihres Ansehens um den Tisch drängten. Die älteren saßen nahe am Tisch, einige jüngere, die kaum Fragen stellten, aber ehrfürchtig zuhörten, hockten in der zweiten Reihe. Unser aller Gastgeber, der vorher so versunken und in sich gekehrt gewesen war, schien geradezu aufzublühen, ja er schien buchstäblich gewachsen zu sein: Seine Stimme war laut und selbstbewusst, die Haltung - hoher Kopf, breite Brust - entsprach genau der Wichtigkeit, die er nicht nur am Tisch, sondern allgemein bei den anderen zu genießen schien. Man konnte förmlich sehen und hören, wie ihm von allen Seiten Respekt zufloss. Als er dann noch, im Gegenzug zu all dem Lob, das dem deutschen Staat zuteil geworden war, unsere schwärmenden Äußerungen über die türkische Kultur und die Herzlichkeit der Menschen übersetzte, lächelten uns alle freundlich und zufrieden an.

Unser Gastgeber aber schlug vor – oder besser: befahl –, ins Innere des Lokals zu wechseln, um eine Kleinigkeit zu essen. An dem einfachen, langen Tisch nahmen mit uns zusammen acht Personen Platz, die selbstverständlich dem Gastgeber die Position am Kopfende – gegenüber der Eingangstür – überließen. Wieder mussten wir uns an seine Seite setzen; verschiedene Fleisch-, Saucen- und Salatschüsseln samt Berge von Fladenbrot *(pide)* kamen auf den Tisch, Krüge mit Wasser wurden an den Enden postiert sowie zwei Flaschen rakı in Reichweite unseres Gastgebers gestellt. Er schenkte den Umsitzenden ein – nur die Mischung mit Wasser überließ er jedem selbst – und reichte die Flasche dann an das andere Ende des Tischs.

Der erste Toast, ich erinnere mich noch genau, ging auf die deutsch-türkische Freundschaft, jenes seit Kaiser-Wilhelms-Zeiten so spezielle, innige, ja manchmal unlogische, leider oft auch etwas einseitige Liebesverhältnis, das heute noch jedem deutschen Touristen entgegengebracht wird. Gegessen wurde schnell und ohne viel Dekor; mit der „Löwenmilch“ *(arslan sütü,* wie der rakı auch genannt wird) wurden dann die Themen schwerer: die politische Situation des Landes, die unbefriedigende und schwierige Wirtschaftslage, ja selbst die Probleme mit der militanten Arbeiterpartei Kurdistans (PKK), die nur wenige Kilometer südlich von hier bereits operierte, und immer wieder und vor allem die Sorge in den Gesichtern, wie man sich selbst in einer solchen Welt über Wasser halten könne.

Am meisten und am nachdrücklichsten sprach unser Gastgeber, er schien alle Probleme samt Lösungen mit seiner souveränen Haltung zu überblicken; wir hielten uns als *yabancılar* (Fremde) mit Kommentaren vorsichtig zurück, um eher zu fragen als zu sprechen. Unser Gastgeber sorgte stets dafür, dass unsere und die Gläser der anderen gefüllt waren. (Wer einmal in eine ähnliche Situation kommt, dem sei geraten, vorsichtig mit der Löwenmilch umzugehen: Der dem griechischen Ouzo verwandte türkische Anisschnaps, der es in der Regel auf 45% bringt, ist weit hinterhältiger als sein griechisches Pendant; denn im Gegensatz zu diesem merkt man ihm seine hochprozentigen Umdrehungen vom Geschmack her kaum an, sodass man schnell in die unwürdige Situation kommen kann, seine „Contenance“ zu verlieren.)

Als die zweite Flasche leer war, machten wir Anstalten uns zu verabschieden; eine Nachtfahrt nach Ankara stand uns bevor und entschuldigte all unsere weiteren Absagen. Wir standen – das fühlten wir – deutlich in der Schuld unseres Gastgebers, der uns zuliebe diese spontane *içki sofrası* (Rakı-Tafel) initiiert hatte. Wir schüttelten allen freundlich die Hände, aber als unser Gastgeber an die Reihe kam, schien mir das zu wenig. So nahm ich seine Hand zwischen meine beiden Hände, um sie während der Abschiedsworte festzuhalten und wiederholt zu drücken, wobei ich leicht meinen Kopf neigte. Er beteuerte natürlich, dass wir jederzeit bei ihm willkommen seien. Wenn immer wir aus irgendwelchen Gründen Schwierigkeiten in der Türkei hätten, wäre er beleidigt, wenn wir ihn nicht um Hilfe bitten würden. Wir dagegen gaben unserer Hoffnung Ausdruck, ihn einmal als Gast in Deutschland zu sehen.

Diese unspektakuläre Geschichte enthält viele Elemente, die in den folgenden Ausführungen über die Hintergründe der türkischen Gastfreundschaft als typische Verhaltensweisen wiedererkannt werden können.

Hintergründe der Gastfreundschaft

Wir erinnern uns daran, dass die Welt der Männer von dem beständigen **Gegensatz zwischen Gleichheit und Ungleichheit** bestimmt wird (Saygı und Şeref). Das erstrebte Grundverhältnis zwischen fremden Männern, die sich in ihrer Ehre (Namus) prinzipiell gleich gegenüberstehen, ist einerseits das der Gleichheit; andererseits bewirkt das Bestreben um Şeref (Prestige) und Saygı (Achtung) ein Verhalten, den anderen so in die Ungleichheit zu bringen, dass dieser selbst Saygı und Şeref erweisen muss, also sozusagen in eine Bringschuld gerät.

Das **Verhältnis zwischen Gastgeber und Gast** ist ein solches ungleiches Verhältnis. Der Gast kommt durch die Einladung in eine ungleiche, dem Gastgeber verpflichtete Position, die er entweder durch eine entsprechende Gegeneinladung oder aber ein Gastgeschenk auszugleichen bemüht sein wird. Der Gastgeber gewinnt durch die Einladung an Şeref (und zwar umso mehr, je höher die Position oder das Ansehen – also Şeref – des Gastes ist), aber er weiß auch, dass der Gast um das Prinzip der Gleicheit (Ehre) willen diese Gastfreundschaft erwidern wird. Der Eingeladene wird keine weitere Einladung von derselben Person mehr akzeptieren, bevor dieser ihm nicht durch einen Gegenbesuch (oder aber Gastgeschenk) Gelegenheit zur Wiederherstellung der Gleichheit gegeben hat.

Diese Balance zwischen Gleichheit und Ungleichheit kann wohlgemerkt nur zwischen Personen funktionieren, die prinzipiell nicht auf so **unterschiedlichen gesellschaftlichen Ebenen** stehen, dass die Ungleichheit permanent vorhanden ist. Dies ist z. B. der Fall zwischen Patron und Pächter oder Firmenchef und Angestellter; hier herrscht von vornherein eine so große Ungleichheit (Şeref), dass kein Angestellter auf die Idee käme, die firmenbedingte Einladung des Chefs erwidern zu müssen; die Anstrengung, Gleichheit herstellen zu wollen, wäre völlig aussichtslos.

Eine persönlich akzeptierte Einladung bringt also dem **Gastgeber** Şeref ein, denn sie signalisiert, dass der Eingeladene den Einladenden als prinzipiell gleich ehrenhaft ansieht und dementsprechend ehrenvoll *(şerefli)* mit ihm umgehen wird. Einladungen verschaffen und produzieren folglich kontinuierlich Şeref, und zwar nicht nur unmittelbar im Verhältnis Gastgeber – Gast, sondern in der gesamten Umgebung des Gastgebers; auch seine Freunde werden den Eingeladenen immer als etwas Besonderes behandeln. Das bedeutet, dass die Rolle des Gastgebers auch einen sozialen Prestigegewinn innerhalb der eigenen (Dorf-, Familien-)gruppe in Gang setzt.

Die Dynamik, immer wieder Gleichheit herzustellen, erweist sich so quasi als eine fortlaufende Demonstration und Produktion von Şeref. Wer andererseits (ökonomisch) nicht in der Lage ist, eine Einladung zu erwidern, also wieder Gleichheit herzustellen, verliert Şeref, und zwar nicht nur in seinen eigenen Augen, sondern vor allem in den Augen der anderen. Und es wäre eine Schande, ein sozialer Makel, der Rolle des Gastgebers und der Dynamik der Gastfreundschaft nicht gerecht werden zu können. Dies ist der Grund, dass eine Familie **alles tun wird, um den Gast zufriedenzustellen;** besser ist es einen Monat selbst zu hungern, als seinen Gast ungesättigt aus dem Haus zu lassen.

Und kommen Sie niemals auf die Idee, **für eine solche Gastfreundschaft Geld anzubieten!** Ihr Gastgeber könnte das beleidigende Gefühl haben, dass Sie seine Gaben als armselig empfunden haben oder aber – noch schlimmer! – dass Sie ihn als Gastgeber gar nicht akzeptieren, sondern ihn auf die Stufe eines Dienstleistenden drücken; eine professionelle Dienstleistung (Hotelier, Exkursionsleiter etc.) ist eine Sache, Gastfreundschaft aber eine andere.

Statt Geld können Sie also nur durch ein **Gastgeschenk** – falls eine Gegeneinladung nicht möglich sein sollte – ihre Ehrerbietung ausdrücken. Auch hier ist Vorsicht geboten; kommt man mit einem Gastgeschenk daher, das so teuer oder kostbar ist, dass der andere es überhaupt nicht erwidern, also ausgleichen kann, setzt man die ehrenproduzierende Dynamik der Balance von Geben und Nehmen außer Kraft. Sie können so den anderen – ungewollt – in größte Verlegenheit und eine unausgleichbare Position der Schuld bringen. Das richtige Maß ist im jeweiligen konkreten Fall von vielen Faktoren abhängig (Dauer und Umfang der Einladung, Stand des Gastgebers etc.).

Denken Sie daran, dass Sie als Mann in einer traditionellen türkischen Familie dem **Hausherrn** ein Geschenk überreichen, nicht der *hanım* (Ehefrau). Ein galanter Strauß Blumen für die Ehefrau mag in einer westlich eingestellten, sich an modernen Rollenmustern orientierenden Familie noch gerade so angehen, in einer traditionellen Familie auf dem Land würde er Bestürzung und Verlegenheit - wenn nicht Schlimmeres - hervorrufen.

Ebenso verständlich wird nach dem nun Gesagten auch, dass das **Abschlagen einer Einladung** (und sei es die simple zum Tee) immer die Gefahr birgt, dass der andere sich beleidigt fühlen kann, denn sie verweigern ihm ja praktisch Şeref; eine plausible Erklärung, die dem Einladenden immer noch für die Absicht der Einladung selbst Dank und Ehre zollt, sollte parat sein.

Die bisherigen Erläuterungen über das Wechselspiel von Einladung und Gegeneinladung laufen aber nun nicht nach deutscher Stammtischmanier ab, also so, dass Sie ihrem Gastgeber nach einem Glas Tee den nächsten zu bezahlen hätten. Ein traditionsbewusster Türke wird das kategorisch zurückweisen, mit Hinweis darauf, dass Sie nun in seinem Land Gast sind, komme er einmal nach Deutschland, würde das ja anders sein. In einem **Restaurant** bezahlt der Einladende für alle. Auch bei einer spontan erfolgten Zusammenkunft, die keiner förmlichen Einladung entspricht, wird die Tischrechnung im Restaurant von einer Person beglichen. Nach deutschem Brauch *(alman üsüllü)* zu zahlen, stößt bei Türken auf Unverständnis, gegebenenfalls sogar leichter Verachtung, denn dieses Jeder-für-sich-Bezahlen lässt die oben beschriebene Dynamik des Einladungsprozesses erst gar nicht entstehen, sodass also auch keine şeref-Wertigkeiten entstehen können. Auch wenn Sie nur mit deutschen Bekannten in ein türkisches Restaurant gehen, sollten Sie deshalb vorher geklärt haben, wer die Zeche übernimmt (teilen kann man dann immer noch später); das Aufbröseln einer großen Gemeinschaftsrechnung verlangt dem Kellner einiges ab und macht Sie zudem zum bestaunten Zentrum der aufmerksamen Tischnachbarn.

Sollten Sie allerdings länger bei einer türkischen Familie zu Gast sein oder sollten Sie an feinen Zeichen (z. B. abwartendes Bezahlen im Restaurant) erkennen, dass ihr Gegenüber einer **Gegeneinladung** nicht mehr abgeneigt ist, so sollten Sie ihre Chance nutzen: Bestehen Sie darauf dieses Mal zu bezahlen oder sich anderweitig erkenntlich zu zeigen. Je nach dem Grad des Protestes, den ihr Angebot bei ihrem Gegenüber hervorrufen wird, können Sie erkennen, ob ihre Analyse richtig war.

Ich bin einmal eine ganze Woche lang von mir vordem völlig unbekannten Algeriern, die selbst keineswegs wohlhabend waren, in einer Stadt der Südsahara von morgens bis abends versorgt und eingeladen worden;

sie akzeptierten keineswegs meinen energisch vorgebrachten Einwand, dass das Bezahlen nun endlich mal an mir sei. Am Schluss verfiel ich darauf, heimlich zum Wirt zu schleichen, um die Rechnung zu verlangen; es war umsonst, meine Gastgeber hatten hinter meinem Rücken ein Zeichen gemacht, der Wirt wies mein Geld höflich, aber bestimmt zurück.

Derartige Erfahrungen wird man in den westlichen Städten oder **Touristenorten der Türkei** kaum machen, weiß man doch hier um den großen Gegensatz zwischen dem reichen Touristen und dem (relativ) armen türkischen Angestellten oder auch Lehrer; entscheidender als dieses Argument ist aber die Tatsache, dass sich das Verhältnis von Gast und Gastgeber hier nur über wirklich persönliche Bekanntschaften entwickeln kann, zu anonym sind die Begegnungen im Massentourismus, der zudem den Türken den Kontakt mit den Fremden immer mehr als modernes Geschäft erscheinen lässt. Auf dem Land, wo der *yabancı* (der Fremde) wirklich noch *yabancı* ist, ist das anders.

Nicht ganz so rituell wie oben dargestellt erweist sich übrigens das **Einladungsverhältnis zwischen Gleichaltrigen** (also Gleichgestellten); da es hier nicht in erster Linie um den Gewinn und die Balance von Şeref und Saygı geht (was immer Ungleichheit voraussetzt), ist das Verhalten sehr viel lockerer, mal bezahlt der eine, dann wieder der andere.

Zu Gast bei einer türkischen Familie

Kommen wir zum Procedere einer wiederum traditionellen türkischen Einladung. Sie kann sowohl in ein Restaurant als auch – eine besondere Ehrung – in das Haus des Gastgebers führen.

Bei einer Einladung ins Haus sind vor Betreten der Wohnung die **Schuhe** auszuziehen (Reinlichkeit).

Handelt es sich um eine sehr traditionelle Familie, wird der Eingeladene die **weiblichen Familienmitglieder** kaum zu Gesicht bekommen (Bereich Namus/*mahrem*). Ihm und seinem männlichen Gastgeber bleibt das Wohnzimmer *(oturma odası)* vorbehalten, das Haus wird also traditionell in einen Bereich des *haremlık* (Frauenräume) und einen des *selâmlık* (Herrenräume) aufgeteilt; die Aufteilung von Innen *(mahrem)* und Außen gibt es also auch im Haus selbst.

Bringen Sie ihre Ehefrau mit, stehen dieser selbstverständlich die Küche und andere Frauenräume offen; auch wird die Anwesenheit einer Frau auf Seiten des Gastes die räumliche Trennung der Geschlechter selbst in einer konservativen Familie etwas auflockern.

Da die meisten Reisenden/Touristen aber kaum eine Einladung in eine solch traditionelle Familie erfahren dürften, besteht der Normalfall (Familie mit westlichen Einschlägen) heute eher darin, dass die Frauen des Hauses für den Gast zumindest nicht ganz unsichtbar sind oder sogar am Essen teilnehmen.

Nachdem man an der Eingangstür die Schuhe ausgezogen hat, wird man ins **Wohnzimmer** geleitet, das mit Teppichen, Kelims und Sitzpolstern – in reichen westlichen Familien gibt es natürlich auch die hierzulande bekannte Wohnzimmergarnitur mit Sesseln und Tischen – bequem ausgestattet ist.

Wichtig ist bei der **Begrüßung** das Einhalten einiger formeller Redensarten[86]. Würdevoller als das joviale *„Merhaba"* („Hallo, Guten Tag!") oder das alltägliche *„Iyi günler/Iyi akşamlar"* („Guten Tag/Guten Abend") ist der alte religiöse Gruß *„Selâmünaleyküm"* („Friede sei mit Euch"); man erhält die Antwort *„Aleyküm selâm"* („Friede auch Dir/Ihnen"). Dann wird auf jeden Fall seitens des Gastgebers die bekannte Grußformel *„Hoş geldiniz"* („Sie kommen zur Freude") ausgesprochen; der Gast antwortet mit *„Hoş bulduk"* („Ich habe die Freude gefunden"). In dieser Formel gibt der Gast die so erwiesene Achtung (Saygı/Şeref) an den Gastgeber zurück und erhöht dadurch dessen Ansehen; er akzeptiert gleichsam, dass die Einladung für ihn eine Ehre und Verpflichtung ist.

Die garantiert nächste Frage des Gastgebers (die übrigens auch beim alltäglichen Gruß auf der Straße laufend praktiziert wird!) ist ebenso ritueller Natur: *„Nasılsınız?"* („Wie geht es Ihnen?"). Der Gast hat zu antworten *„Iyiyim"* („Es geht mir gut"), um dann sofort die Frage zurückzugeben: *„Ve nasılsınız?"* („Und wie geht es Ihnen?"), worauf es an dem Gastgeber zu sagen ist: *„Iyiyim"*. Die rhetorische Begrüßungsformel, die sich nicht an die tatsächliche Befindlichkeit der Person, sondern an ihre Bereitschaft zur Höflichkeit richtet, ähnelt in etwa der englischen Vorstellungsfloskel „How do you do?", die kein Engländer als persönliche Nachfrage nach dem konkreten Befinden missverstehen wird.

Es kann sein, dass dem Gast dann *kolonya* (Kölnisch-Wasser) gereicht wird, das er sich mit der Hand über Stirn und Nacken reibt. Ebenso wie das Schuheausziehen stellt die **„Waschung"** (wie beim Besuch der Moschee) eine physische und symbolische Ehrbezeugung an den „ reinen" Namus-Bereich (Haus, Innen) des Gastgebers dar, in den man nun eindringt und dessen Gastlichkeit und Schutz man in Anspruch nimmt.

Kommen **mehrere Gäste,** begrüßt der Gastgeber sie in der Rangfolge ihres Ansehens (Kriterien: Alter, Geschlecht und soziale Position); das gleiche gilt für den Gast, dem die anwesenden Familienmitglieder vorgestellt werden.

035tu Foto: td

Die **ehrenvollsten Plätze an der Tafel** sind diejenigen, die der Tür gegenüber, also von ihr am weitesten entfernt sind; umgekehrt werden die weniger wichtigen Personen nahe der Tür Platz nehmen (erneutes räumliches Spiel von ganz innen und eher-außen). Neben dem Gastgeber zu sitzen gilt ebenfalls als Ehrenbeweis.

Nach dem Begrüßungstee wird das **Essen** in der Runde auf dem Boden sitzend eingenommen; die Tafel *(sofra)* besteht aus einem leicht erhöhten Ständer, der das runde Tablett *(tepsi)* mit der/den Essschüssel(n) trägt. Darunter wird eine große Decke ausgebreitet *(sofra örtüsü)*, die sich die Umsitzenden wie eine Serviette leicht über den Schoß legen.

Gegessen wird natürlich mit der rechten Hand, alle bedienen sich aus der/den Schüssel(n), wobei meist Löffel und Gabeln zur Verfügung stehen (Messer sind unnötig, da das Essen von der Hausfrau vorher mundgerecht zerkleinert wird). Im Gegensatz zu der oben geschilderten *içki sofrasi* (Rakı-Tafel) dient das Essen selbst nicht als Rahmen einer großen Unterhaltung; man isst zügig und formlos.

Da der Gastgeber beständig zum Nachholen auffordern wird (ein Gast, der viel isst, erweist und bringt auch viel Ehre), ist es gut zu wissen, wie man sich am besten und nachdrücklichsten **gesättigt zeigen** kann. Man legt seinen Löffel bzw. Gabel erkennbar zur Seite und rückt ein wenig von der Tafel ab. Auf die vehementen Proteste des Gastgebers, doch weiter zuzugreifen (Schmeckt es etwa nicht?), antwortet man mit *„doydum"* (ich bin satt), wobei man bekräftigend und bezeugend die rechte Hand auf die Brust (Herzgegend) legen mag. Zu dieser entschuldigend-beschwörenden Geste passt auch gut der von *Barbara Wolbert*[87] vorgeschlagene Satz *canım istemiyor* (meine Seele kann nicht mehr). Wer denkt, er könne das Mahl in galanter deutscher Manier beenden, indem er sich lobend über das Essen äußert und dieses Lob gleichzeitig als Abschluss versteht, wird die Anstrengungen und Aufforderungen auf ein erneutes Zugreifen noch verdoppeln. Haben Sie es aber endlich geschafft, ihre(n) Gastgeber davon zu überzeugen, dass Sie restlos glücklich sind, beenden Sie mit dem laut, aber höflich vorgebrachten Wunsch *ellerinizi sağlık* (Ihren Händen Gesundheit) das Mahl, worauf Sie die Antwort *afiyet olsun* (hier: „zum Wohl", sonst im Alltag mit „Guten Appetit" zu übersetzen) erhalten werden.

Vor dem Essen wäscht man sich die Hände, nach dem Essen spült man sich kurz den Mund aus (Reinheit).

Wie gesagt: eine solch traditionelle *sofra* wird in der Regel nur derjenige erfahren, der sich abseits der tourismusträchtigen Routen mit wenigstens ein paar Brocken Türkisch über die Dörfer schlägt. In den Touristenorten wird man den europäischen Gast an einen Tisch bitten, und die obigen Formeln werden sicherlich erfreuen, aber nicht erwartet werden.

Deutsch-türkische Freundschaft

Zum Schluss noch einmal ein paar Bemerkungen zur deutsch-türkischen Freundschaft. Es mag viele historische Gründe für dieses Phänomen geben (Aufbauhilfe des deutschen Kaiserreichs mit der Bagdadbahn, Waffenbrüderschaft im Ersten Weltkrieg, die vielen Gastarbeiterdevisen aus Deutschland etc.), sie alle erklären kaum die **jahrzehntelange Verklärung der Deutschen,** die die Deutschen in der Türkei zu besonders beliebten, ja geliebten Besuchern machte. Vielleicht liegt es summa summarum daran, dass die Türkei von dem starken verbündeten Deutschland den Zuwachs an wirtschaftlichem und politischem Şeref erhoffte, den das relativ arme Schwellenland bei seinem Blick nach Europa brauchte. Die Türken bewundern ganz allgemein technische, militärische und wirtschaftliche Stärke, insbesondere wenn sich ein als befreundet eingeschätzter Staat auch für ihre Zwecke einzusetzen bereit ist.

Diese spezielle, ja fast blinde Vorliebe für die Deutschen hat – so scheint es mir – in den letzten Jahren etwas nachgelassen. Gründe der **Ernüchterung** gibt es für die Türkei genug: Die oft unwürdige oder herablassende Behandlung der Gastarbeiter, die ausländerfeindlichen Mordanschläge auf türkische Bürger wie z. B. in Solingen, und nicht zuletzt die zurückhaltende bzw. hinhaltende Position der deutschen Regierung bei dem türkischen Gesuch um Aufnahme in die EU (bei dem man gerade auf die Fürsprache des deutschen „ Freundes" setzte).

Mit und hinter diesen großen gesellschaftspolitischen „Pannen" und Enttäuschungen setzte sich aber eine grundsätzliche Erkenntnis bei vielen Türken durch, eine **kulturelle Einsicht,** die vielleicht viel grundsätzlicher das Freundschaftsverhältnis desillusionierte als alle konkreten Probleme: Die Deutschen achten uns nicht (Saygı, Şeref), ihre Macht ist kalt und ihr Reichtum macht sie arrogant. Sicherlich mag dieses - auch in anderen Regionen der Welt existierende - (Vor)urteil der Haltung eines sich zurückgestoßen fühlenden Freundes entsprechen. Vielleicht verbirgt sich aber hinter dieser Erfahrung auch die tiefere, heraufdämmernde Einsicht in die Schattenseiten der westlichen Moderne, das ungute Gefühl, dass man einen kulturellen Preis wird zahlen müssen, will man dem Club der Reichen nacheifern und beitreten.

Besser als der Dichter *Fasil Hüsnü Dağlarca* kann man dieses bedenkenswerte, in der Tat viel zu **oft einseitige Liebesverhältnis** jedenfalls nicht auf den Punkt bringen. Wie wir eben gelernt haben: Gastfreundschaft ist keine Einbahnstraße. Soll sie dauern, gehören zwei dazu - zwei, die sich schätzen.

Die Deutschen lieben die Bäume
Grün
Die Bäume in den Ebenen
Ich liebe die Deutschen
Ich liebe die Deutschen
Die Deutschen lieben die Bäume

Die Deutschen lieben die Finsternis
Im Kriegslied
Nach großen Siegen größeren Niederlagen
Ich liebe die Deutschen
Ich liebe die Deutschen
Die Deutschen lieben die Finsternis

Die Deutschen lieben die Maschinen
Die laufen
Die blitzend denken
Ich liebe die Deutschen
Ich liebe die Deutschen
Die Deutschen lieben die Maschinen[88)]

Keyif und das moderne Freizeitverhalten

Aber einen Türken beim keyif zu stören, ist nicht nur ayip, sondern herzlos.

(Barbara Yurtdaş)

Wie wahr. Denn *keyif*, meine Herren, ist nichts anderes als das **stille Himmelreich der Männer,** die ideelle maskuline Kontemplation, das perfekte Innen- und Bei-sich-selbst-Sein, die Abwesenheit des irdischen Geschwätzes und Besorgens der Frauen (Entschuldigung, meine Damen, aber wir befinden uns im Teehaus, dem Wohnzimmer der Männer!), das Verschwinden aller alltäglichen Sorgen in einem Zustand höhepunktloser Heiterkeit, die kurzfristige Befreiung von Fitne, Saygı und Şeref.

Keyif ist aktive, schweigende und gleichzeitig **tief genießende Muße;** wer es einmal gelernt hat, der braucht nur eine Zigarette und ein Glas *çay* sowie irgendeinen Ort zum Sitzen.

Prädestiniert ist dafür der Teegarten *(çay bahcesi)* oder das Tee- bzw. Kaffeehaus *(çay hane* bzw. *kıraathane)*, aber eine Sitzmauer an einer Straßenecke tut es zur Not auch. Keyif betreibt derjenige, der gedankenverloren seinen *tespih* (islamischer Rosenkranz mit 99 Kugeln = 99 Namen Allahs) durch die Hand gleiten lässt und dabei unendlich weit ins Nirgendwo schaut; Keyif betreibt auch der, der stundenlang schweigend mit seinem Freund bei Tee und Zigaretten *tavla* (türkisches Backgammon) spielt oder eine Zeitung liest. Keyif ist auch das verloren scheinende Sinnieren beim Blick aus dem Busfenster, hinter dem bei türkischer Musik die Landschaft vorbeizufahren scheint.

In europäischen Gefilden entspricht dieser Lebenskunst noch am ehesten das meditterane *dolce far niente* (süßes Nichtstun). Aber wie gesagt: Eigentlich ist Keyif **nicht „Nichtstun",** auch wenn es äußerlich manchmal so aussieht. Es ist im Gegenteil der Gipfel, ja die unübersteigbare Grenze allen Tuns, eben der ziellose, weil glückliche Zustand, der alle Tätigkeit von der auf den nächsten Moment oder das Morgen schielenden Zielstrebigkeit befreit und sich ruhend selbst genügt.

Allah sei Dank und Lob, dass es noch Kulturen gibt, die – wenn auch immer mehr in der Defensive – etwas anderes schätzen als hektische Betriebsamkeit, die den Sinn allen Tuns immer im nächsten Schritt, in der ewigen Unruhe sieht.

Die Türkei ist ein herrliches Land, um auch das **innere Ankommen** zu üben. Denn eigentlich ist selbst der Pauschaltourist ja nichts anderes als ein auf zwei Wochen zurechtgeschnittener und domestizierter Keyif-Bewunderer; er konzentriert halt seine unterdrückten Muße-Wünsche auf zwei bis drei Wochen im Jahr, um danach für die restlichen Wochen wie der Hamster in der Tretmühle wieder im „Ernst des Lebens" zu rotieren.

Allerdings sind **Urlaub** und Keyif qualitativ sehr verschiedene Zustände. Ersteres ist ein bewusst nicht-alltägliches, künstliches Produkt des westlichen Arbeitsethos, sozusagen seine vermeintliche Schokoladenseite. So braucht der Pauschaltourist Luxus, Freizeitprogramme, Swimming-Pools, d. h. all jene materiellen Annehmlichkeiten des Lebens, für die er das ganze Jahr zu schuften bereit ist. Jetzt genießt er endlich den Lohn seiner Arbeit: das luxuriöse Rundum-Versorgtsein, die Beherrschung der Dinge, die in Wahrheit ihn beherrschen. Nach zwei bis drei Wochen bekommen die meisten Urlauber Entzugserscheinungen (Langeweile!), weil sie das Nichts-Tun nicht sinn-voll füllen können und sich nach der Stresspeitsche des Alltags sehnen.

Keyif dagegen ist etwas qualitativ anderes: Es bedarf keines Luxus (mit Ausnahme des kleinen Tulpenglases vielleicht), keines Animationsprogramms, keiner ablenkenden Dinglichkeit des Muße-Treibens (die Zeitung, die man liest, ist deshalb schon ein reduzierter Grad von Keyif). Wer Keyif betreibt, hat die Dinge losgelassen; sie haben für einen Moment, vielleicht Stunden, keine Macht mehr. Und Keyif ist immer sinn-voll, niemals lang-weilig, es ist gefüllte Zeit, die real existierende und bewusste „harmonia mundi", die den Tag auf das Wesentliche kondensiert. Finden kann man Keyif nur, wenn man weiß, wo es existiert.

Die Türken, jedenfalls die älteren, nicht von westlichen Stressbazillen befallenen, wissen es noch. Und das, obwohl auch für sie (fast) der ganze Tag Arbeit, **harte, notwendige Arbeit** ist. Der Schuhputzer *(ayakkabı boyacısı)*, der Pastetenverkäufer *(börekçi)*, der Wasserträger *(sucu)*, der mobile Imbissverkäufer *(kebabçı)*, der Trödelhändler *(eskici)* und all die Legionen an selbstständigen Ein-Mann-Betrieben schieben und schleppen von morgens bis abends ihre Karren und Sachen von einem Punkt zum andern oder stehen für Stunden an derselben Stelle, um den Passanten für wenig Geld ihre Dienste und Produkte anzubieten. Das, was reinkommt, ist dann am Abend oft zuwenig, um eine Familie zu ernähren; so muss die Frau mit ihrem Putzjob zunehmend mithelfen, ja sogar die Kinder werden früh mit eingespannt, sei es, dass sie bezahlte Botendienste (z. B. das Verteilen von *çay* auf großen Teetabletts an die umliegenden Geschäftsleute) oder die Aufsicht über den väterlichen kleinen Tante-Emma-Laden *(bakkal)* übernehmen.

Nein, das Leben ist kein Zuckerschlecken in der Türkei. Trotzdem gelingt es den meisten immer noch, dem Tag ein oder auch zwei **harmonische Stunden** abzuringen, den Raum für Keyif zu finden, aus dem man dann nicht nur Kraft, sondern auch tiefe Zufriedenheit tanken kann.

Noch! Denn mit den steigenden individuellen Konsumansprüchen setzt sich wohl auch in der Türkei jene westliche Spirale von noch nicht erlangten, aber beständig gewünschten Gütern durch, die ihre Verehrer zunehmend **in Spannung und auf Trab** halten. So befinden sich sicherlich nicht alle Männer, die der Besucher für Stunden im Teehaus sitzen sehen kann, in lauter Glückseligkeit und Eintracht mit sich selbst.

Viele von ihnen sind arbeitslos, werden von Familienmitgliedern gehalten, ohne selbst eine Familie halten zu können. Viele flüchten vor den Problemen zu Hause, vor ihrem **familiär-sozialen Versagen,** das fast immer damit zusammenhängt, dass man die Rolle des Mannes, des Oberhauptes nicht er- oder ausfüllen kann (Die steigende Zahl der Ehescheidungen gerade in den westlichen Städten und Regionen geht auf die Initiative von Frauen zurück; einer der vorgebrachten Hauptgründe liegt in der zunehmenden Gewalt der Ehemänner, die ihr Verhalten damit rechtfertigen, dass die Frau „verschwendungssüchtig" sei)[89].

Probleme gibt es also mehr als genug, insbesondere in den Städten. Das Leben wird schneller, die Arbeitszeit dichter, die Schaufenster werden immer größer, die Wünsche unendlich – und die Sorgen auch. Denn wenn das eigene Glück erst einmal im Außen, in der Ware, liegt und wenn diese inflationär, d. h. unendlich wird, dann läuft man den **Fetischen der Konsumgesellschaft** hinterher – für immer und ein Leben lang. Der feste Rahmen eines agrarischen und zyklischen Lebens wird zerbrochen; es regiert der rahmen- und maßlose Fort-schritt.

Für Keyif braucht man sicherlich eine Portion sorgenfreie Zeit – als solches schon ein knappes Gut in einer hetzenden Welt –, aber Zeit alleine erklärt nicht, warum ein armer Wasserverkäufer oder Landarbeiter täglich (!) auf einem wackeligen Holzstuhl mit einem Glas *çay* jenes seltsam **zufriedene Bei-sich-Sein** sein eigen nennen kann, das der westliche Freizeitspezialist auch in einem Fünf-Sterne-Hotel nicht finden wird (denn dieses ist auch nur eine Ware unter vielen).

Das **Geheimnis von Keyif** – traditionellem Keyif (nicht zu verwechseln mit Zerstreuung oder Entspannung)! – liegt darin begründet, dass die konservative türkische Kultur und Denkweise die eines geschlossenen Systems ist. Dieses System hat viele Räume (Situationen), die alle durch feste Werte und Regeln bestimmt sind und diejenigen definieren, die sich in ihnen aufhalten. Die Identität der Person resultiert aus der Identität des Raumes (Situation), womit das Leben schnell einen zyklisch-statischen Charakter gewinnt, d. h. es gibt den festen Raum der Religion, der Arbeit, der Familie – und den der täglichen Muße. Diese ist wie jene jeden Tag präsent, besitzt eine Wirklichkeit außerhalb der Person; sie ist immer gleich, immer da, man muss sie nicht erstreben, produzieren oder ihr hinterherjagen, man muss nur in ihren Raum, dort auf den wackligen Stuhl im Wohnzimmer der Männer.

Die Qualität von Keyif unterscheidet sich von den anderen Situationen (Şeref bzw. Saygı) dadurch, dass sie ein ausgleichendes Verhältnis zu sich selbst darstellt, während die anderen Räume (Familie, Beruf, Mann/Frau) ein ungleiches Verhältnis zu anderen Personen regeln. Innerhalb der drei letztgenannten Räume kann ein Mann kein Keyif betreiben, denn der Rückzug auf sich selbst ist durch die Anwesenheit des Ungleich-Machenden unmöglich. Damit stellt Keyif in der Männerwelt einen Rückzugsraum, eine **Befreiung von der ewigen Ungleichheit und der anstrengenden Identifizierung über andere** dar. Keyif ist der innere Raum der männlichen Ruhe und Identität, in dem man bei sich selbst, und nicht mehr bei anderen ist (dem entspricht auf der Frauenseite das Zusammensein in der Frauengruppe, das sich – befreit von den begrenzenden Beziehungen zum anderen Geschlecht – viel lockerer und spannungsfreier gestaltet).

Die Tatsache, dass Keyif traditionell ein **spezifisch männliches „Freizeitverhalten"** darstellt, lässt sich auch aus einer Statistik des Staatlichen

036:u Foto: mf

Planungsamtes ablesen.[90] Bei den Freizeitaktivitäten, die außer Haus ausgeübt werden – also im klassischen Männerraum –, steht auf dem traditionsstarken Land der Besuch des Teehauses mit 13,8% des Freizeitvolumens deutlich an der Spitze; in der modernen Einflüssen nacheifernden Stadt werden dagegen nur 5,2% der Freizeit beim *çay* verbracht. Hier ist das Teehaus (und vielleicht auch Keyif?) nur mehr der zweitgrößte Posten – die meiste freie Zeit (6,5%) wird auf das Einkaufen (also den Konsum!) verwendet. Da „Shopping" eine äußere, keyif aber eine innere „Aktivität" darstellt, scheint die obige Vermutung gerechtfertigt, dass die moderne Warenwelt den Freizeit-Sinn (und damit die Identitätssuche) immer äußerlicher werden lässt.

Auch wenn die Zunahme an Freizeitausflügen in der Stadt (4,3%) ebenfalls eine zunehmende Mobilisierung (also Veräußerlichung der Aktivität) anzuzeigen scheint, so betrifft das recht eigentlich nur den **Autoausflug.** Soll heißen, dass man am Sonntagmorgen alles in den Kofferraum und die Familie in den Fond packt, sich eine schöne Stelle sucht und dort bis zum Abend *sucuk* (Würste) brät und sich nicht mehr von der Stelle bewegt. Am Abend geht es dann wieder in einem Rutsch zurück, wobei leider immer noch das Umweltbewusstsein keineswegs so ausgeprägt ist, dass man auch das, was man nicht mehr braucht, wieder mitnimmt.

Die Menschen, die kein Auto besitzen (immer noch ein großes Prestigeobjekt), nehmen den Bus zum **Stadtpark;** die türkischen Metropolen, die bei den neu einfliegenden westlichen Besuchern einen oft chaotischen und nicht gerade sauberen ersten Eindruck hinterlassen, verfügen über erstaunlich gut gepflegte Stadtparks. Der riesige Kültür Parkı in Izmir bietet nicht nur Picknickflächen, er verfügt über eine Kirmes, Wasserspiele und viele andere, recht moderne Annehmlichkeiten. Der Karaalioğlu-Parkı hoch über der Bucht von Antalya ist mit seinen Blumenbeeten und Palmenreihen einer der schönsten Parks der Türkei. Und am Sonntag sind sie alle voll, jeder sucht sich sein Plätzchen – um dann möglichst wenig zu laufen. Denn – und das hat sich auch im dynamischer werdenden Westen der Türkei noch nicht wesentlich geändert – die Türken wollen in ihrer Freizeit sitzen.

Die Türken sind im modernen Sinne nicht gerade eine sportliche Nation: **Wer sich nicht bewegen muss, der sitzt.** Die westliche Freizeitkultur, die zwischen Joggen und Paragliding immer auf der Suche nach neuen „Kicks" ist, findet höchstens in den Städten des Westens einige schüchterne Anhänger. Im ländlichen Anatolien wären Wanderer oder Jogger bestaunte Kuriositäten, ja Verrückte, die laufen, ohne dass sie es müssen. Hier ist die schönste Freizeitaktivität das Sitzen, die Frauen zu Hause, die Männer im Teehaus – womit wir wieder bei Keyif wären.

Eine gewisse Ausnahme stellen Kampfsportarten wie z. B. **Ringen, Basket- und vor allem Fußball** dar; im Vordergrund steht dabei ihre Funktion als Spiegel von Macht, Stärke und Erfolg – nicht so sehr die körperliche Ertüchtigung als solche (was bei uns ja auch nicht anders ist). Wer Erfolg hat, findet bewundernde Anhänger vor allem unter männlichen Jugendlichen, die ihre Träume in ihren Helden realisiert sehen.

Als ich im Sommer 2000 just zum Zeitpunkt des Fußballeuropapokalendspiels zwischen Galatasaray Istanbul und Leeds United in der Türkei war, sagte mein türkischer Gastwirt mit mürrischer Miene: „Ich hoffe, sie verlieren." – „Wer, die Engländer?" – „Nein, Galatasaray!" Ich traute meinen Ohren nicht, und mein Gastgeber erklärte mir: „Wenn sie gewinnen, wird es heute abend wieder Tote geben. Sie sind so verrückt *(deli),* dass sie mit ihren Pistolen in die Luft schießen und sich dabei umbringen."

Womit er leider recht hat. Die **Fußballbegeisterung der männlichen Jugendlichen** in der Türkei äußert sich nicht selten in einem frenetischen Spiel mit dem Feuer. Nicht umsonst werden die Fußballfans als *delikanlı* (heißblütig, verrückt, unkontrolliert) bezeichnet. Hört man einen hupenden Autokonvoi durch die Stadt rasen, handelt es sich manchmal um eine Beschneidung, manchmal um eine Hochzeit, aber meistens um die Anhänger eines Fußballvereins (die populärsten sind die drei Istanbuler Vereine Galatasaray, Fenerbahçe und Besiktaş). Die Wagen, die meist im Konvoi fahren, sind in den Farben des Vereins gekleidet, wobei aus dem Fenster hängende Jugendliche riesige Vereinsflaggen hinter sich herziehen.

Sind diese Demonstrationen vor dem Spiel noch vereinzelt, so bricht nach dem Abpfiff bei entsprechendem Ergebnis alles in einen Taumel der Begeisterung aus. Und jetzt, ja jetzt werden wirklich die Revolver, Pistolen und was sonst noch alles knallt ausgepackt. Und es gibt tatsächlich aus purer *delikanlılık* **Tote und Verletzte,** d. h. die meisten Katastrophen sind Unfälle einer maßlosen Euphorie und resultieren nicht aus Schlachten mit dem Gegner. Denn – von Ausnahmen abgesehen – haben türkische Fußballfans noch lange nicht den Krawallstatus europäischer Hooligans erreicht; sie sind zwar „heißblütig" und „verrückt", aber Randalle ist (noch) kein Selbstzweck für sie.

Aber wie schon gesagt, überwiegend wird die Freizeit im Sitzen verbracht. Dabei kann das **Fernsehen,** das heute bis in das letzte ostanatolische Dorf vorgedrungen ist, mit seinen staatlichen und privaten Programmen – wen wundert's – den Löwenanteil der Freizeit auf sich vereinigen. Die Türken ähneln manchmal dabei technikbegeisterten Gläubigen, denen die uns so geläufige moderne Kritik der Massenmedien (noch) weitgehend fremd ist. Die „Glotze" wird so – vergleichbar den Erfahrungen in anderen Schwellenländern – zum integralen, ja skurrilen Wunschfenster des Alltags; und selbst wenn gesprächsfreudiger Besuch kommt, lässt man die schönen Bilder in der tristen Dorf- oder Geçekonduwelt gerne weiterflimmern. Das Ding ist halt die perfekte Droge – verkündet es doch einen Vorschein von dem, wo jeder mal hin will (oder soll?). Nach der schon genannten Statistik des Staatlichen Planungsamtes aus dem Jahre 1993 entfallen 15,4% der Freizeit auf dem Land auf das Fernsehen (Stadt fast 19%), das damit zum idealen Medium der „Erziehung"der rückständigen Landesteile avanciert ist und von den Politikern auch so eingesetzt wird.

Dass der Wert in der Stadt noch höher liegt, ist auf die (noch) intaktere Sozialstruktur des Landes zurückzuführen, bei der **Besuche bei Freunden und Verwandten** mit 15,1% die zweitstärkste Freizeitaktivität darstellen (Stadt nur noch 11,6%).

Dagegen liegen die Aktivitäten im gehobenen **künstlerischen Bereich** (Konzert, Theater, aber auch Kino) bei lächerlichen 0,3% (Stadt 1,1%). Kultur kostet (überflüssiges) Geld, und das ist in der inflationsgebeutelten Türkei knapp; die gegen Null gehende Zahl auf dem Land erklärt sich vor allem aus den fehlenden Angeboten (Theater und Kinos gibt es hier nicht), aber auch aus den weit niedrigeren Einkommens- und Bildungsverhältnissen, die ein modernes Kunstbedürfnis kaum entstehen lassen.

Das gilt übrigens auch für das türkische **Geschichtsbewusstsein:** Der anspruchsvolle, in historischen Dimensionen schwelgende Tourist, der (für türkische Verhältnisse) ein horrendes Eintrittsgeld zahlt, um bei schweißtreibender Hitze in irgendeiner Ruinenstadt über 2000 Jahre alte korinthische Säulen zu stapfen oder ein halb zerfallenes Theater zu fotografieren, wird noch heute von den meisten Türken mit einem Kopfschütteln bestaunt. „Wie kann man nur soviel Geld für einen Schutthaufen ausgeben?", wird selbst so mancher Ruinenwärter denken. Immerhin weiß derselbe Wärter heute aber, dass mit diesem „Schutthaufen" Profit zu machen ist; dies hat auch die Türken umdenken lassen. Konnten die ersten Archäologen noch alles mitnehmen, was sie fanden – man denke nur an den berühmten Pergamon-Altar in Berlin –, so wacht die Türkei heute mit Argusaugen über ihre Kulturschätze. Wer bei dem Versuch ertappt wird, auch nur kleinste Stücke irgendwelcher Antiquitäten mit nach Hause zu nehmen, riskiert exemplarische Strafen.

Ein letzter Blick in die Freizeitstatistik: Immerhin fast 10% (Stadt 15%) der freien Zeit wird mit **Lesen** gefüllt, allerdings fällt unter Lesen auch die großflächig bebilderte Tageszeitung mit den Sportergebnissen. Literatur bleibt einer kleinen, akademisch gebildeten Schicht der städtischen Intelligenz vorbehalten. Und das liegt nicht nur am schmalen Portemonnaie, denn in Bibliotheken werden nur 0,2% der Freizeit investiert.

Das islamische Zeitverständnis

„Siehe, Allah - bei ihm ist das Wissen von der „Stunde". Und er sendet den Regen herab, und er weiß, was in den Mutterschößen ist; und keine Seele weiß, was sie morgen gewinnen wird, und keine Seele weiß, in welchem Lande sie sterben wird. Siehe, Allah ist wissend und kundig."

(Der Koran, 31. Sure)

Das islamische Zeit- und Raumverständnis basiert auf der **göttlichen Vorsehung** (arab.: *qadar,* türk.: *kader),* nach der alles von Allah gewusst und vorherbestimmt ist. Des Menschen Glück und Schicksal *(kısmet)* liegt damit letztendlich nicht in dessen Hand, denn seine Freiheit ähnelt dem abgeschossenen Pfeil, der glaubt, er selbst könne fliegen. Seine kurze Bahn jedoch ist vorgegeben und sein Ziel steht nicht in seiner Macht.

Wen wundert es da, dass man von Seiten des Westens dem „Orientalen" jahrhundertelang **Fatalismus** und eine gewisse **Tendenz zur passiven Beharrung** nachgesagt hat? (vgl. auch den Geschichtsteil über die technische Rückständigkeit der Osmanen!) Wozu aufbegehren, wenn doch alles bei Allah liegt? Warum aufregen, wenn man es doch nicht ändern kann? Wieso überhaupt etwas ändern, wenn es doch nichts wirklich Neues gibt?

Eine dynamische, „fortschrittliche" Philosophie der „offenen Welt" dagegen muss an die selbstgesteuerte Bewegung appellieren, an die unendliche Zeit, an die innovative Machbarkeit.

Das **Leben des ostanatolischen Dorfbauern** *(köylü)* verläuft dagegen wie ein ehern festgelegter Kreis von Kreisen: Familie - Arbeit - Teehaus, Familie - Arbeit - Teehaus. Ergeben in festen Zyklen stellt sich Zeit für ihn als etwas Natürliches, Großflächiges, ja fast Kreishaftes dar, etwas, über das er nur eingeschränkte oder überhaupt keine Macht hat. Kommt der Regen heute nicht, so kommt er morgen, *inşallah!* Wie der Nachbar, der erhoffte Enkelsohn, Krankheiten oder auch der Tod. Allah weiß es! Warum sich also beeilen und verrückt machen? Fährt man dann nämlich einmal in die weitentfernte Hauptstadt (eine Weltreise!), um das Grab des großen *Atatürk* zu besuchen, so macht es doch wirklich keinen großen Unterschied, ob der Zug zwei oder drei Stunden Verspätung hat. Man kann ja noch einen Tee trinken und sich dem Keyif hingeben.

Geduld *(sabır)* fällt leicht, wenn man nicht Herr der Zeit ist, also ohnehin nicht über sie verfügt. Es ist schon grotesk: Derjenige, der nach westlichem Verständnis angeblich kein Zeitgefühl hat (den „Wert" der Zeit nicht kennt), nie auf die Uhr schaut und sich über Verspätungen nicht ärgert, der hat viel Zeit, nämlich die Ruhe selbst.

Aber der Bankdirektor – Studium in den USA –, der in der weitentfernten Hauptstadt Herr über seine Zeit ist, aktiv seinen Terminkalender plant, um alle seine Ziele rechtzeitig und vollständig zu erreichen, **für den Zeit „Geld" und wirklich „kostbar" ist,** der hat komischerweise nie Zeit. Mit Blick auf Armbanduhr und Handy am Ohr (er sagt seinem Kollegen in Istanbul – ein Katzensprung! –, dass er zum Abendessen da sein wird) hastet er – immer auf der Linksspur – zum Flughafen, erfährt, dass die Türk-Hava-Yolları-Maschine 60 Minuten später fliegt, und bekommt einen modernen mittleren Tobsuchtsanfall, da er nun einen Termin aus seinem Kalender streichen muss.

Der Bankdirektor weiß, dass in der Türkei – vor allem im Osten – die Uhren noch viel zu langsam gehen – so es sie denn überhaupt gibt. „Die Region ist unterentwickelt. Strukturschwäche. Niemand will dort hin," so konstatiert er achselzuckend. Außer vielleicht unser angereister Bauer, der staunend vor dem **Gewusel, Gerenne, Gehupe und Gehetze** der großen Boulevards kaum die Straße zu überqueren wagt. Die Leute laufen, nein rennen, die Autos rasen Stoßstange an Stoßstange, dazwischen stürzen Passanten von Fahrspur zu Fahrspur, um sich – *inşallah* – glücklich auf die andere Seite zu retten. „Das ist also der große Fortschritt unseres großen, ewigen Vorsitzenden. *Allahü ekber* (Gott ist größer)", murmelt der Bauer und stürzt sich ergeben und vertrauensselig auf den Asphalt. Und dank der göttlichen Vorsehung und einiger quietschender Bremsen soll er tatsächlich das andere Ufer erreicht haben.

Was wir auch dem Neuankömmling in Istanbul, Izmir und Ankara wünschen. Denn der braucht, wie oben zu sehen, zwei Arten der Geduld: eine um in diesen Städten über die Straße zu kommen (ja, es gibt bereits Ampeln, und die meisten Autofahrer halten sich mittlerweilen sogar daran), und eine um in Ostanatolien das Leben zu genießen. Bei ersterem muss er sich schnell, bei letzterem langsam bewegen. In der westtürkischen Metropole hat er eben alles, was das Leben so dynamisch und bewegungsfreudig macht: chaotischen Verkehr, wimmelnde Bazare, vollgepfropfte Gassen, Lärm, Gestank, Abgase, die Müllidylle eines türkischen Hinterhofs und dazwischen die dröhnende Stimme des Muezzins.

Aber dafür gibt es hier alles, was das Herz begehrt, und zwar schnell. Der Zeitaufwand um Geld zu wechseln, ist ebenso minimal wie in Italien oder Spanien, das Bus- und Dolmuşsystem ist nach einigen anfänglichen Orientierungsschwierigkeiten auch als effektiv zu bezeichnen, Hotels und

037tu Foto: mf

Restaurants aller Preisklassen gibt es zuhauf, und abends lässt sich sogar ein maßgeschneidertes westliches Nightlife lokalisieren.

Hat man sich für die ersten Tage genügend Geduld verschrieben, um die vielen **konträren Eindrücke einer türkischen Stadt** auf sich wirken zu lassen, können sie als durchaus reizvolle, immer spannende Orte des kulturellen Nebeneinanders von Ost und West empfunden werden. Da geht der türkische Geschäftsmann im feinen Zwirn neben dem zerschlissen aussehenden, zugewanderten Lastträger aus Ostanatolien, die feine Dame im italienischen Kostüm neben einer Gruppe von Frauen im *çador* (Ganzkörperumhang), und der Mercedes passiert das zweirädrige Pferdefuhrwerk, auf dem der bärtige alte Mann auf dem Kutschbock gerade seinen Fernseher transportiert.

Eine der schönsten Szenen ist mir im **Bazar von Izmir** in Erinnerung geblieben: Im Gewimmel vor der Hisar Camii, neben der alten und heute restaurierten Kızlarağası-Karawanserei, begann der Imam sein Freitagsgebet. Der kleine pittoreske Platz vor der Moschee, wo ein Blumenstand und viele einfache Bazarrestaurants vom unendlichen Strom der einheimischen und touristischen Besucher passiert werden, verwandelte sich im Nu in einen Gebetsteppich. Für eine ganze Weile schien die ansonsten so moderne, geschäftige Szenerie verwandelt zu sein; männliche Ladenbesitzer und Besucher reihten sich nebeneinander, um gemeinsam das Gebet zu verrichten, mit gesenkten Köpfen den sonoren Worten des Imams zu lauschen, jeden Quadratmeter Platz zu nutzen, um so direkt neben den Essstühlen der Restaurants ihre Verbeugungen gen Mekka zu machen.

Türkische Metropolen ersetzen für Genießer der Beobachtung jeden Kinofilm. Wie gesagt: Der **Neuankömmling** sollte mit sich Geduld haben, nicht alles auf einmal verstehen wollen, sich am Anfang nicht zuviel vornehmen und vor allem weder die guten noch die schlechten Erlebnisse zu hoch bewerten. Denn erst dann – und das ist eine akzeptierte Erfahrung des Kulturschocks – wird das brodelnde Außen mit seinen fremden Gerüchen, Geräuschen und kontrastreichen Bildern auch zum innerlichen Stress. Geduld!

Die braucht man auch, allerdings ganz anders, wenn man den Westen und die Städte der Türkei verlässt, um über die **Dörfer** zu fahren. Das Leben wird, zeitlich gesehen, gemächlich, das Dolmuşsystem großmaschiger und taktarm – manch abgelegene Dörfer sind von der nächsten Kreisstadt nur einmal täglich, manche gar nicht oder nur sehr schwer mit öffentlichen Verkehrsmitteln zu erreichen. *Sabır!* Auch das Geldwechseln wird, je weiter man nach Osten kommt, zeitaufwendiger, jedenfalls wenn man Schecks hat. Nicht mehr jede Bank akzeptiert den bequemen und sicheren Geldersatz, und die Wechselprozedur selbst dauert auch etwas länger, da der Beamte die Schecks sicherheitshalber zweimal seinem Vorgesetzten zeigt.

Dass die Zeit hier zäher und bewegungsärmer fließt, hat aber auch seine Vorteile. Der Tag wird zum räumlich dominierten Bild, die Szenerie, egal welche, hat Zeit zum Wirken – genau wie die Menschen, die einem nun in der Tat zum ersten Mal richtig „anders“, erdig und bodenständig, erscheinen mögen. Kommt man dann nach Wochen in die **westtürkische Großstadt** zurück, staunt man über ihre Modernität und Schnelllebigkeit, über ihre Effizienz und Anonymität. Wer aus Ostanatolien kommt, fühlt sich in Izmir längst schon wieder in Europa, während der Neuankömmling aus Mitteleuropa am Flughafen neugierig und etwas nervös „ asiatischen“ Boden betritt.

Feilschen um die Ehre

Und Allah hat das Verkaufen erlaubt, aber den Wucher verwehrt.
(Der Koran 2. Sure)

Auch dieser Abschnitt hat etwas mit Zeit zu tun. Den türkischen *pazar* meint ein jeder schnell als den berühmten orientalischen Bazar zu erkennen, auf dem es dementsprechend „zugeht". Das ist nicht ganz richtig, denn das türkische Wort für den großen, orientalisch funkelnden Basar ist *çarşı* (z. B. der überdeckte Basar in Istanbul: *kapalı çarşı),* während der *pazar* der recht praktische **Wochenmarkt** ist (jeder Ort hat seinen festen Wochentag). Hier werden vor allem Waren des täglichen Bedarfs – Geschirr, Wäsche, Kleidungsstücke, aber auch Obst und Gemüse – angeboten. Ein Ort des gestenreichen Feilschens ist das aber nicht, auch wenn man den Hosenpreis immer schnell und einvernehmlich um ein paar Lira nach unten korrigieren sollte. Der Wochenmarkt bietet in der Regel weder das teure Gut, um das es sich lang zu feilschen lohnte (eine Ausnahme mag mal eine Lederjacke sein), noch haben die Leute hier genügend Zeit, um die Kleinigkeit zum Ehrenhandel zu machen. Es gibt ohnehin viele Festpreise, z. B. bei Obst und Gemüse, und bei der Konkurrenz, den großen Kaufhäusern (wie z. B. Tanşu), ist alles bis auf die letzte Lira exakt ausgezeichnet.

Die **meisten Touristen** haben eine etwas romantische Vorstellung vom orientalischen Feilschen *(pazarlık),* auf die sich die Händler in den Touristenorten – mit nachsichtigem Lächeln – längst eingestellt haben. Mit dem Zehn-Minuten-Deal ist der schnelllebige Europäer dann ebenso zufrieden wie sein türkisches Gegenüber – mit Feilschen hat das allerdings weniger zu tun. Das, was im Alltag auf dem Wochenmarkt stattfindet, wird sich bald kaum mehr viel von dem unterscheiden, was der deutsche Käufer nach dem Fall des Rabattgesetzes zu Hause exerzieren kann.

Eine Geschichte vom Feilschen

Das einzige Mal, das ich mich selbst wirklich in der Position eines Feilschenden gefühlt habe, liegt Jahre zurück. Dass es nicht in der Türkei, sondern in Afghanistan war, spielt für unser Thema keine Rolle, denn die Gesetze des Feilschens sind hier durchaus ähnlich. Ich hatte mich in eine **wunderschöne Lederjacke** „verguckt", die aber für mein damaliges Reisebudget jenseits aller Begehrlichkeit zu liegen schien. Dass ich sie nach drei Tagen (!) doch mein eigen nennen konnte, machte sie unter all meinen Jacken für immer zu etwas Besonderem, vielleicht sogar zu etwas mehr als nur zu einer Jacke.

038tu Foto: td

Der Preis, mit dem der Händler am ersten Tag begann, waren stolze 200 Dollar. Ich lachte, drehte die Jacke hin und her, zog sie an, um sie dann wieder an den Hacken zu hängen. „Schon sehr schön, aber viel zu teuer." Ich hatte mich auf dem weichen Diwan niedergelassen, auf dem er mir einen Tee angeboten hatte. Eine seiner ersten Fragen war, in welchem Hotel ich untergebracht sei, was ihm wohl half, meine finanziellen Möglichkeiten etwas besser einzuschätzen. Er würde sie mir auch für 180 Dollar geben, fügte er lächelnd hinzu. „Ich weiß, aber es ist trotzdem zu teuer; ich komm' zwar aus dem Westen, aber ich bin kein reicher Mann."

Aus welcher Gegend er stamme? Wir unterhielten uns gut eine Stunde über die Situation in Afghanistan, seine Familie, seine Wünsche. Am Schluss lobte ich anerkennend die Qualität seiner Waren und bedankte mich für seine Gastfreundschaft. Es sei wirklich schade, dass ich ihm kein würdiges Gegenangebot machen könne. Er fasste mich am Arm: „160, mein Freund". Ich hob abwehrend die Hände und wandte mich zum Gehen. „Nenn mir einen Preis", insistierte er. Ich antwortete ausweichend. „Wenn ich dir sage, dass 50 Dollar gegenwärtig meine Reisekasse sprengen, dann weißt Du, wie weit der Weg von dir zu mir ist." Er verzog schmerzlich das Gesicht, als hätte ich ihm etwas völlig Unmögliches vorgeschlagen, ja Geringschätzung gezeigt. „Das ist kein ehrenhafter Preis. Aber wir haben zusammen Tee getrunken und geredet. 140 Dollar und Du kannst Sie mitnehmen."

Ich lachte abwehrend, bemerkte aber, dass ich noch drei Tage hier sein werde. Wenn er mich nicht für unhöflich hielte, würde es mich freuen, ihn noch einmal zu besuchen; vielleicht könnte ich mich ja mit etwas Kleinerem anfreunden. Er nickte etwas ungläubig und ungehalten, und ich ging.

Am nächsten Tag kam ich wieder zu seinem Laden, er begrüßte mich freundlich wie einen Bekannten, und zunächst setzten wir uns wieder für einen Tee auf den Diwan. Wir sprachen über das Geschäft, und er erzählte mir aufgeräumt, dass er gestern noch zwei Jacken an zwei Amerikaner verkauft hätte. „Sie hatten mehr Geld als du, aber weniger Zeit zum Reden. Es war ein gutes Geschäft, denn sie haben etwas für dich mitgezahlt. Ich geb' dir deine Jacke für 120." Zum ersten Mal hatte ich das Gefühl, dass meine knappe Kasse doch reichen könnte.

Zunächst aber fragte ich ihn über die Kaufgewohnheiten der Amerikaner aus, die, wie ich vermuten würde, doch sicherlich gern gesehene Kunden seien, ständen sie doch in dem Ruf, schnell handelseinig zu werden. „Schnell? Es gibt welche, die dich fragen: ‚Wie teuer ist das?' Du nennst einen Preis, und sie sagen dir, sie nehmen es. Sie müssen Geld wie Wasser haben. Aber gemocht werden sie deshalb nicht. Sicher ist es gut für das Geschäft, aber irgendwie sind sie arrogant. Man kommt sich manchmal vor wie ein Diener." Während dieses Gesprächs kamen des öfteren Kunden herein, die sich umsehen wollten. Dann stand der Händler auf, um ihnen entgegenzugehen, während ich auf dem Diwan sitzenblieb. Ich fühlte mich nun wirklich fast schon als sein Gast, und dies und nicht sein letzter Preis machten mir Mut.

Da er selbst aber nicht mehr von der Jacke sprach, war es nun an mir, einen Vorstoß zu machen. „Höre, mein Freund, ich könnte dir für diese Jacke 70 Dollar geben; eigentlich ist das schon zuviel für mich, aber na ja, es wird schon gehen." Er schüttelte lachend den Kopf, aber ich hatte trotzdem das Gefühl, dass er sich über das Angebot freute. „Ich bin schon mehrmals runtergegangen, du hast mir nun den ersten Preis genannt. Ist das gerecht?" Ich verneinte, erklärte aber auch, dass ich – leider – nicht über so viel Spiel wie er verfüge, worauf er antwortete: „Allah hat die Menschen ungleich gemacht, deshalb müssen die einen mehr und die anderen weniger zahlen, denn Allah ist gerecht. So gebe ich sie dir denn für 110." Diesmal war es an mir, ein zerknirschtes und gequältes Gesicht zu machen. „Hör zu, morgen ist mein letzter Tag hier. Ich werde nochmal nachdenken, um morgen dann mit dir einen letzten Tee zu trinken."

Als ich am nächsten Tag kam, hatte ich mir geschworen, dass mehr als 80 Dollar nicht für mich drin waren. Wieder war die Begrüßung freundlich, ja fast schon herzlich, und er fragte mich nach meinen nächsten Reisestationen. Dann sagte er: „Ich will nicht, dass du mit leeren Händen von hier wegfährst. Ich geb' dir also die Jacke für 100. Ich bin nun um die Hälfte heruntergegangen. Schlag ein." Ich antwortete ihm mit seinem Satz vom Vortag: „Allah hat die Menschen ungleich gemacht. Deshalb können die einen mehr, und die anderen nur weniger zahlen. Es tut mir leid, aber ich kann höchstens 80 Dollar zahlen, das ist das Äußerste." Wenn er dies nicht akzeptieren könne, würde ich es ihm nicht verübeln und keineswegs mit leeren Händen von hier wegfahren, denn ich würde seine Gastfreundschaft und die Gespräche nicht vergessen.

Er seufzte, als ob er einen schweren Entschluss fassen müsste. Ob ich denn wollte, dass er gar nichts mehr an der Jacke verdiene? Ich verneinte, beharrte aber auf meinem Preis. „Ein Geschäft ist das für mich finanziell nicht mehr. Aber uns trennen nur noch zwanzig Dollar und die Jacke steht dir sehr gut. Ich will, dass du sie trägst. So lass uns denn jeder zum Schluss die gleiche Strecke zurücklegen, damit wir beide unsere Ehre behalten. 90 Dollar." Ich zögerte, überlegte und gab mir einen Ruck. „Du bist der Stärkere. Und es macht dem Stärkeren keine Ehre, von dem Schwächeren das Gleiche zu verlangen, sondern nur den Teil, um den er schwächer ist. 85 Dollar" und ich hielt ihm die Hand hin. Er schlug ein.

Traditionelles Feilschen – Hintergründe

Das traditionelle Feilschen ist nicht nur eine ökonomische, sondern gleichzeitig eine **ehrenerweisende Austauschhandlung** (Saygı, Şeref). Denn die Ehrenhaftigkeit der Handelspartner war in unsicheren Zeiten ein unerlässlicher Verhaltenskodex für den Warenverkehr, der beiden Beteiligten – Händler wie Käufer – neben dem Wertzuwachs durch die objektive Ware auch einen Zuwachs an sozialem Ansehen versprach. Beiden wohlgemerkt, sodass der Zuwachs auf beiden Seiten möglichst gleich, zum gegenseitigen Vorteil erfolgen sollte. Die rituelle Dynamik des Feilschens ähnelt damit dem uns schon bekannten Verhältnis der Gastfreundschaft, in dem Ungleichheit als Voraussetzung der wechselseitigen Ehrenbezeugung auf höherer Ebene wieder Gleichheit erzeugt.

So ist der Käufer zunächst einmal Gast, der durch sein **Interesse an der Ware** seines Gastgebers diesem selbst Saygı und Şeref einbringt. Und so wie die aufwendige Gastfreundschaft den Gast in eine Ungleichheit

(Schuld) bringt, so bringt die anerkannte Qualität der Ware den Kunden in eine Ungleichheit, die durch eine der Ware entsprechende Gegenleistung ausgeglichen werden muss.

Der **erste Preis,** den der Händler nennt, ist eine Demonstration (kein Äquivalenzausdruck) dieser Ungleichheit, mit der er selbst über die Qualität seiner Ware Şeref reklamiert. Der erste Preis des Händlers stellt also ebenso die Ungleichheit fest wie der erste Preis des Käufers. Damit wird von beiden Seiten bestätigt, dass man beiderseits Şeref reklamiert, dass aber der Ausgleich (und damit die Realisierung des Şeref-Anspruchs!) nur über eine reziproke Bewegung erfolgen kann.

Das **abgeschlossene Geschäft** drückt den beiderseitigen Gewinn von Ansehen aus, indem a) der Händler seinen Anspruch auf Ansehen durch die steigende Bewegung des Kunden erfährt (der mit der Annulierung seines ersten Preises die darin enthaltene Ungleichheit aufgegeben hat), und b) der Kunde seinen Anspruch auf Ansehen durch die fallende Bewegung des Händlers erfährt (der mit seiner Annulierung des ersten Preises die Ungleichheit auf seiner Seite aufgegeben hat). Der ganze Prozess erzeugt also Gleichheit und damit wechselseitig gewährte Ehre.

Würde der Kunde den ersten Preis des Händlers akzeptieren, so würde er damit dem Händler den Wertzuwachs abschlagen, den dieser durch die Demonstration der Ungleichheit (überteuerter Preis!) und den nachfolgenden Ausgleich anstrebt. Der Kunde würde ihm kein Şeref bewilligen, da er die Situation (den ersten Preis) gar nicht als ungleich empfunden hat. Das Resultat wäre Beschämung, ja Geringschätzung; die ehrenerzeugende Dynamik käme gar nicht erst in Gang. Dies ist der Grund, warum die oben angedeutete Bezahlungsweise der Amerikaner trotz des leicht erworbenen Geldes einen schalen Beigeschmack behält.

Der tatsächlich erzielte Preis hängt also nicht allein vom „objektiven" Wert der Ware ab, sondern hat auch mit der **Bedeutung der Ware als Wertausdruck im sozialen Austausch** zu tun. Deshalb gibt es auch keinen mathematisch feststellbaren „Preis der Mitte". Die Ware gewinnt über ihren Gebrauchswert hinaus die ideelle Funktion der sozialen Gleichheit.

Bietet der Händler die Ware XY z. B. einem reichen Kaufmann oder einem hohen Würdenträger an, so kann er seinen Anspruch auf Şeref durch einen höheren ersten Preis kundtun, als wenn ein armer Kunde vor ihm steht. Wenn er von ersterem (dem starken Kunden) nicht einen hohen Preis bekommt, wird der Wert seiner Ware und damit er selbst eine gewisse Geringschätzung erfahren, denn der Reiche gewährt Gleichheit, indem er viel gibt, also großzügig ist. Ist der Händler der Stärkere (gegenüber einem ärmeren Kunden), so wird der Anspruch der Großzügigkeit sich umdrehen. Im ersten Fall gewinnt der Händler Şeref, im zweiten der

Kunde. Şeref produziert also immer der **Stärkere, der dem Schwächeren Gleichheit gewährt.** Die erstrebte Gleichheit ist also ein sensibler und variabler Prozess, ein Ideal aller ungleichen Beziehungen.

Damit kommt man zu dem frappierenden Schluss, dass ein **unterschiedlicher Preis tatsächlich gerecht** sein kann, was also genau das Gegenteil von dem gängigen Vorurteil ist, dass man beim Feilschen „ über's Ohr gehauen wird". Und daraus erklärt sich auch, dass der reiche „Fremde" durchaus mehr zahlen muss als der Einheimische, ohne dass der Händler deswegen ein schlechtes Gewissen haben wird. Denn zu dem Einheimischen, dem „Nachbarn", ist das Verhältnis austariert, es besteht eine einmal festgestellte Gleichheit, die bei wirklichen Bekannten (Dauerkunden) nicht immer wieder neu hergestellt werden muss. Der Fremde (vor allem der ausländische Fremde) steht per se in einer ungleichen Position; man hält ihn für reich, und von Reichen viel zu nehmen, ist - wie oben erklärt - nichts Unehrenhaftes, im Gegenteil.

Das Gleichheitsverhältnis kann aber auch kippen bzw. unmöglich werden. Kommt der Sultan oder Staatspräsident zum Händler, ist jede Aussicht auf Gleichheit wegen des **zu großen Unterschieds** von vornherein blockiert. Der Händler wird akzeptieren, dass ihm ein großzügiger Preis bewilligt wird, der ihn in einer Position der Schuld und akzeptierten Ungleichheit zurücklässt. Ähnlich ungleich steht natürlich der Arme da, dem der Händler ein Gut als Almosen überlässt, da der Arme überhaupt keine materielle Basis für potentielle Gleichheit vorweisen kann. In beiden Situationen wird nicht gehandelt werden, beide - der Händler im ersten Fall, der Arme im zweiten - werden zu ungleichen „Dienern", zu Schuldnern, die sich nicht gleich machen können, sondern zu einseitigem Saygı verpflichtet sind. Da wo nicht gefeilscht wird, kann keine ehrenerzeugende Gleichheit hergestellt werden.

Türkei heute

Soweit die islamisch merkantil-soziale Utopie, die weitgehend noch in ihren Formen, aber nur noch selten in ihrem Inhalt präsent ist. Denn in der Türkei heute regiert - von Ausnahmen abgesehen - wie allerorten die sozial blinde und angeblich so objektive **Ökonomie von Angebot und Nachfrage.** Der Preis der Ware hat fast vollständig den menschlichen Austauschwert abgestreift, um in der Ungleichheit von Produktionskosten und Verkaufserlös den Profit zum Maß aller Dinge zu machen. Wir sind beim bloßen, ach so nackten Geschäft.

Und das ist brutal, wie die meisten **Teppichhändler in den Touristenzentren** selbstkritisch klagen. Der handgewebte Orientteppich *(halı)* stellt immer noch das Top-Prestigeobjekt unter den von den Touristen gewünschten Souvenirs dar.

Ganze Teppichfabriken *(carpet-factories)* sind an der Urlaubsküste entstanden, die fest im Ausflugsprogramm der großen Reiseveranstalter stehen. Die **Touristengruppen** werden am Eingang an traditionell gekleideten Weberinnen vorbeigelotst, die tief in ihrer Arbeit versunken erscheinen (ist die Gruppe weg, hören sie auf zu knoten) und ein ideales und willfähriges Fotomotiv abgeben. Dann geht es in den Präsentationsraum, wo ein gut gekleideter und höchst eloquenter Teppichhändler die Gäste – Tee wird von Bediensteten eilfertig bereitgestellt – über die Kriterien und Schönheiten des orientalischen Teppichs aufklärt. Sein Vortrag ist in der Regel gut einstudiert und stellt sich als unentgeltlich und freundlich dargebotene Information dar – von Preisen wird zunächst nicht geredet. Die hervorragenden und zweifelsohne interessanten Ausführungen des Händlers, dem zwei oder drei Bedienstete zur Seite stehen, werden von einer Kaskade immer wieder neu aufgerollter, wundervoller Teppiche unterstrichen und dokumentiert; am Schluss hängen nicht selten selbst die Besucher an der Angel, die sich vorher geschworen haben, nichts zu kaufen.

Wenn es dann endlich an das Feilschen geht, beginnt vor allem für den Teppichhändler selbst eine oft nicht leichte Gradwanderung. Denn hinter den Kulissen hat sich das Geschäft mit dem Teppich so verfilzt, dass es eigentlich auch ihm keinen Spaß mehr macht. Nicht selten klopfen die Vertreter der **großen Hotels** im Winter an die Türen der Teppichhändler, um diesen ein lukratives Geschäft vorzuschlagen. Das Hotel selbst hat einen Vertrag mit den großen Reiseveranstaltern in der Tasche (Vertragshotel) – so sie nicht selbst ohnehin die Eigentümer des Hotels sind –, die sich für die Saison ein gewisses Kontingent an Betten – nicht selten alle – exklusiv für sich reservieren. Das garantiert dem Vier- oder Fünf-Sterne-Hotel eine sichere Einnahme und eine hohe Auslastung.

Um im Vergleich zu ähnlich qualitativen Hotelkonkurrenten den Zuschlag zu bekommen, muss der **Zimmerpreis niedrig** gehalten werden. Während der Pauschaltourist nun für dieses Zimmer täglich 15 Euro bezahlt, müsste der zufällig vorbeikommende Individualtourist den „wahren" Preis von 50 Euro zahlen (natürlich wird ein Individualreisender niemals an die Tür eines Vertragshotels klopfen, das kann er zu Hause unschlagbar billiger bekommen). Wie schafft es das Hotel, den Zimmerpreis so lächerlich niedrig zu halten? Über ein „Zubrot"; womit wir wieder beim Teppichhändler sind.

Denn der Hotelbesitzer bzw. Reiseveranstalter bietet dem **Teppichhändler** an, all seine lukrativen Gäste auf Ausflugsfahrten zu ihm zu führen, wenn er, ja wenn er sich im vorhinein dafür „erkenntlich" zeigt. Der Teppichhändler rechnet und zahlt - bevor er einen Teppich verkauft hat - sagen wir 10.000 Euro. Die Reisegruppen kommen, aber der sie begleitende Tour-Guide (Reiseführer) will auch noch einige Prozente pro verkauftem Teppich abhaben. All das muss der Teppichhändler nun in seine **Preisstrategie** als „Vorkosten" einfließen lassen. Noch schwieriger wird die Sache, wenn man bedenkt, dass der Tour-Guide, der sich bei „seinen" Touristen als Kenner des Landes erweisen will (und das im Trinkgeld honoriert sieht), diesen rät beim Feilschen - denn das gehört zum touristischen Orienterlebnis - den Preis immer um die Hälfte oder gar um mehr zu drücken.

Was soll der Teppichhändler nun machen? Geht er davon aus, dass der Kunde ihn um 50-70% drücken zu müssen meint, weil das der „wahre Preis" sei, so muss er diese Marge in seinem Erstangebot „draufschlagen". Erweist sich der Kunde aber als nicht-informiert (weil er zum Beispiel dem Tour-Guide nicht zugehört hat), so kann es passieren, dass dieser bei 20% Nachlass aufhört zu handeln und de facto einen viel höheren Preis zahlt, als der Teppichhändler selbst vorausberechnet hat. Der Kunde erfährt später, dass er das Doppelte oder Dreifache des „wahren Preises" gezahlt hat und schreit laut **„Betrug"**. Geht der Teppichhändler nun umgekehrt davon aus, dass der Kunde unbelastet in das Feilschen geht, er also den Erstpreis sehr viel niedriger ansetzen kann, dann zeigt sich der „informierte" Kunde misstrauisch, wenn der Teppichhändler nach 30% Nachlass erklärt, dass dies für ihn die Grenze sei; er denkt an das vertrauensvoll zugeflüsterte Wort des Tour-Guides und wähnt nun erst recht, über's Ohr gehauen zu werden.

Was für ein Tohuwabohu! Eigentlich weiß bei dieser **Verfilzung** keiner mehr, was er von dem anderen halten soll. „Ein knochenhartes, ein oft unehrliches Geschäft. Es macht wirklich keinen Spaß mehr." So die dunkle Klage nicht weniger Teppichhändler an der sonnigen Urlaubsküste.

Verhalten beim Teppichkauf

Was soll man also demjenigen raten, der seine Türkeireise mit dem Erwerb seines persönlichen Zauberteppichs krönen will?

Zunächst einmal: viel, **viel Zeit** mitbringen. Das alleine lässt Sie schon weit aus der Mehrheit der ausländischen Käufer hervorstechen. Betreten Sie einen Laden immer lächelnd, nutzen Sie die Angebote zur einleitenden **Unterhaltung** über ihr Woher und Wohin, ihre Familie und die unumgängliche Frage, wie Ihnen die Türkei gefällt. Zeigen Sie ihrem Gegenüber durch entsprechende Gegenfragen, dass Sie auch an ihm und seiner Kultur großes Interesse haben, kurz: Reden Sie am Anfang über alles mögliche, aber nicht über Preise!

Vergleichen Sie die Angebote und lassen Sie sich die Unterschiede und Kriterien der **Teppichqualitäten** von mehreren Händlern erläutern. Da wäre zunächst einmal das Material (meist Wolle, seltener die kostbarere Seide), dann die Knotenzahl (je höher die Dichte, desto wertvoller), des weiteren die Farben (Pfanzenfarben sind höher einzuschätzen als die chemischen Anillin- oder Chromfarben) und nicht zuletzt die Motivarbeit. Letztere ist eine schwer einschätzbare Wissenschaft für sich, denn ein klassischer Teppich wird je nach seinem ursprünglichen Verwendungszweck (z. B. Gebets- oder Hochzeitsteppich) reich an symbolischen Ornamenten sein. Ein guter Teppichhändler wird Ihnen das Design ausführlich auseinanderlegen können, sodass man zu seinem Teppich eine auch mythologisch ganz persönliche Beziehung knüpfen kann.

All das, samt der Einladung zum Tee, hat sie bisher zu nichts verpflichtet. Sie können fünf *çay* getrunken haben und drei Stunden den wunderbaren Erläuterungen des Teppichverkäufers gefolgt sein – solange Sie nicht einen **Preis genannt** haben, können Sie nun aufstehen und ohne Gesichtsverlust den Laden wieder verlassen. Nennen Sie aber einen Preis – und sei es auch nur versuchsweise! – so geht man davon aus, dass Sie sich in das Feilschen einlassen, und dann erwartet man auch die Bereitschaft zum ehrenhaften Abschluss. Es gilt als höchst unschicklich, nach Nennung eines eigenen Preises das Feilschen ohne Einigung abzubrechen (siehe oben).

All das, was Sie vorher bei ihren geduldigen Erkundigungen gelernt und erfahren haben, sollten Sie im Ernstfall nun einsetzen. Tun Sie wenigstens so, als ob Sie etwas über Material und Knotenzahl verstünden, streicheln Sie das Gewebe und drehen Sie den Teppich **fachmännisch** hin und her.

Im Gegensatz zur obigen Anekdote sollten Sie am Anfang ihr **Interesse** an ihrem ausgewählten Teppich eher beiläufig bekunden, ein zweifelndes, ja leicht unwilliges Mienenspiel aufsetzen.

Das sollten Sie dann aber – nach Eröffnen des Feilschens – in eine freundliche, geduldige und an die Ehre appellierende **Verhandlungstaktik** umwandeln. Und je länger Sie um ihr persönliches Wunderwerk aus Tausendundeiner Nacht feilschen werden, um so schönere Geschichten wird es Ihnen zu Hause erzählen. Und vielleicht steigt Ihnen ja bei Ihrem persönlichen Feilsch-Erlebnis dann doch noch der alte orientalische Geist des würdevollen Ehrenhandels aus dem Teeglas ...

Ergänzende Tipps A–Z

Alkohol und Drogen

Was in den Touristenorten überhaupt kein Problem ist, sieht in den traditionellen und besonders religiösen Regionen und Kleinstädten Anatoliens schon anders aus. Der Islam verbietet den Genuss von **Alkohol,** der im Koran immer mit Wein gleichgesetzt wird: „O ihr, die ihr glaubt, siehe, der Wein, das Spiel, die Opfersteine und die Pfeile sind ein Greuel von Satans Werk. Meidet sie; vielleicht ergeht es euch wohl." (5. Sure)

Wer also in einer **frommen Kleinstadt** abends noch schnell eine Flasche Bier *(bira)* oder Wein *(Şarap)* aufs Zimmer mitnehmen will, sieht sich beim *bakkal* (Tanta-Emma-Laden) nicht selten einem achselzuckenden und vieldeutig lächelnden Verkäufer gegenüber, der keinen Tropfen Alkohol in seinem Laden hat. Der darf nämlich hier nur in einem Laden mit Alkohollizenz verkauft werden. Hat man den Sündenladen endlich gefunden, wundert man sich, wie sorgfältig der verwerfliche Stoff in undurchsichtige Plastiktüten verpackt wird, damit ihn draußen, in der frommen Öffentlichkeit, ja niemand sieht. Spätestens wenn die Entgegenkommenden oder der Portier angesichts der Plastiktüte dann noch ihr nachsichtiges Lächeln zeigen, beschleicht einen das unbestimmte Gefühl, Alkoholiker und überhaupt von verwerflichem Charakter zu sein.

In den Restaurants dieser Stadt sieht es nicht anders aus; die meisten werden keinen Alkohol ausschenken, und man muss schon in einer lizensierten 4- oder 5-Sterne-Herberge einkehren, um die Ausnahme zu finden.

Wie gesagt: Derartige Erfahrungen wird man nur in besonders traditionellen Orten machen, denn der Türke ist durchaus dem Hochprozentigen nicht abgeneigt (sodass das verrufene Nass selbst in religiösen Hochburgen nicht selten unter dem Ladentisch verkauft wird). **Einladungen zu einem Bier oder einer hochprozentigen Rakı-Tafel** haben unter Durchschnittstürken nichts Ehrenrühriges, solange sie nicht in ein wüstes Gelage ausarten und Sie schwankend nach Hause torkeln. Letzteres sollten Sie um jeden Preis vermeiden, denn öffentliche Trunkenheit ist eine Schande.

Ungleich härter ist der Umgang mit **illegalen Drogen** wie Haschisch, Opium und Heroin. Wer auch nur mit einer kleinen Menge dieser Rauschgifte erwischt wird, macht unweigerlich Bekanntschaft mit den zu Recht berüchtigten türkischen **Gefängnissen.** Lassen Sie sich also nichts andrehen. Und wenn jemand Sie bittet, für einen Freund ein Päckchen mitzunehmen und abzuliefern, sollten Sie wenigstens wissen, was drin ist.

Allein reisende Frauen

Allein reisende Frauen müssen sich insbesondere in den ländlichen sowie ostanatolischen Gebieten darüber im klaren sein, dass sie quasi eine **Kuriosität** darstellen und als solche ständig im Zentrum des Interesses und der Beobachtung stehen. Keine türkische Frau käme hier auf die Idee, ohne männliche oder wenigstens eine weitere weibliche „Schutzperson" zu reisen. Etwas abgeschwächt gilt das gleiche auch für die zentral- und nordanatolischen Regionen; lediglich die Touristenküste West- und Südanatoliens sowie die großen Städte haben sich durch den Massentourismus an den Anblick allein reisender Frauen gewöhnt. Was nicht heißt, dass die folgenden Ratschläge in diesen Regionen nicht gelten würden.

Eine erhebliche Erleichterung ist deshalb das Reisen mit einer oder mehreren Freundin(nen), denn eine **Frauengruppe** – und seien es nur zwei – steht bei weitem nicht so im Brennpunkt und „Verdacht" wie eine allein reisende Frau. Die gleiche „ Erleichterung" verspürt eine allein reisende Frau mit Kind (siehe unten Stichwort „Kinder").

Das Bild der westlichen Frau ist durch die Medien sowie auch durch das Auftreten von Touristinnen entlang der Küste allgemein eher negativ gefärbt, d.h westliche Frauen müssen beständig gegen das – wenn auch oft nur latent wirksame – **Image der „ehrlosen Frau"** ankämpfen, das durch den nicht zu leugnenden „Sextourismus" (siehe Stichwort unten) leider noch bestätigt worden ist. Die Folge ist, dass nicht wenige Männer denken, dass eine allein reisende westliche Frau prinzipiell auf Abenteuer aus ist. Ein einmal vorhandenes kulturelles Vorurteil aber individuell zu revidieren, ist immer schwer und kann eine beständige und nervende Anstrengung sein (Vorwurf der ständigen „Anmache").

Trotzdem ist bei Beherzigung der folgenden Standardregeln eine Reise durch die Türkei auch für Frauen ein gefahrloses und gewinnbringendes Erlebnis. Wer die kulturelle Gestik etwas übt und sich erst einmal in seiner kontrollierten „Ausstrahlung" und Körpersprache sicher ist, der wird sich als Frau in einer türkischen Stadt – zu Recht! – sicherer fühlen als in einer europäischen Metropole. Der **türkische Mann** ist um keinen Deut chauvinistischer oder aggressiver als sein europäisches Pendant, im Gegenteil: Während der europäische Charmeur keine kulturspezifische „Frauenschutzzone" akzeptieren muss oder wird, ist der türkische Mann durchaus durch einen überpersonalen Ehrenkodex gehalten, die Ehre aller sich entsprechend verhaltenden Frauen nicht nur zu respektieren, sondern auch zu schützen. Schwarze Schafe gibt es überall.

Ansonsten aber gilt: **Sie als Frau kontrollieren die Situation,** Sie entscheiden durch ihr Verhalten und ihre Kleidung (siehe Stichpunkt unten) über die Nähe bzw. Distanz zum anderen Geschlecht. Sie sind aktiv, die Männer reagieren nur! Die Rolle der Frau in einer islamischen Gesellschaft ist keineswegs so machtlos und opferhaft, wie im Westen oft irrtümlich behauptet wird (man kann sogar durchaus die gegenteilige Meinung vertreten!). Wenn Sie **sich eindeutig verhalten** und nicht in zweideutige Situationen begeben und diese auch nicht zulassen, werden Sie die beruhigende und zugleich bereichernde Erfahrung machen, Situationen kontrollieren und lenken zu können. Ein am Finger prangender eheähnlicher Ring und das Bild ihres zweijährigen Sohnes sind allerdings keine hinreichenden Talismane! Das einzige, aber unter Umständen schwerwiegende Manko, mit dem Sie wirklich zu kämpfen haben werden (nämlich: eine westliche, d. h. potenziell ehrlose Frau zu sein), lässt sich nur durch ein dementsprechendes Verhalten korrigieren. Groteskerweise wird Ihnen dieses in einer traditionellen Umgebung sogar leichter gelingen als an der Urlaubsküste. Denn im ersteren Bereich sind die kulturellen „Verhaltenslesarten" noch intakt und als Räume klar getrennt bzw. akzeptiert, während der türkische Strandgigolo in Bodrum Ihnen ein solch „korrektes" Verhalten gegebenfalls gar nicht mehr abnehmen wird, da er jeden Tag vom Gegenteil überzeugt wird.

Halten Sie mit Gesten und **körperlich in jeglicher Hinsicht Distanz zu Männern!** Da Sie sich in der Männerwelt (Öffentlichkeit) bewegen, wird jedes Signal offen oder heimlich beobachtet und ausgewertet.

Vermeiden Sie den persönlichen, intensiven **Blickkontakt zu Männern.** Schauen Sie durch diese hindurch (wie es die türkischen Frauen auch machen) und treten Sie stolz und selbstsicher auf (das wirkt distanzierend).

Reagieren Sie beim Passieren von männlichen Personen – insbesondere jungen Männern – auf keine Äußerungen, weder anzügliche (Anmache über obszöne Wörter) noch neugierig freundliche. Sollten Sie in eine solche Situation geraten, entfernen Sie sich würdevoll – nicht zu langsam, aber auch nicht zu schnell – und **ignorieren Sie jede nachgerufene Bemerkung.**

Bei Kontakt zu offiziellen Personen – Busfahrern, Beamten etc. – ist es ratsam, sich nicht in persönliche Gespräche verwickeln zu lassen (so freundlich diese auch gemeint sein mögen), sondern in **sachlicher Höflichkeit** sein Anliegen vorzubringen, um danach wieder Distanz wahren zu können.

Das **Anlächeln eines fremden Mannes** im Café oder wo auch immer wird – egal wie unverfänglich und freundlich gemeint – als Einladung empfunden werden und Missverständnisse erzeugen; das gilt – eingeschränkt

042tu Foto: mf

– auch gegenüber offiziellen Personen! Mit einem leichten Lächeln für eine Dienstleistung zu danken, ist durchaus schicklich und nicht verfänglich, einem Verkäufer aber in die Augen zu lachen, mindestens zweideutig.

Die körperliche Distanz zu Männern betont und unterstreicht ihre Ehre. Im Bus wird Ihnen der Steward ohnehin einen Platz neben einer Frau (oder einen Einzelplatz) zuweisen, auch wenn dabei der halbe Bus in seiner Sitzordnung umgekrempelt werden muss. Steigen Sie in einen vollbesetzten Bus oder ein Dolmuş, sollten Sie sich **nicht neben einen Mann setzen,** auch wenn dies die einzigen Plätze sind, die frei sind. (Die Tatsache, dass Sie ältere Frauen sehen werden, die von dieser Distanzregel befreit sind, ändert nichts an dem Gesagten.) Die Männer werden in der Regel dann sofort zusammenrücken und Ihnen so eine eigene Sitzreihe überlassen. Sollte – was aber normalerweise niemals passiert und schon vom Steward geahndet werden wird! – sich ein „ungehöriger" junger Mann beim Zusteigen in den Langstreckenbus neben Sie setzen, so bestehen Sie freundlich darauf, neben einer Frau oder einem Kind sitzen zu dürfen; eher wird man ein zusammmensitzendes Ehepaar trennen – um eine Frauenbank zu bilden –, als eine Frau neben einem fremden Mann sitzen zu lassen. Ihr freundlicher Protest wird von allen Mitfahrenden – einschließlich der Männer – mit Sympathie und Verständnis aufgenommen werden, schließlich zeigen sie damit ihre Ehre. Nur wenn es gar nicht anders geht, also keine andere Frau oder kein Kind im vollbesetzten Dolmuş als „Puffer" eingesetzt werden kann, und nur wenn die Strecke sehr kurz ist und Sie unbedingt diesen Dolmuş nehmen müssen, nur dann kann für Minuten eine Ausnahme von der Regel gemacht werden. Steigen Sie in ein Taxi ein, so setzen Sie sich auf den Rücksitz (am besten hinter den Fahrer, sodass dieser Sie im Spiegel nicht taxieren kann). Jede junge türkische Frau wird sich ebenso verhalten.

Lassen Sie sich **niemals von Männern anfassen!** Dies gilt auch für freundschaftlich gemeinte Gesten (joviales In-den-Arm-Nehmen oder Arm um die Schulter legen). Nicht selten stellen derartig harmlos aussehende und schmeichelhafte Gesten „Testannäherungen" dar, um Ihre Distanzbereitschaft auf die Probe zu stellen. Ein türkischer Mann, der Sie wirklich beschützen will (und das kann häufig vorkommen!), wird Ihre Ehre und seine „Ritterlichkeit" dadurch dokumentieren, dass er die körperliche Distanz zu Ihnen wahrt und respektiert – auch über den dritten Tag hinaus!

Sollten Sie in eine Situation geraten (z. B. im vollbesetzten Zug oder auf dem Bazar), in der Sie **„unabsichtlich" scheinenden Berührungen seitens der Männer** ausgesetzt sind (Frottage = Berühren des anderen Geschlechts im Gedränge mit deutlich sexuellen Absichten), so müssen Sie je nach „Schwere" und „Eindeutigkeit" des Falls entscheiden, ob ein einfaches Sich-Entziehen ausreicht oder drastischere Maßnahmen notwendig sind. Ist die Attacke eindeutig und unverfroren, so werden Sie laut und stellen Sie den Angreifer bloß. Machen Sie sein unverschämtes (scham- und ehrloses) Verhalten öffentlich! Auch wenn Sie das in einer fremden Sprache tun, Ihre Stimme und Gestik können deutlich genug sein. Alle umstehenden Frauen – und ehrbewussten Männer – werden sich mit Ihnen solidarisieren, Ihr Schimpfen unterstützen, und der bloßgestellte Angreifer muss schleunigst den Rückzug antreten. Tun Sie das aber nicht, wird Ihr Schweigen als Einverständnis aufgefasst werden!

Nutzen Sie die in den verschiedenen Bereichen existierenden **Familieneinrichtungen,** die ihnen als allein reisender Frau eine entspannende Rückzugsmöglichkeit bieten. Ob in einer *aile pansiyonu* (Familienpension), einem *aile çay bahçesi* (Familienbereich des Teegartens) oder dem *aile salonu* (Familienzimmer eines Restaurants), allein stehende oder reisende

Männer sind hier ausgeschlossen, und alle achten darauf, dass diese Regel auch eingehalten wird.

Lassen Sie keine missverständliche Situation zu! **Vermeiden Sie auf jeden Fall das Alleinsein mit Männern,** auch wenn diese sich als Freunde oder Beschützer anbieten. Dies gilt besonders abends oder generell in nicht einsehbaren Räumen. Alleine schon die Tatsache, dass Sie sich in eine solche Situation bringen lassen, kann völlig falsch verstanden werden und zu unangenehmen Konsequenzen führen!

Nutzen Sie dagegen all die Kontaktmöglichkeiten und Sicherheiten, die Ihnen im **Frauenbereich** offenstehen. Hier können Sie durchaus individuell reagieren und Vertrauen haben: Sie werden neugierig ausgefragt und sofort unter die Fittiche genommen werden. Über die Anrede (siehe „Im Außenbereich: Gleichheit und Ungleichheit und der Wert Şeref") können Sie jede Frau um Hilfe und Solidarität bitten.

Allein reisende Männer

Die alleinreisenden Herren der Schöpfung haben es natürlich – im Unterschied zu allein reisenden Frauen – wie immer leichter. „It's a man's world", was im Fall allein reisender Männer in islamischen Gesellschaften fast wörtlich genommen werden kann.

Denn dass Männer reisen, sich also **im „Außenraum" frei und selbstverständlich bewegen,** versteht sich im Islam von selbst. Was allerdings keineswegs heißt, dass Männern alle Räume offen stehen. Denn neben dem „Außenraum" gibt es, wie wir nun ja wissen, vor allem in traditionellen Gebieten den geschützten und tabuisierten „Innenraum" der Frauen.

Anders als bei reisenden Pärchen haben allein reisende Männer so keine (oder kaum eine) Möglichkeit, Einblicke in das geheimnisvolle Reich der **Frauenwelt** zu gewinnen. Und das gilt keineswegs nur bei der Einladung in das Haus einer traditionellen Familie.

Sicher, Sie können sich – anders als die Frauen – in jedes Teehaus begeben, deren einfachere Grundversionen zweifellos ohnehin eine reine Männerdomäne darstellen; sollten Sie sich aber in einem etwas gehobenen und pittoresken **Teegarten** ausgerechnet in der Familienecke *(aile)* niederlassen, weil Sie die dort anwesenden Frauen als angenehme Bereicherung des Ambientes empfinden, so kann es Ihnen passieren, dass Sie höflich, aber entschieden in die „Außenwelt" verwiesen werden, also jenen Bereich, in dem allein stehende männliche Besucher unter sich sind. Gleiches kann Ihnen in einer **Familienpension** *(aile pansyonu)* oder einem **Familienrestaurant** *(aile salonu)* passieren, wo Sie ebenfalls in die meist vorhandenen „reinen" Männerbereiche dirigiert werden.

Der „Innenbereich“ *(mahrem)* ist also – wenn auch nur in wenigen Fällen – durchaus im Außen *(namahrem)* präsent. Dazu gehört auch, dass man sich im **Bus oder Zug** nicht neben einer Frau, die allein ist, niederlassen sollte (das kann auch bei einem *yabanci* – Ausländer – als Affront aufgefaßt werden), und dass man, so man die geografische Orientierung verloren hat, möglichst einen Geschlechtsgenossen um Beistand fragt (die ja ohnehin viel häufiger auf der Straße zu sehen sind als die Frauen).

Nicht ganz so zurückhaltend und sensibel müssen Sie sich übrigens verhalten, wenn Sie sich einer **Frauengruppe** gegenübersehen sollten; Gemeinschaft macht stark, und die Damen werden Sie bei einer Frage nach dem Weg durchaus offen und herzlich beraten.

Wenn Sie in einen **Bus ohne Sitzordnung** – sprich: Ticket – einsteigen, ist es besser zu stehen oder sich in den Gang zu setzen, als sich auf dem freien Platz neben einer jungen Dame niederzulassen. Ähnliches gilt selbstredend auch für den **Dolmuş,** wo man – solange es eben geht – den Körperkontakt zum anderen Geschlecht vermeidet. Sollte der dann aufgrund der Enge doch einmal nicht zu vermeiden sein, „übersehen“ Sie einfach für die paar Minuten – wie auch Ihr Gegenüber – die „verfängliche“ Situation, die dann als solche auch nicht verfänglich zu sein hat. Etwas lockerer kommt übrigens dieses „Anstandsgefühl“ bei älteren Damen daher; diese werden sich – falls es nicht anders geht – schon mal ohne großes Geziere neben einen Mann setzen – Alter macht hierbei eben frei.

Bei **Einladungen** ist es schicklich, sich nicht eher nach der Ehefrau oder gegebenenfalls den Töchtern zu erkundigen, bevor nicht ihr männlicher Gesprächspartner selbst diesen Punkt anschneidet. Dann allerdings werden Sie feststellen, dass das Gespräch „unter Männern“ erstaunlich offen und unverkrampft verlaufen kann.

Zeigen Sie in Bezug auf Frauen also ein besonders **defensives Feingefühl.** Ihre Umgebung (Männer wie Frauen) wird es, ohne Worte darüber zu verlieren, sehr wohl notieren, dass Sie „Distanzbewusstsein“ zeigen – und zwar nicht, weil die Frauen Sie stören, sondern weil Sie wissen, dass Sie diese stören könnten.

Wer – zumindestens auf der Straße – die Hosen anhat, wird sich im übrigen von seiner „ritterlichsten“ Seite zeigen, wenn es denn doch – über männliche Bekannte oder etwaige Not- oder Zufallssituationen – zum Kontakt mit dem anderen „Lager“ kommt; ein hilfsbereites, aber unaufdringliches Verhalten weist Sie als aufmerksamen „Beschützer“ aus.

Apropos **Hosen:** Die sollten lang sein. Lassen Sie sich nicht, gerade in Antalya oder Bodrum gelandet, von der Tatsache irreleiten, dass an der Touristenküste keine „Kleidervorschriften“ zu erkennen sind und die Türken hier selbst schon in kurzer Hose über die Straße spazieren. Nur wenige Kilometer landeinwärts (von Ostanatolien ganz zu schweigen) sieht es anders aus; ein Mann mit nackten Beinen wird bei noch so großer Hitze hier Unverständnis hervorrufen, ja bestaunt, vielleicht sogar ausgelacht werden. In allen Fällen bleibt von Ihrem Ansehen nicht viel übrig.

Aber abgesehen von diesen kleinen stofflichen Einschränkungen können Sie nun all die **Männerherrlichkeiten und -freiheiten** genießen, die das Zusammensein mit Geschlechtsgenossen so mit sich bringt. Ihnen gehört die Straße; und die Sorge und Aufmerksamkeit, mit der sich Ihr Reisegenosse bei Anwesenheit seiner mitreisenden Frau herumzuschlagen hat (siehe „Paare unterwegs"), können Sie mitfühlend belächeln. Sie sind eben frei und (als ansonsten zu Schutz und Sensibilität gegenüber der Frau verpflichteter Reisepartner) weit „unverwundbarer". Bei viel *çay* und mit noch viel mehr Keyif können Sie den uneingeschränkten Charme und Frieden einer unter sich weilenden Männerwelt genießen – no woman, no cry.

Gesprächsverhalten

Bei einem **Besuch im zentralanatolischen Ayazın** parkten wir den Wagen unmittelbar am zentralen Platz des Dorfes. Die Männer in den umliegenden zwei oder drei Teestuben musterten uns neugierig, gaben unseren Gruß auch höflich zurück, aber unternahmen sonst erst einmal nichts, um mit den *yabancı* (Fremden) ins Gespräch zu kommen. Die Tuffsteinhöhlen, derentwegen wir gekommen waren, liegen etwas außerhalb des Ortes, sodass wir uns zu Fuß auf den Weg machten. Unterwegs wurden wir von Dorfbewohnern herzlich gegrüßt, ja ein Wagen hielt unaufgefordert, um uns mitzunehmen, was wir dankend abschlugen. Bei unserer Rückkehr zum Dorfplatz erwartete uns am Wagen ein kleines Empfangskomitee, das uns in das kleine Büro des *muhtar* (Dorfvorsteher) brachte. Nach einer formell ablaufenden Begrüßung wurde uns Tee serviert. Während der *muhtar* uns gegenüber würdevoll vor seinem Schreibtisch saß, standen ständig drei oder auch vier andere männliche Personen bereit, die teils der Unterhaltung zuhörten, teils die Befehle des Dorfvorstehers erfüllten. Wir bedankten uns sehr für die ehrenvolle Einladung und bewunderten die moderne Ausstattung des Büros, wobei wir auch respektvoll das große, über dem Kopf des *muhtar* hängende Portrait *Atatürks* notierten. Das Dorf mache einen sehr guten und schönen Eindruck; wie denn der Anschluss an die anderen Dörfer wäre, wieviele Menschen hier wohnen, ob viele Fremde vorbeikämen? Mit dergleichen und anderen Fragen (und einer weiteren Runde Tee) war der gegenseitigen Ehrenbezeugung Genüge getan. Die Aufforderung, doch noch länger zu bleiben, wiesen wir dankbar mit dem Hinweis zurück, dass wir am Abend leider schon erwartet würden. Der *muhtar* akzeptierte diese Notwendigkeit und begleitete uns samt Gefolgschaft noch zum Wagen.

Wer sich gerne unterhält und sich für die Menschen seines Reiselandes interessiert, wird in der Türkei ein Paradies finden. Mufflige, einsilbige Miesepeter sind in diesem Land absolute Ausnahmen, und wer mit ein bisschen Freundlichkeit und Offenheit daherkommt, wird eher das Problem haben, die **Einladungen zum Tee** wegen ihrer Häufigkeit dosieren zu müssen. Eine solche Einladung abzusagen, bedarf nämlich immer einer kleinen Erklärung – und wenn es nur das Verschieben auf später ist. Ein plattes „Nein" ist nicht am Platze und wirkt schnell beleidigend. Es gilt hier natürlich zu unterscheiden; der Teppichhändler oder Schmuckverkäufer verbindet seine Einladung zunächst sicher mit der Aussicht auf ein Geschäft, sie ist insofern oft taktischer Natur (was nicht heißt, dass die Annahme der Einladung Sie zu irgendetwas verpflichtet und was auch nicht heißt, dass der Einladende von Ihnen enttäuscht ist, weil Sie ohne zu kaufen bei ihm Tee getrunken haben).

Haben Sie aber irgendwo jemanden getroffen, der Ihnen begeistert seine Deutschkenntnisse anbietet, und haben Sie vor allem mit ihm schon ein paar Sätze geredet, sollten Sie für die **Ablehnung seiner Einladung** einen plausiblen Grund parat haben. Dies gilt vor allem dann, wenn Sie in einer Region sind, wo wenige (!) Touristen vorbeikommen; die Einladung ist hier sozusagen „ernster" gemeint, und ihre Zusage wird ihren Gastgeber besonders freuen, die Absage ihn aber irritieren, vielleicht sogar beleidigen.

Wer über **keine türkischen Sprachkenntnisse** verfügt, wird in vielen Orten – nicht nur den Touristenorten – Türken begegnen, die als zurückgekehrte Gastarbeiter gerne von ihrer Zeit in Almanya erzählen. Zur Not geht's aber auch ohne Sprache, wobei die Mimik und das Austauschen von Zigaretten dann umso beredter sein sollte. Aber wer nur ein paar türkische Brocken (siehe „Begrüßung") beherrscht, kann sicher sein, ein anerkennendes *„çok güzel"* („sehr schön") zu hören; die Tatsache, dass Sie sich Mühe geben, wiegt alle (Sprach)fehler zehnfach auf.

Die **Fragen an Sie** werden zunächst immer die gleichen sein: Woher Sie kommen, wie lange Sie bleiben, ob Sie das erste Mal in der Türkei sind usw. Es grenzt an Herzlosigkeit, auf die obligatorische Frage, ob es Ihnen in der Türkei gefällt, etwas anderes als obiges *„çok güzel"* zu sagen. Egal was die Türken an ihrem Land selbst auszusetzen haben, **Kritik** ist nicht das, was man im ersten Gespräch von einem Gast erwartet. Wird man dann „warm" miteinander, sieht die Sache schon anders aus, und die vielen Fragen des Gastgebers eröffnen durchaus die Möglichkeit, selbst interessiert zurückzufragen.

Politisch sensible Themen sind vor allem das Kurdenproblem und das von Europa auf die lange Bank geschobene Beitrittsgesuch zur EU.

Türkische Männer reden u. a. auch gerne über **Geldangelegenheiten,** denn natürlich wollen sie wissen, wieviel man in Deutschland verdient und wieviel der Gast für das Hotelzimmer gezahlt hat (was sie meistens ohnehin schon wissen). Die Tatsache, dass der Vergleich reiner Zahlen für die Türkei natürlich ärmlich ausfällt (in einer vergleichbaren Tätigkeit verdient der Deutsche das 8- bis 10-fache seines türkischen Gegenübers), sollte selbstredend kein Grund sein, mit stolzgeschwellter Brust am Tisch zu sitzen. Die astronomisch hohe Zahl des deutschen Einkommens relativiert sich (wenigstens etwas), wenn Sie darauf hinweisen, dass man in Deutschland auch astronomisch hohe Miet- und Lebensmittelpreise zahlen muss. (Die beschämende Tatsache, dass der türkische Durchschnittsbürger in Europa keinen Urlaub machen kann, die Europäer aber zu Millionen ins Land kommen, erklären Sie dadurch natürlich nicht.)

Es sei noch auf etwas hingewiesen, was nur schwer zu lernen und noch schwerer zu vermitteln ist: nämlich die Gratwanderung zwischen einer prinzipiell offenen Herzlichkeit und der Notwendigkeit, Gespräche auch mal abzuwürgen bzw. **Gesprächsangebote zu ignorieren.** „Alte Hasen" sehen jemandem schon an der Nasenspitze an, was er von einem will, und

043tu Foto: td

reagieren dementsprechend souverän. Und es geht ja auch nicht anders: Wer auf jeden Zuruf im Bazar ernsthaft reagieren würde, brauchte nicht nur Stunden, um wieder heraus zu kommen, er wäre auch von dem andauernden Gerede über Sachen, die er kaufen soll, unendlich genervt. Also lächelnd vorbeigehen und sich nichts in die Hand drücken lassen. Grundsätzlich gilt: Je touristischer ein Ort, desto größer die Wahrscheinlichkeit, dass das Interesse rein geschäftlicher Natur ist.

Kommen Sie aber ins **Landesinnere,** zumal in die Dörfer, so vergessen Sie ihr Misstrauen ruhig wieder schnell. Für die Leute, die sich hier mit Ihnen unterhalten wollen, sind Sie der Gast, der Ehre bringt und Schutz verdient. Wenn Sie nicht annehmen, verpassen Sie vielleicht das Beste Ihrer Reise ...

Wichtig für das konkrete Gesprächsverhalten ist die Situation sowie das Alter und die Stellung bzw. die **Zusammensetzung der Gesprächsteilnehmer.**

Unter mehr oder weniger **Gleichaltrigen** ist der Ton locker und herzlich, und schnell werden auch persönliche Fragen gestellt; wie alt man ist, wieviel man in seinem Beruf verdient, ob man verheiratet ist, ob man Kinder hat usw.; als ausländischer Gast erweckt man – abseits der Touristengebiete – eben immer noch Neugier, und die Fragen dienen der Orientierung und dem Vergleich mit der eigenen Situation. Die gleichen Fragen kann man natürlich auch umgekehrt stellen. Ein solch offenes Gesprächsverhalten ist deshalb möglich, weil die Gesprächssituation nicht von den sozialen Wertekategorien Şeref und Saygı (s.o.) definiert wird.

Ganz anders verläuft das Gespräch da, wo **Personen unterschiedlichen Alters und unterschiedlichen Ansehens** (familiäre, soziale Rollen) miteinander zu tun haben. In einer traditionellen Familie existieren Rollen- und Verhaltenszwänge, die das Gesprächsverhalten je nach Alter und Status der betreffenden Personen bestimmen. So ist z. B. der ältere Bruder für den jüngeren eine Respektsperson und wird diesem gegenüber auch im Gespräch entsprechend auftreten, aber sobald der Vater erscheint, wird sich dieser ältere Bruder ganz anders verhalten, da er nun in der Rolle desjenigen ist, der dem Älteren Saygi (Achtung) zu erweisen hat.

Noch stärker und un-individueller kann der Austausch (in einer traditionellen Umgebung) sein, wenn **formelle, d. h. öffentliche Gesprächssituationen** entstehen. In dem eingangs dargestellten Beispiel war der *muhtar,* also der Vorsteher des Dorfes, der Einladende. Nicht er selbst sprach die Einladung aus, sondern er ließ sie uns von seinen am Wagen wartenden Untergebenen überbringen; diese blieben beim Gespräch in seinem Büro stehen und brachten den Tee. Seine Körperhaltung hinter seinem

Schreibtisch war würdevoll, Gestik und Stimme kontrolliert und fast formell; an meine weibliche Begleitung wurden keine Fragen gerichtet.

Einerseits erweist der Dorfälteste hier den Gästen die Ehre, von ihm – also damit dem ganzen Dorf! – eingeladen zu werden, andererseits darf er dafür erwarten, dass die Annahme der Einladung ihm selbst die Möglichkeit gibt, die Ehrerweisung der Gäste zu erfahren (siehe Kapitel „Gastfreundschaft"). Das ganze Procedere dient dem Austausch und der Demonstration von Saygı, wobei in diesem Fall durch die Person (Position) des Dorfvorstehers das Gesprächsverhalten fast rituelle Züge annahm.

Der Reisende sollte sich darüber klar sein, in einer solchen Situation nicht ein persönliches, sondern ein **vom Umfeld gefordertes und erwartetes Gesprächsverhalten** an den Tag legen zu müssen. Nicht nur der Person des *muhtar* (Kriterien: Geschlecht + Alter = Saygı), sondern vor allem seiner Funktion und seiner Stellung (Şeref) gebührt hier Respekt. Das bedeutet, dass man ihm Zeit für seine Gastgeberrolle gibt (eine weitere Teerunde, von ihm vorgeschlagen, muss von vornherein einkalkuliert werden) und dass man ihn in seiner Funktion gebührend ehrt: Er spricht länger als der Gast, dieser erwidert anerkennend und bejahend seine Feststellungen (etwaige Belehrungen oder gar Kritik sind hier fehl am Platze; erst recht, wenn die Untergebenen anwesend sind!). Die Fragen des Gastes zum Dorf werden gerne beantwortet werden; wird der Gast umgekehrt nach seinen Eindrücken befragt, so werden positive Äußerungen („schönes Dorf") erwartet.

Auch wenn Sie nicht alles verstehen sollten, gehört eine bestätigende Mimik und der Ausdruck einer respektvollen Beachtung in das Verhaltensrepertoire. Respektvoll heißt allerdings nicht unterwürfig! Denn andererseits bedeutet die Einladung, dass Sie nun selbst eine **Respektperson** darstellen, sich also auch so positionieren und verhalten müssen. Sie werden dankend, aber selbstverständlich die Stühle neben ihrem Gastgeber annehmen (auch wenn die anderen im Raum dann nicht mehr sitzen können); ihre Erwiderungen/Antworten bzw. Fragen sollten mit fester und kräftiger Stimme erfolgen und ihre Haltung Selbstbewusstsein (nicht Arroganz) ausdrücken. Sollten jüngere Leute als Sie selbst im Raum sein, sind die von diesen körperlich oder sprachlich ausgedrückten Respektbezeugungen freundlich, aber selbstsicher anzunehmen („körperlich" heißt, die Jüngeren werden räumliche Distanz zu Ihnen wahren; „sprachlich" äußert sich ihre Ehrerbietung darin, dass sie nur wenig oder gar nicht mit Ihnen reden werden).

Die Kunst besteht also darin, **Geben und Nehmen (von Saygı)** so zu dosieren, dass Ihr Gastgeber von der Würde seines Gastes und dieser von der Würde seines Gastgebers profitiert. Die Bilanz dieses Austausches hängt von der Gewichtung (Alter und Position) der beteiligten Personen ab. Ist der Einladende sehr viel älter und hat er zudem eine hohe Position, so profitieren Sie mehr (und haben sich dementsprechend anerkennend zu verhalten). Sind Sie der ältere und – außer dass Sie Gast sind – zudem noch in einer hohen Position (z. B. durch eine entsprechende Berufsangabe), so wird sich Ihr Gastgeber geehrt fühlen und gleichzeitig seine Aufmerksamkeit verstärken.

Vorsicht! Sollten Sie in einer solchen Position einen **Wunsch äußern,** wird Ihr Gastgeber alles daransetzen, diesen zu erfüllen; überhaupt besteht die für Europäer gewöhnungsbedürftige Einstellung, dass dem Gast alles abgenommen und er lückenlos umsorgt werden muss. Die zunächst gern angenommene Aufmerksamkeit kann auf die Dauer – für Europäer – anstrengend sein, weil sie sich schnell „vereinnahmt" fühlen.

Man sollte also bei einer solch traditionell-formellen Einladung wissen a) wieviel Gastfreundschaft man „verträgt" und b) wie man eine solche Situation steuern kann. Will (oder kann) man nicht länger bleiben, sollte eine mit Bedauern, aber freundlicher Entschiedenheit vorgebrachte Entschuldigung bzw. Erklärung parat sein.

In der obigen Situation müssen Sie sich also – in jeweiligem Bezug auf die anwesenden Personen – selbst einschätzen können (Kriterien: Alter + Status), um dann Ihre **jeweilige Verhaltensrolle zu bestimmen.** Diese Rolle ist im großen und ganzen vorgegeben und von vornherein definiert, d. h. eine persönliche Gesprächsausrichtung ist hier weder intendiert noch am Platz. Ein solch rollenkonformes Verhalten kann anstrengend sein.

Ein paar Kleinigkeiten noch: Als Raucher ist es fast selbstverständlich, in einer Gesprächsrunde den Anwesenden die Packung hinzuhalten. Wer im Zugabteil seinen Proviant auspackt, sollte seinen Mitreisenden etwas anbieten: Derartige Dinge – **Trinken, Essen, Zigaretten** – werden in einer Gemeinschaft immer geteilt.

Was Sie nicht tun sollten, ist sich vor jemandem zu **schneuzen,** insbesondere nicht beim Essen. Wem die Nase läuft oder juckt, der wendet sich rechtzeitig ab, um das Donnerwetter in sein Taschentuch zu platzieren.

Wer eingeladen ist und auf dem Boden bzw. Kissen Platz nimmt, sollte seine **Fußsohlen** nicht in die Richtung anderer Personen strecken; man sitzt entweder im „Türkensitz" (gekreuzt unterschlagene Beine) oder auch (für Europäer ungewohnter) auf den Fersen; Frauen sitzen oft mit seitwärts nach hinten geschlagenen Beinen.

Die Türken legen in der **Kleidung** zwar Wert auf ein ordentliches, nicht aber auf ein penibles Erscheinungsbild. Viel wichtiger ist ohnehin, dass Sie sich kommunikativ und offen verhalten.

Falls Sie einmal z. B. beim Scheckwechseln in einer kleinstädtischen Bank in Ostanatolien in puncto Warten auf eine kleine **Geduldsprobe** gestellt werden, so bleiben Sie freundlich und ruhig (*sabır*); ein Wutanfall wird die Situation nicht verbessern - eher das Gegenteil! Dies gilt allgemein im Umgang mit Behörden und anderen offiziellen Autoritätspersonen.

Sollte Ihnen von Ihren Gastgebern oder guten Bekannten der unter Türken übliche **Wangenkuss** angeboten werden, so ist das natürlich kein richtiger Kuss, sondern ein Wange an Wange legen - erst die eine, dann die andere Seite.

Beim **Fotografieren** von Personen sollte man vorher um Erlaubnis fragen; vor allem ältere Menschen können hier sehr empfindlich sein. Frauen lassen sich natürlich eher von einer Frau denn von einem fremden Mann zum Fotoobjekt machen, es sei denn - in Touristengebieten kommt das vor - es winkt eine Bezahlung.

Gruß- und Höflichkeitsformeln

Schon wer nur die **grundlegenden Begrüßungsformeln** der türkischen Kultur beherrscht, kann sicher sein, dadurch Erstaunen und Anerkennung zu ernten. Wichtig ist, dass man sich bemüht, nicht dass man perfekt ist.

Das erste Wort einer Begrüßung ist entweder das allgemeine *„Merhaba"* („Guten Tag! Sei(en) (Sie) gegrüßt!") oder eine der Tageszeit entsprechende Anrede: *„Günaydin"* („Guten Morgen"), *„Iyi günler"* („Guten Tag") oder *Iyi akşamlar* („Guten Abend"). Diese Ausdrücke werden auch beim flüchtigen Gruß, z. B. beim Betreten eines Ladens oder Büros, benutzt.

Mit den beiden letzten Ausdrücken - *„Iyi günler, Iyi akşamlar"* (hier im Sinne von „Noch einen schönen Tag/einen schönen Abend") - kann man sich auch wieder verabschieden; der Angesprochene wird den Gruß erwidern. *„Iyi akşamlar"* kann auch benutzt werden, wenn man zu Bett geht und sich von den Zurückbleibenden verabschiedet (seltener *„Iyi geceler"*).

Eine weitere (eher traditionell-religiöse) Begrüßungsform stellt der Gruß des Ankommenden *„Selâmünaleyküm"* („Friede mit euch") dar; die bereits Anwesenden antworten mit der umgedrehten Wortfolge *„Aleyküm selâm"* („Friede mit dir").

Fällt die Begrüßung breiter aus, wird nach obigem Gruß ein *„Nasılsınız?"* („Wie geht es Ihnen?") hinzugefügt, worauf der Angesprochene antwortet *„Iyiyim"* („Mir geht es gut"), um dann die rein formelle Frage zurückzugeben: *„Siz nasılsınız?"* („Und wie geht es Ihnen?") Prompte und garantierte Antwort: *„Ben iyiyim, teşekkür"* („Danke, mir geht es gut"). Wie es den beiden wirklich geht, interessiert hier nicht. (Der Ausdruck *„Nasılsınız?"* wird bei guten Bekannten, die sich „duzen" zu *„Nasılsın?"* verkürzt.)

Wie man sich bei einer privaten Einladung verhält, ist im Kapitel „Gastfreundschaft" näher dargelegt worden. Da Ihnen das Begrüßungszeremoniell aber auch beim Betreten des Restaurants widerfährt, sei es hier noch einmal kurz wiederholt: Der Gastgeber (Restaurantbesitzer) sagt *„Hoş geldiniz"* (wörtlich: „Sie kommen zur Freude", d. h. „Sie bringen Freude"), der Gast antwortet mit *„Hoş bulduk"* („Ich habe die Freude gefunden").

Man **bedankt** sich mit *„Teşekkür ederim/ederiz"* („Ich/Wir danke(n) Ihnen"). Gibt es einen Grund zur **Entschuldigung,** weil man z. B. jemanden im Gewühl angerempelt hat, so sagt man *„Pardon",* bittet man um einen Gefallen oder eine Auskunft, so beginnt man mit *„Afferdersiniz"* („Entschuldigen Sie, ...")

Bei der **Verabschiedung** sagt der Weggehende *„Allaha ismarladık"* (gesprochen: *Allahs'maladik),* der/die Bleibende(n) *„Güle güle!"*

Wenn Sie – der Verzweiflung nahe, ins kalte Europa zurückkehren zu müssen – ihre türkischen Freunde am Flughafen mit den Worten *„Tekrar görüşelim"* („Lasst uns bald einander wiedersehen!") verabschieden, wird Ihnen die Antwort sicherlich etwas Trost spenden: *„Inşallah!"* – „Möge Gott es so fügen!"

Kinder

Ausländische Besucher können nur staunen. Was die Kleinen (insbesondere Jungen) sich in der Türkei so alles erlauben dürfen, grenzt für viele Europäer an pädagogische Selbstaufgabe. Egal, ob der kleine Pascha gerade den Tisch im Restaurant „aufmischt" oder bis 12 Uhr nachts den müden Erwachsenen auf dem Schoß herumspringt, egal, ob er dem Onkel die Nase verrenkt oder jauchzend vor Freude der flüchtenden Katze den Schwanz ausreißen will – er genießt (fast) **Narrenfreiheit.** Und wehe, der oder die Kleine fällt einmal hin und beginnt zu schreien – ein Wettlauf ums Trösten setzt ein, es wird geschunkelt, geküsst und geschaukelt, Bonbons und Süßigkeiten verteilt, bis das Kind zum Entzücken der Erwachsenen wieder erste Lachanfälle von sich gibt.

Im Ernst: Viele westliche Beobachter fragen sich, wie es die türkischen Eltern schaffen, ihre Kinder als kleine Könige grenzenlos zu verwöhnen und doch fast immer „anständige" und „gut erzogene" Erwachsene aus ihnen zu machen.

Das Geheimnis liegt wohl in einer **Zweiteilung der Kindheit** (siehe Kapitel „Im Innenbereich: Die Familie und der Wert Saygı"): Die ganz Kleinen

Die sorglose Kindheit kann früh zu Ende sein – Kinder bei der Tabakernte werden in den ersten Jahren geradezu mit Aufmerksamkeit, Liebe und Geduld überschüttet – eine emotionale Basis, die für das ganze Leben reicht. In einer zweiten Phase (deren Beginn bei den Jungen klar durch die Beschneidung gekennzeichnet ist) erfolgt die „Einarbeitung" in die Erwachsenenrolle.

Je nachdem, wie es um die materielle Basis der Familie bestellt ist, müssen nicht wenige Kinder früher oder später die harte Rolle des **„Zuverdieners"** lernen. Das Kind, das seinem Vater folgsam im Laden hilft oder Tee austrägt, ist dabei durchaus noch glücklich zu schätzen und völlig im Rahmen des Normalen.

Anders sieht es bei der auch in der Türkei wachsenden Zahl von **Straßenkindern** aus, die aufgrund zer- oder gestörter Familienverhältnisse ihren täglichen Kampf um wenige Lira führen. Mit einer Waage bewaffnet oder Taschentücher verkaufend, streifen sie von morgens bis abends durch die Straßen, um ihrem Elternhaus – so sie denn noch eins haben – wenigstens ein bisschen Geld beizusteuern. Das sorgenlose Kinderleben, das eingangs beschrieben wurde, hat sich ins drastische Gegenteil verkehrt.

Dennoch sollte man diesen wie auch allen anderen **Kindern kein Geld schenken** – auch wenn sich das grausam anhört. Der Junge, der von einem reichen Touristen vielleicht die Tageseinnahme (oder mehr) seines Vaters bekommt, wird sich das merken (seine Eltern vielleicht auch, die ihn zur Wiederholung drängen), und bald werden – wie gelegentlich an Touristenorten zu sehen – Scharen von Kindern als Bettelnde die ankommenden Reisebusse umlagern. Der mehr oder weniger große Erfolg, den sie dabei haben, wird sie von der Schule und dem Erlernen eines Berufs abhalten – denn man verdient ja ganz gut. Ist die Zeit der frühen Kindheit aber vorbei und versiegen die den „süßen Kleinen" einst zugeflossenen Gaben, stehen diese Heranwachsenden ohne jegliche Perspektive und Ausbildung da. Die Betteltätigkeit erweist sich nun als Boomerang, denn wie sollen sie ihre verlorene Zeit aufholen? Erwachsene Bettler – deren Zahl ebenfalls steigt – verdienen bei weitem nicht mehr so gut wie die mitleidig verhätschelten Bettelkinder. Zwar gibt man ihnen gemäß der islamischen Pflicht zur Armenspende ein Almosen, aber dafür leben sie auch fortwährend am Rand der Gesellschaft.

Wer also vor den sich hinstreckenden Kinderhänden (verständlicherweise) kapituliert, sollte **dem Kind wenigstens etwas abkaufen** (und seien es nur die gerade frisch gepflückten Blumen) oder sich für eine empfangene Dienstleistung erkenntlich zeigen – auch wenn dies gewiss nicht die Lösung des Problems ist.

Ungeachtet – oder gerade wegen – dieser „modernen", besonders in den Städten auftauchenden gesellschaftlichen Probleme und Verwerfungen steht jedem Türken natürlich das Ideal einer intakten Familie vor Augen, in der traditionell gerade die Kinder die „Krönung" sind. Von dieser grundsätzlichen „Kinderausrichtung" profitiert auch der **Reisende, der mit dem eigenen Nachwuchs unterwegs ist.** Stets wird er besonders freundlich und zuvorkommend behandelt werden.

Eine Frau, die allein mit ihrem Kind reist, hat quasi einen Heiligenschein um sich. Überall wird sie auf große Rücksichtnahme und Hilfe treffen; vor „ungehörigen" Annäherungen ist sie – solange das Kind dabei ist – absolut sicher.

Kleidung

Dass insbesondere **Frauen** auf schickliche Kleidung Wert legen sollten, dürfte nach den Darstellungen des Kapitels „Die Macht der Sexualität – Fitne" auf der Hand liegen, auch wenn das Bild der Touristenorte hier eine ganz andere Sprache zu sprechen scheint.

Frauen, insbesondere natürlich allein reisende Frauen, sind gut beraten, eine **Sonnenbrille** zu tragen, die sowohl vor allzu zudringlichen Blicken der Männer schützt als auch andererseits die Beobachtung erleichtert.

Beim Besuch einer **Moschee** sollten die Schultern bedeckt sein und das mitgebrachte Kopftuch aufgesetzt werden (die Moscheen in den Touristenorten halten auch Tücher bereit). Außerdem sollte immer ein BH getragen werden. Je weiter man ins Landesinnere oder nach Osten reist, umso konservativer werden die Kleidungsansprüche an die Frau.

Aber auch **Männer** sollten den Beispielen der Touristenküste nicht folgen und im Landesinnern die Schultern (oder gar den Oberkörper) nicht unbedeckt lassen; lange Hosen sollten selbstverständlich sein.

Paare unterwegs

Wer als **unverheiratetes Paar** durch die ländlichen bzw. östlichen Gebiete der Türkei reist, kann sich das Leben in einigen Situationen schon allein dadurch erleichtern, dass man so tut, als ob man verheiratet sei. Ausgeliehene Ehe- oder Freundschaftsringe gehören ebenso dazu wie ein dementsprechendes Verhalten beim Vorstellen oder im Hotel (beim Ausfüllen der Anmeldung den unterschiedlichen Familiennamen der Begleiterin weglassen und der Optik halber durch den zweiten Vornamen ersetzen). Man muss ja nicht gleich jedem traditionellen Türken die ganze westliche Relativitätstheorie von Zweierbeziehungen erzählen. Auf dem Papier können natürlich auch unverheiratete – ausländische! – Paare tun und lassen, was sie wollen; aber in den traditionellen Gebieten sollte man nicht unbedingt Wert auf eine unübliche – und unrühmliche – Ausnahmestellung legen; abgesehen davon, dass man mindestens etwas scheel angesehen wird, ist die ganze Situation – auch für den Hotelbesitzer – etwas kompromittierend. In der Westtürkei sind derartige „Scheinhochzeiten" dagegen nicht mehr unbedingt nötig.

Ansonsten ändert sich das **Verhalten der jeweiligen Partner** erheblich gegenüber den entsprechenden Single-Rollen, das heißt, das Verhalten des (Ehe)mannes bzw. der (Ehe)frau unterscheidet sich von dem des/der allein reisenden Mannes/Frau (siehe Stichpunkte oben).

Für den Mann bedeutet das Reisen mit einer Frau eine erhöhte Belastung. Denn er muss nicht nur **alle öffentlichen Handlungen** – Bezahlen, Fahrkartenkaufen, Erkundigungen, Verhandeln usw. – für sich und die Partnerin übernehmen, er muss auch in seinem ganzen Gebaren und Auftreten den selbstbewussten und immer abwehrbereiten **Beschützer** personifizieren. Betritt er mit seiner Partnerin den Langstreckenbus, wird er sie selbstverständlich an der Fensterseite (gangabgewandte Seite = Innenseite) Platz nehmen lassen und sich selbst am Gang niederlassen (Außenseite), um den schönen Blick auf die Landschaft nur halb so gut zu genießen.

Wird das Paar von neugierigen und freundlichen Mitreisenden angesprochen (was in der Regel Männer sein werden), so hat er die **Unterhaltung** zu führen, während sich seine bessere Hälfte dezent zurückhält. Was er auf keinen Fall dulden darf, ist Maßregelung, laute Kritik oder gar eine „Szene" seitens seiner (Ehe)frau, jedenfalls nicht in der Öffentlichkeit!

Noch schlimmer für sein Image wäre die folgende Szene, die ich in einem türkischen Badeort beobachtete und die dort – außer den beobachtenden Türken! – niemandem auffiel. Der jovial aufgelegte und Deutsch sprechende Besitzer eines Cafés unterhielt sich kollegial und aufgeräumt mit einem deutschen Paar aus Almanya, das auf seinen Stühlen Platz genommen hatte. Die beiden Touristen – beide in Shorts, sie in einem schulterfreien Hänger-T-Shirt – fühlten sich sichtlich geehrt durch das besondere Interesse ihres Gastgebers, der bei einem gelungenen Spaß spontan den Arm um die Frau legte und sie scheinbar unverfänglich herzte – so wie man es in Deutschland unter guten, aber leicht angetrunkenen Bekannten schon mal zu tun pflegt. Als die beiden schließlich das Café verließen, machte der Besitzer seinem Kellner gegenüber eine triumphierende und wenig respektvolle Geste. Er hatte in Anwesenheit des Mannes in einer für Türken deutlich zweideutigen Weise dessen nur spärlich bekleidete Ehefrau umarmt – undenkbar bei einem türkischen Ehepaar!

Damit haben Sie als (Ehe)mann nicht nur die schwere Last, Ihrer (Ehe)frau alle öffentlichen Repräsentations- und Botendienste abnehmen zu müssen und sie vor der herumlungernden Männerwelt abzuschirmen, Sie sollten auch – vor der Reise! – ihre Zwistigkeiten geklärt und eine rollenkooperative Partnerin an ihrer Seite wissen. Ein Mann, der von seiner Frau auf offener Straße gemaßregelt oder herumkommandiert wird oder ihr während der Reise das Gesprächszepter im mitfahrenden Männerkreis überlässt – von Schlimmerem wollen wir gar nicht erst sprechen – ist „unten durch". Und das ist der einzige Vorteil ihrer verantwortungsvollen Rolle, mein Herr: **Sie bestimmen, wo es langgeht,** jedenfalls solange, bis Sie wieder auf dem Hotelzimmer sind!

Nur in einer Situation sind Sie entlastet und befreit: wenn Ihre (Ehe)frau bei einer Einladung in die Frauengemächer bzw. -gespräche enteilt.

Frau

Die (Ehe)frau dagegen kann nun endlich das Leben genießen; sie fühlt sich umhegt und gepflegt wie schon lange nicht mehr. Sollten Sie daheim eine androgyn-hermaphroditische Beziehungsform praktizieren oder Ihren (Ehe)mann in jahrelanger Dressurarbeit davon überzeugt haben, dass seine Hosen Ihnen viel besser stehen als ihm selbst, so greifen Sie ganz einfach in Ihr großes Rollenrepertoire. Zeigen Sie sich für die Dauer der Reise von einer völlig neuen Seite: **Genießen Sie seine allgegenwärtige Fürsorge,** aber reden Sie weniger als er. Überlassen Sie ihm auf der Straße die Arbeit, den richtigen Weg zu finden oder nach dem richtigen Dolmuş zu fragen, aber unterdrücken Sie ihre spitzen und höhnischen Bemerkungen, wenn er dabei Anfangsschwierigkeiten hat, und gehen Sie vor allem nicht voran!

Übergeben Sie ihm ruhig auch Ihr schweres Teppichgepäck, aber lassen Sie ihm die kindische Freude des Feilschens. Und wenn er sich mit anderen Männern unterhält, achten Sie darauf, dass er eine gute Figur macht. Und dass die anderen merken, wie Sie ihn anbeten (nicht dabei lachen!). Wenn Sie dann wieder in der Westtürkei am Strand sind, können Sie die Charade wieder etwas lockern. Wenn Sie noch wollen. Wer weiß, vielleicht haben Sie und er bereits Geschmack an der „ neuen" Rolle gefunden.

Prostitution

„Nataschas"

Jeder kennt sie, die „Nataschas", wie all die **Russinnen, Ukrainerinnen etc.** genannt werden. Aufgetaucht in den Schwarzmeerhäfen sind sie zum ersten Mal nach dem Fall des Eisernen Vorhangs, und mittlerweilen sind sie in allen Großstädten, ja sogar in den Touristenorten der Küste präsent. Ihr Traum ist selbstverständlich nicht, jahrelang ein Leben als Prostituierte zu führen. Vielmehr hoffen sie auf den großen Wurf, etwa das Kennenlernen eines vermögenden Geschäftsmannes, vielleicht auch Touristen, der ihre Qualitäten schätzt und sie mitnimmt. So quartieren sie sich in billigen Hotels ein, flanieren in atemberaubender Aufmachung durch die Straßen und harren der Dinge, die da kommen.

Die Männer haben sich mittlerweile an sie gewöhnt. Ihr erstes Auftreten aber erweckte einen **Proteststurm türkischer Frauen,** die ihre Ehemänner plötzlich viel später von der Arbeit zurückkehren sahen. Die Polizei versuchte die unschuldig lächelnden Damen zu vertreiben, mit dem Resultat, dass sie in anderer Aufmachung bald wieder da waren. Und nicht selten stecken sie mit den Polizisten, die sie offiziell kontrollieren sollen, unter einer Decke – was wohl manchmal wörtlich genommen werden muss.

Nicht dass die „Nataschas" in der Türkei die Prostitution eingeführt hätten; die gab es auch vorher schon, in abgelegenen schmierigen Schuppen, wo Frauen aufgrund irgendeiner tragischen Biografie außerhalb der normalen Gesellschaft um ihr Überleben kämpften. Aber dass die Damen aus dem Norden ohne Scheu, ja geradezu selbstbewusst und **in aller Öffentlichkeit ihrer Profession nachgingen,** das war eine Revolution, ja Gefährdung der öffentlichen Ordnung (Wir erinnern uns an Fitne). Denn der Stand der Hure *(orospu)* ist traditionell ehr- und fast rechtlos; bei Männern und Frauen gleichermaßen verachtet und ohne Chance auf die Rückkehr in ein normales Leben, duldete man das „Übel" nur unter dem Mantel des Ausgegrenzten und Nicht-Sichtbaren. Die „Nataschas" haben diese Koordinaten durcheinander gebracht.

Weiblicher Sextourismus

Von einer ganz anderen Art von Prostitution erzählt mir die Mitarbeiterin eines Übersetzerbüros in einem Badeort der Mittelmeerküste. Sie habe heute die Papiere, die für die Eheschließung zwischen einem jungen Türken – 22 Jahre – und einer Engländerin – 47 Jahre – nötig waren, übersetzt. Dann schüttelt sie den Kopf: „Soweit sind unsere Jugendlichen schon. Sie greifen nach jedem Mittel, um an Geld zu kommen."

Es ist längst ein offenes Geheimnis, dass die türkische Küste von sex- oder liebesfrustrierten westlichen Frauen als ideales Kompensationsgebiet entdeckt worden ist. Der Handel ist hier natürlich sehr viel komplizierter und vielschichtiger als im Falle der „Nataschas". Das obige Beispiel dürfte eher eine Ausnahme sein, denn zumeist nehmen die **türkischen Männer** zwar gerne das sexuelle Angebot an, aber auswandern tun deshalb nur die wenigsten unter ihnen. Denn eine solche Urlaubsbekanntschaft ist selbstverständlich nicht das, was ein Türke unter einer „ehrenhaften" Ehefrau versteht. Meistens bleibt es somit bei den mehr oder weniger romantischen Träumen der westlichen Schönen einerseits, und den ausgelebten „männlichen" Bedürnissen der östlichen Gigolos andererseits.

Eine direkte oder indirekte **Bezahlung seitens der Frau** ist nicht gut für die Romantik, sodass sie wohl die große Ausnahme sein dürfte. Da ist schon die betrügerische Variante wahrscheinlicher, dass braungebrannte Charmeurs nach allen Regeln der Kunst die Angebetete um einen „kleinen" Geschäftsvorschuss bitten – zum Aufbau der gemeinsamen, wunderschönen Existenz, versteht sich. Und nicht wenige der Frauen, die zum ersten Mal in ihrem Leben so angebetet werden, wie sie es sich heimlich schon immer gewünscht haben, fallen darauf rein. Erst wenn der so liebevolle Traummann nach der kleinen Finanzspritze für immer verschwindet, ob heimlich oder nach einem inszenierten Streit, zerplatzt Lieschen Müllers orientalisches Märchen.

Dieses Tun und Treiben an der Küste schadet aber nicht nur den Beteiligten selbst, es schadet auch all denjenigen **Urlauberinnen, die hier wirklich nur Urlaub machen wollen,** und denen die ungläubige Mänerwelt erst nach vehementem Protest abnimmt, dass sie nicht angemacht werden wollen. Denn was meinen Sie, was die Männer so untereinander weitererzählen, und wie schnell aus solchen Fällen selbst im Hinterland ein generelles Urteil über die westliche Frau wird?

Tiere

Fast alle Touristen, die zu Hause ihre vierbeinigen Lieblinge gut versorgt zurückgelassen haben, zeigen sich in diesem Punkt schockiert. „Also, wie die hier mit den Tieren umgehen, das ist schon eine Schande; hier komme ich nicht noch mal hin." Gemeint sind vor allem die **halbverhungerten, räudigen Katzen und Hunde,** die im Abfall wühlen und den ganzen Tag durch die Gegend streunen. Ich selbst habe einmal erlebt, wie Beamte der Stadtverwaltung spät nachts in einem Touristenort - kein Mensch war mehr auf der Straße - mit Pistolen den streunenden Hunden nachstellten, um sie zu erschießen und auf einem Laster abzutransportieren. Tagsüber hätte man sich nicht getraut - der Touristen wegen, von denen die Türken schon wissen, dass sie miauende Kätzchen entzückend finden und streicheln, wo immer sie können. Während in den Dörfern und Kleinstädten Anatoliens jede Katze und jeder Hund beim Nahen des Menschen schleunigst das Weite sucht, sieht man in vielen Restaurants der Touristenküste die Katzen fordernd miauen; ihre Scheu haben sie hier längst abgelegt.

Der Islam hat ein recht **sachliches Verhältnis zu Tieren,** was nicht heißt, dass er sie nicht als Mitgeschöpfe würdigt. Aber das in Europa übliche verhätschelnde, fast schon menschliche Züge annehmende Streichelverhältnis zwischen Mensch und Haustier ist dem Türken fremd, ja stößt ihn sogar ab. Lediglich in den besser gestellten Kreisen der Städte und dort, wo Touristen als „Vorbilder" fungieren, ist eine punktuelle Änderung dieser indifferenten Haltung in Sicht.

Und so fristen denn in der Tat viele Katzen und Hunde ein erbärmliches Leben, zumal die meisten Menschen andere Sorgen haben, als sich um herumstreunende „Viecher" zu kümmern.

Der Autor selbst ist Besitzer zweier Katzen und der generellen Meinung, dass Tieren ein Recht auf gute Behandlung und genügend Lebensraum zusteht. Dennoch halte ich die Empörung vieler Touristen für kurzsichtig, ja sogar – wenn auch unbewusst – für etwas scheinheilig. Wie geht denn **unsere Gesellschaft mit Tieren** um? Bei uns werden maschinelle Brutmaschinen für Küken einsetzt, um nach dem Schlüpfen sofort die männlichen per Fließband zu töten und die weiblichen für ein kurzes Leben in lichtlose Legebatterien zu verdammen. Bei uns werden Schweine künstlich gemästet, bis sie nicht mehr laufen können, um sie dann mit anderem Vieh stundenlang quer durch Europa zu schaukeln. Bei uns treibt eine „artgerechte" Tierhaltung die Rinder in den Wahnsinn. Bei uns scheut man sich nicht, für alle nur erdenklichen Produkte Tierversuche durchzuführen. Eine solche Gesellschaft macht sich lächerlich, wenn sie sich zum Anwalt der Tiere aufschwingt, nur weil eine Kategorie dieser Tiere – Hunde, Katzen und andere Schoßtiere – als lebendige Plüschtiere den emotionalen Haushalt ausgleichen dürfen.

Der Punkt des Vorwurfs ist ein anderer: In unserer Gesellschaft sind die **Räume des tierischen Grauens** sorgfältig verborgen, man sieht das kalt verwaltete Elend der Mitkreatur nicht (zumindest nicht vor sich); in der Türkei begegnet es einem streunend und zottelig auf der Straße. So mitleiderregend dieses Bild auch sein mag, es ist nichts im Vergleich zu der Hässlichkeit industrieller Massentierhaltung. Gemessen daran sind Hunde und Katzen in der Türkei noch gut dran, teilen sie doch noch immerhin, wie hart und erbärmlich ihr Leben auch sein mag, die Straße und den Lebensraum mit dem Menschen.

Verkehrsmittel

Bus

Kommen wir also direkt zum Hauptverkehrsmittel der Türkei, dem Bus. Mehrere Busgesellschaften unterhalten ein **engmaschiges Netz,** sodass praktisch jeder Ort per Bus zu erreichen ist.

In den großen Städten befindet sich der **Busbahnhof** *(otogar, garaj)* oft außerhalb des Zentrums, sodass man entweder erst mit dem Dolmuş oder Stadtbus zum Busbahnhof fahren muss oder (besser!) das gewünschte Ticket in einem der vielen Busbüros im Zentrum kauft (leicht an den ausgehängten Städtenamen zu erkennen); von hier werden Sie dann unentgeltlich durch einen Zubringerbus zum Busbahnhof gebracht *(servis).*

Wer in mittleren oder kleineren Orten zum Busbahnhof kommt, wird meistens schon von **„Einweisern"** erwartet und sofort an den richtigen Busschalter dirigiert, wo man das Ticket mit Sitznummer und der Angabe der (nummerierten) Abfahrtsstellen erhält. (Anders als in vielen Ländern des Maghrebs, z. B. Marokko, wo die „Einweiser" oft nur die Kunden für ih-

045tu Foto: mf

re Busgesellschaft wegfangen wollen – eine andere fährt aber vielleicht früher –, herrscht auf dem türkischen Busbahnhof weitgehende Korrektheit; das heißt, dass der Bus bzw. die Gesellschaft auch diejenige ist, die am schnellsten zu dem gewünschten Zielort fährt.)

Die Busse sind in der Regel sehr bequem und seit neuestem auch ausnahmslos Nichtraucherbusse. Sie fahren pünktlich ab und sind bedeutend schneller als die Eisenbahn. Ein Steward verteilt kostenlos Getränke (Tee, Wasser) und manchmal auch Kleinigkeiten wie Erdnüsse oder Kekse. Die Zwischenstopps, die der Bus einlegt, dauern selten länger als 10–15 Minuten (also immer im Auge behalten!), sodass die Zeit gerade reicht, zur Toilette zu gehen, eine Kleinigkeit am Stand einzukaufen oder eine Zigarette zu rauchen.

Der Regional- bzw. Stadtverkehr wird großenteils durch den **Dolmuş** sichergestellt (nur große Städte wie Istanbul und Izmir verfügen über ein reguläres, gutes und äußerst preiswertes Stadtbussystem). Im Regionalverkehr ist der Dolmuş meist ein Kleinbus, innerhalb der Stadt werden manchmal auch lizensierte PKW dafür eingesetzt. Ein Dolmuş fährt immer eine bestimmte Strecke ab; entweder erkennt man das Ziel durch ein hinter der Scheibe angebrachtes Schild, oder man muss den Fahrer fragen. Zusteigen können Sie überall – einfach die Hand heben –, auch wenn es in den Städten regelrechte Dolmuş-Haltestellen gibt (*durak* – oft durch ein blaues

Dolmuş im Einsatz

Schild mit aufgedrucktem P gekennzeichnet). Wenn Sie aussteigen wollen, machen Sie sich rechtzeitig bemerkbar (z. B. durch *„Lütfen, burada durunuz"* oder einfach *„Durakta"*). Der Preis für die jeweilige Strecke ist genau festgelegt, also keine Verhandlungssache. Bezahlt wird im Dolmuş; man tut dies entweder beim Aussteigen oder während der Fahrt, wobei die Vornesitzenden das Geld an den Fahrer weitergeben (Kleingeld bereithalten!). Frauen sitzen neben Frauen, Männer neben Männern; nur Paare werden selbstverständlich von dieser Regel ausgenommen.

Eisenbahn

Für gewisse Strecken stellt die äußerst preiswerte Eisenbahn eine Alternative zum Bus dar. Die Züge *(tren)* sind allerdings (bis auf die moderne Strecke Istanbul – Ankara) **sehr viel langsamer als die Busse,** da das Schienennetz meistens hoffnungslos überaltert ist. Verspätungen sind, vor allem auf den Nebenstrecken, die Regel; wer stundenlang in einem einfachen *yolcu* oder *posta tren* (dies sind unterhalb der Expressebene die einfachsten Züge) durch die Gegend schaukelt, sollte unbedingt Proviant und etwas zum Trinken dabeihaben, da es einen Buffetwagen nicht gibt und auch an den Stationen – im Gegensatz zu den Busbahnhöfen – nur wenig verkauft wird.

Eisenbahnfreunde werden trotzdem den unbezweifelbaren Vorteil einer Eisenbahnfahrt in der größeren Bewegungsfreiheit sehen. Außerdem ermöglichen die Abteile mehr **Kommunikation mit den einheimischen Mitreisenden,** sodass sich nicht selten bei einer langen Fahrt eine regelrechte Gemeinschaft bildet; auch hier wird darauf geachtet, dass Männer auf der einen und Frauen auf der anderen Seite des Abteils sitzen.

Auto

Wer mit dem Auto unterwegs ist, bezahlt seine unschlagbare Mobilität dagegen zunächst mit einer gewissen Isolierung, die allerdings durch die Erfahrungen in den **abgelegenen Dörfern** – so man sie denn ansteuert – mehr als aufgewogen wird. Die Fremdlinge können sicher sein, die Aufmerksamkeit und Gastfreundschaft des ganzen Ortes auf sich zu ziehen, wenn sie an irgendeinem verstaubten Zentralplatz (meistens an der Dorfmoschee) halten.

Ein Hinweis für Autofahrer, die sich trotz ihrer Karte einmal verfranst haben und ein ganz bestimmtes Dorf (oder eine abgelegene Sehenswürdigkeit) suchen: Wer einen Dorfbewohner **nach dem richtigen Weg fragt** und ihm dabei hilfesuchend die Karte unter die Nase hält, kann den guten, hilfsbereiten Mann etwas in Verlegenheit bringen, denn die wenigsten Dorfbewohner haben Erfahrungen im Kartenlesen. Besser ist es, direkt den

Namen des gesuchten Dorfes (oder Ortes) zu nennen und – so man kein Türkisch versteht – den darauf folgenden gestenreichen Richtungen der Hand zu folgen. Eine weitere Alternative besteht darin, den Mann als Piloten in das Auto zu bitten, was natürlich voraussetzt, dass man ihn auch wieder zurückbringt, was wiederum mit an Sicherheit grenzender Wahrscheinlichkeit eine Einladung zum Tee nach sich ziehen wird.

Verkehrsverhalten

Viele Reisende, die sich zum ersten Mal dem Verkehr in Istanbul, Izmir oder Antalya gegenübersehen, können sich des Eindrucks eines generellen **Verkehrschaos** nicht erwehren; die Faszination liegt für viele eher darin, es zu beobachten als in einem eigenen Wagen daran teilzunehmen. Die wenigen Ampeln, deren Signale zudem nicht immer mit der deutschen Ordentlichkeit beachtet werden, vermögen kaum, das Erscheinungsbild „heimischer" wirken zu lassen. Die Autos wechseln (anscheinend) die Spuren nach einer uneinsehbaren Logik, dazwischen trappeln Pferdegespanne oder auch schon mal ein Esel daher, Fußgänger lavieren sich gekonnt, aber häufig am Rand des Selbstmords durch die Autoreihen, Imbiss- oder Brezelverkäufer schieben Karren unbeirrt vor einem Bus einher, und Fahrrad- und Mopedfahrer teilen den gleichen Schutzbereich wie der überladene Laster, der zudem keine Skrupel kennt, wenn es gilt, sich auch durch enge Gassen seinen zentimeterknappen Weg zu bahnen. Dazu kommt das unaufhörlich scheinende – und selten begründete – Hupen, das den europäischen Ohren das akustische Gefühl der dauernden Bedrohung und Hektik vermittelt, dazu vielleicht noch ein heißer Tag und die aus zig Quellen sich ergießende orientalische Musik, die zusammen mit einem Sammelsurium von vielen Gerüchen das Sinnenchaos komplettiert. *Allah korusun* – Gott behüte uns! So steht es auf den Windschutzscheiben vieler Wagen, und nicht wenige Fahrer denken wohl, dass dieser Satz wichtiger ist als das Einhalten der Verkehrsregeln.

Wie gesagt: Dies ist der erste Eindruck – und er trügt, wie viele erste Eindrücke. Nicht, dass der Verkehr in der 15-Millionen-Metropole Istanbul nicht wirklich am Rande des Kollaps wäre – das ist er in unseren Innenstädten auch –, aber einmal aus der Stadt rausgekommen, ist die Verkehrsdichte weitaus geringer als z. B. in Deutschland.

Und das oft zu hörende Urteil, die Türken führen chaotischer und aggressiver als die Mitteleuropäer, lässt sich nach genauem Hinsehen nicht halten, ja man kann sogar durchaus das Gegenteil behaupten. Richtig ist, dass das Fahrverhalten sich vom europäischen dadurch unterscheidet, dass **Regeln und Verkehrszeichen** – die übrigens den unseren weitgehend entsprechen – bei weitem nicht so „buchstabengetreu" beachtet werden wie beim linientreuen Europäer. Der ist dann aber auch ziemlich hilflos, wenn das „objektiv" geregelte Verkehrssystem seine Zeichen – z. B. die Mittellinie einer eigentlich zweispurigen Straße – verliert. Die Türken nutzen die ganze Straße – mit oder ohne Linien, und sie sind (noch) bei weitem nicht so „domestiziert" und „geregelt" wie wir. Das bedeutet einerseits, dass der Verkehr bei uns viel schneller, vorhersagbarer (!) und insofern „reibungsloser" fließt – das gilt auch für die Höhe der Geschwindigkeit, mit der gefahren wird! –, andererseits, dass ein wirklich „individuelles" Fahrverhalten weitgehend „inaktiviert" bleibt. Kommt ein solcher Fahrer nun in eine schwach geregelte Verkehrssituation, verhält er sich zunächst verständlicherweise unsicher.

Der türkische Straßenverkehr zeichnet sich dagegen eher durch eine **individuelle und situative Reaktionsform** aus: Da gehen Leute, aber auch Ziegen und Schafe in aller Seelenruhe auf einer Landstraße spazieren; Kinder nutzen die Hauptstraße ihres Dorfes, um Fußballspiele auszutragen; Autos überholen rechts wie links; Fahrer, die abbiegen, setzen keinen Blinker, sondern halten schon mal die Hand aus dem Fenster; Traktoren biegen in aller Seelenruhe vom Feld auf die Hauptstraße ein, ohne die hohe Geschwindigkeit ankommender Fahrzeuge richtig einschätzen zu können; nach einer Kurve stehen Sie plötzlich vor einer Herde Ziegen oder Schafe, und nachts kann man Fahrzeugen begegnen, die ungenügend oder gar nicht beleuchtet sind, entweder weil (seit Monaten) ein Defekt vorliegt, oder der Fahrer „individuell" entscheidet, dass man auch so noch genug sehen kann.

All diese Beispiele lassen sich aus der Sicht des Europäers mit einem Wort qualifizieren: unberechenbar! Wer sich nun innerlich von seinem „heimischen, geregelten Verkehrsvorstellung" frei machen kann, wird nicht nur die türkische, **„impulsive" Fahrweise** etwas besser verstehen, er wird sich auch von vornherein ein defensives Fahrverhalten angewöhnen, denn es gilt prinzipiell, sich jederzeit der Situation anpassen zu können. Verlassen Sie sich also nicht zu sehr auf „abstrakt" existierende Verkehrszeichen. Hat man erst einmal diesen „Grundunterschied" in der Verkehrslogik akzeptiert und ein wenig verinnerlicht (es dauert ein paar Tage), wird man das tatsächliche oder vermeintliche Schieben und Drängeln mit Humor und Gelassenheit notieren. Auch der städtische Verkehr erscheint dann plötzlich nicht mehr ganz so chaotisch, und man weiß ungefähr, wie Autofahrer und Fußgänger in welcher Situation reagieren.

Als **Fußgänger** gehören Sie natürlich zu den schwächsten im Straßenverkehr. Autofahrer rechnen immer damit, dass Sie sich unterordnen! Da es nicht allzu viele Ampeln gibt, müssen Sie sich gegebenenfalls über den vierspurigen Boulevard „mogeln", und zwar so, wie es die Türken auch tun: erst einen Schritt in die Fahrbahn, dann zwei, dann drei ..., um dann, eine Lücke erspähend (oder erzwingend!), das andere rettende Ufer zu erreichen. Es ist ein Mittelding zwischen notwendiger Achtung und unentbehrlicher Dreistigkeit, das man hier benötigt; von sich aus wird kein Autofahrer Ihnen den Vortritt lassen. Versuchen Sie immer, Blickkontakt mit den Fahrern aufzunehmen und lernen Sie, durch vorsichtiges „Vortasten" deren Reaktion einzuschätzen. Kein türkischer Autofahrer wird es darauf anlegen, Sie zu verletzen, und muss er einmal halten, so wird er es ohne Ungeduld oder Fluchen tun. Sind Sie sich allein unsicher, schließen Sie sich einer Gruppe Türken an, die das Procedere oft genug geübt haben (möglichst mit Frauen oder Kindern, denn junge Männer haben manchmal eine geradezu selbstmörderische Art, über die Straße zu sprinten, und sie werden vom Autofahrer, der das natürlich weiß, auch viel „forscher" angegangen). Und ob Sie es nach dem nun Gesagten glauben oder nicht: Der türkische Autofahrer ist sogar rücksichtsvoller, wenigstens aber weniger „miesepetrig" und rechthaberisch als sein auf das Regelrecht pochender mitteleuropäischer Kollege.

Ein Wort zum **Hupen:** Die Ankündigung „Jetzt komme ich!" beweist, dass der Fahrer sich nicht auf die stillen Regeln, sondern das individuelle akustische Signal verlässt: beim Überholen, beim Spurwechseln, vor uneinsichtigen Kurven (!), beim Losfahren, kurz: wann immer es ihm angebracht erscheint. Bei dem geringen Verkehr auf dem Land erfüllt das ja auch seine Funktion – in der Stadt aber kann da schon mal ein Hupkonzert entstehen, aus dem keiner mehr ein Signal heraushören kann.

Je mehr man sich den westlichen Regionen und städtischen Zentren nähert, umso „manierlicher", sprich regelkonformer ist das zu erwartende Fahrverhalten, je mehr man in den **„wilden Osten"** fährt, umso größer können die Überraschungen werden. Das gleiche gilt für die Präsenz der Verkehrspolizei, deren unermüdliche Bemühungen, die Türken auf den westlichen „Regelstand" zu bringen, zumindest in der Westtürkei einen gewissen Erfolg zeitigen.

Aber trotzdem gilt, wo immer Sie auch sein mögen: Seien Sie stets (!) auf plötzlich auftretende, **unvorhersehbare Situationen** gefasst.

Nachtfahrten sind aus den obigen Gründen (plötzlich auftauchende Menschen oder Tiere, unbeleuchtete Fahrzeuge) besonders gefährlich, sodass man sie – wenn irgend möglich – vermeiden sollte.

Und noch ein letzter Hinweis: Im Unterschied zu allen anderen Tieren reagieren **Esel** nicht auf Hupen; wahrscheinlich der Grund für das schlechte Image des Tieres ...

017tu Foto: mf

ANHANG

Glossar

Alle Begriffe, soweit nicht ausdrücklich anders angegeben, entstammen der türkischen Sprache; bekannte Ausdrücke wie z. B. Osmanen werden unter der eingedeutschten Form aufgelistet. Das Glossar konzentriert sich auf die wichtigsten der in diesem Buch benutzten Fremdwörter.

- **Abla:** Im engeren (familiären) Sinne ältere Schwester; im weiteren Sinne Anrede an eine nur wenig ältere weibliche Person. Fremde Frauen appellieren mit dieser Anrede an den Schutz und die Solidarität der Älteren (vgl. ↗*ağabey*, ↗*kardeş*).
- **Ağabey** (Kurzform *abi*): Im engeren Sinne älterer Bruder; im weiteren Sinne als öffentliche Anrede an eine männliche Person gebraucht, die nur wenig über dem Alter des/der Ansprechenden liegt. Der/die Anspre-

Verkäufer von Fußballfahnen

chende drückt durch dieses Wort deutlich die höhere (Schutz)autorität des Angesprochenen aus (vgl. ➚*kardeş*, ➚*abla*).

•**Aile:** „Familie". Mit *aile çay bahçesi* (Teegarten), *aile salonu* (Restaurant) bzw. *aile pansyonu* (Pension) werden für Familien und Frauen reservierte Bereiche in den oben genannten öffentlichen Einrichtungen bezeichnet; Männer ohne Frauenbegleitung haben hier keinen Zutritt.

•**Aleviten** (türk. *alevi*): „Ali-Verehrer". Eine an der ➚Schia ausgerichtete Religionsgemeinschaft, welche die fünf Säulen (➚*arkan*) des sunnitischen ➚*Islam* ablehnt und folglich seit Jahrhunderten in einem offenen oder latenten Spannungsverhältnis zu diesem steht. Die Aleviten sind mit ca. 20% an der Gesamtbevölkerung nach den Sunniten (➚Sunna) die zweitgrößte Religionsgemeinschaft der Türkei (➚*cem*, ➚*pir*).

•**Allah** (arab.): „Der Gott". Name des einen, allwissenden und allmächtigen Gottes, dem sich der Mensch durch Hingabe (➚Islam) zu überantworten hat.

•**Almancı:** „Deutschtürke" oder „Deutschling". Der nicht selten etwas abschätzig gebrauchte Ausdruck bezieht sich auf türkische Gastarbeiter, die nach Jahren aus Deutschland in ihr Heimatland zurückkehren. Der Ausdruck trägt auch der Tatsache Rechnung, dass die Rückkehrenden (und ihre Kinder) sich nicht selten spezifischen Orientierungs- und Anpassungsproblemen gegenübersehen (kulturelle Identitätsproblematik).

•**Alman üsüllü:** „Nach deutschem Brauch". Gemeint ist die deutsche Zahlweise, bei der jeder am Tisch für sich bezahlt (getrennte Rechnungen). Dies ist in der Türkei absolut unüblich und sollte auch von Besuchern vermieden werden.

•**Altı ok:** „Sechs Pfeile". Die sechs kemalistischen Prinzipien, die von der Republikanischen Volkspartei *(Cumhuriyet Halk Partisi)* 1931 zum Programm erhoben wurden. Es sind dies: 1. der Republikanismus, 2. der Nationalismus, 3. der Laizismus, 4. der Populismus, 5. der Etatismus und 6. der Reformismus (vgl. ➚Kemalismus)

•**Amca:** Im engeren Sinne Onkel väterlicherseits; im weiteren Sinne bekundet das Wort als allgemeine Anrede den Respekt eines jüngeren gegenüber einem älteren Mann (➚*dayı*).

•**Anne:** „Mutter" oder auch „Mama" (auch *anna* oder *ana*). Außerdem im übertragenen Sinne hohe (inoffizielle) Ehrenbezeichnung für führende Frauen (z. B. Ministerpräsidentin *Tansu Çiller*) oder auch politische Organisationen *(Ana-vatan Partisi* = Mutterlandspartei), vgl. ➚*baba*.

•**Aptes:** Die rituelle Waschung (vor allem vor dem Gebet), welche die religiöse, moralische wie auch hygienische „Reinheit" verbürgt. Wer diese nicht vornimmt *(aptessiz)*, gilt auch moralisch als „unsauber" (vgl. auch ➚*temiz*, ➚*pis*).

•**Arkan** (arab.): „Säulen der Religion". Die fünf Grundpflichten des sunnitischen ↗Islam (vgl. auch ↗Sunna, ↗Aleviten): 1. das tägliche Glaubensbekenntnis (↗*şehadet*), 2. die rituellen Pflichtgebete *(namaz)*, 3. das Fasten (↗*oruç*) im Monat ↗Ramadan, 4. die Abgabe der Sozialsteuer *(zekat)* und 5. einmal im Leben die Pilgerfahrt nach Mekka (↗*hac*).

•**Ayıp:** „Schande, schimpflich, unanständig". Häufig gebrauchter Ausdruck, der ein moralisches Fehlverhalten brandmarkt (vgl. ↗*pis*).

•**Baba:** „Vater", „Papa". Außerdem im übertragenen Sinne hohe (inoffizielle) Ehrenbezeichnung, die z. B. dem Staatspräsidenten *Süleyman Demirel* zukam (Landes-vater).

•**Başlık:** 1. allgemein Kopfbedeckung (*başörtü* bezeichnet allgemein das Kopftuch), 2. das in traditionell-ländlichen Lebensbereichen an die Familie der Braut zu entrichtende Brautgeld.

•**Bay:** „Herr". Respektvolle Bezeichnung eines (fremden) Mannes, die sich als Anrede vor dem Namen findet, z. B. *Bay Selim* = Herr Selim. Das Wort wird außerdem häufig neben *Erkek* (ebenfalls: „Mann") für die Identifizierung der männlichen Toilette benutzt.

•**Bayan:** „Frau, Dame". Diese allgemeine respektvolle Bezeichnung für (eine fremde) Frau wird vor dem Namen auch als Anrede benutzt, z. B. *bayan Ayşe* = Frau Aische. Das Wort verweist auch (neben *kadın* – ebenfalls „Frau") auf die weiblichen Toilettenräume (vgl. ↗bay).

•**Besmele** (arab.: *basmala*): Name der glückbeschwörenden Formel *Bismillâhirrahmanirrahim* (Im Namen des allbarmherzigen Gottes). Die Besmele findet sich am Anfang aller ↗Suren des ↗Korans (außer der 9.) und findet auch im alltäglichen Leben als Allheilmittel der Beschwörung breite Verwendung.

•**Cami** (arab.-türk.): Moschee. Im Gegensatz zu ↗*mescit* die Moschee, in der das wichtige Freitagsgebet *(cuma namazı)* abgehalten wird.

•**Cem:** Die nächtlichen religiös-kultischen Versammlungen der ↗Aleviten.

•**Çarşaf:** „Betttuch, Umhang". Als traditionelles Kleidungsstück der Frau ein weiter, über Kopf und Schultern getragener Überwurf. Die durchaus noch vorkommenden schwarzen „Ganzkörperumhänge" werden auch als *çador* bezeichnet. Frauen, die die Hände nicht freihaben, halten oft den Zipfel des Umhangs mit den Zähnen vors Gesicht.

•**Dayı:** Im engeren Sinne Onkel mütterlicherseits; im weiteren Sinne auch als Anrede an eine ältere männliche Person, die aber nicht die Autorität eines ↗*amca* erreicht. Das Wort bedeutet im Türkischen auch – ironisierend – „Bursche" oder „Schupo".

•**Dede:** 1. „Großvater"; im weiteren Sinne auch Anrede an einen sehr viel älteren Mann. 2. Der Leiter und Vorsteher einer Gemeinde der ↗Aleviten, auch ↗*pir* genannt. 3. Titel eines Ordensbruders bei den ↗*Mevlevi.*

- **Devşirme:** Berühmt-berüchtigtes Rekrutierungssystem der osmanischen Armee, nach der christlichen Familien junge Knaben weggenommen wurden (Knabenlese), um sie zu ↗*kapıkulları* (loyalen „Sklaven des Sultans") zu machen , z. B. zu ↗Janitscharen.
- **Dschihad** (arab., türk.: *cihat*): „Anstrengung für die Sache Gottes". In verengter – und nicht ganz korrekter – Bedeutung heute oft als „Heiliger Krieg" oder „Krieg gegen die Ungläubigen" bekannt.
- **Dolmuş:** Kleinbus (manchmal auch lizensierter PKW) im Regional- oder Stadtverkehr, der immer eine bestimmte Strecke abfährt, wo man überall zu- oder aussteigen kann.
- **Ezan:** Der Gebetsruf des ↗Muezzins, der die Gläubigen fünfmal täglich zum Gebet ruft. Er wird heute wieder in arabischer Sprache vorgetragen, nachdem Versuche, ihn zu „türkisieren", in den 1940er Jahren fehlgeschlagen waren.
- **Fitne** (arab. *fitna*): „Aufruhr, Aufwiegelung, Aufstand, Chaos, Unfrieden", aber (besonders im Arabischen) auch „Verführung, Versuchung, reizvolle Schöne". Aus dem Arabischen stammender Ausdruck, der zunächst im allgemeinen Sinne die Gefahr einer unfriedlichen, entregelten, chaotischen Gemeinschaft bezeichnet. Des weiteren bezeichnet er im islamischen Denken die machtvolle sexuelle Anziehungskraft der Frau, die, wenn sie von der Gesellschaft nicht geregelt und kontrolliert wird (↗Namus), zu Unfrieden in der männlichen ↗Umma führen kann. Damit ist der Begriff auch ein Ausdruck für weibliche Verführungskraft.
- **Geçekondu:** „Über Nacht erbaut". Nach einem alten überlieferten islamischen Grundsatz darf niemandem sein über Nacht gebautes Dach über dem Kopf wieder weggenommen werden. Die an den Peripherien der großen türkischen Städte auf öffentlichem Land entstandenen Geçekondu-Siedlungen (Barrackensiedlungen) haben keine Rechtsbasis in der modernen Türkei, sind also eigentlich illegal. In der Praxis werden sie aber auf Grund des obigen Grundsatzes von den Behörden meist geduldet und später anerkannt, insbesondere nachdem Amnestiegesetze – so z. B. im Jahre 1966 – die teilweise Legalisierung ermöglicht haben. Die Geçekondu-Bewohner ließen im Zuge der Landflucht die Einwohnerzahl der Großstädte beträchtlich steigen.
- **Gelin:** „Die, die kommt", „Braut". Die Braut zieht in einer traditionellen Familie in der Regel in das Elternhaus des Bräutigams. Ihre Position in der neuen Familie ist zunächst am unteren Ende der weiblichen Hierarchie. Dies ändert sich mit der Geburt eines Kindes, besonders eines Sohnes.
- **Ghasi** (arab.-türk.): Ehrentitel türkischer Fürsten, die sich als Frontkämpfer gegen die Ungläubigen ansahen. Auch *Kemal Atatürk* wurde dieser Titel verliehen.

- **Göbektaşı:** Die beheizte Marmorplatte im Zentrum des türkischen Bads, auf die man sich zum Entspannen bzw. für die Massage legt.
- **Güvey:** „Schwiegersohn, Bräutigam" (auch: *damat*). Der *içgüvey* ist derjenige (gesellschaftlich etwas weniger respektierte) Schwiegersohn, der im Gegensatz zum *güvey/damat* in das elterliche Haus der Braut zieht (vgl. ↗*gelin*).
- **Had:** „Grenze". In der osmanischen Gesellschaft ein Begriff, der die Autoritäts- und Wirkgrenzen eines Amtsträgers bezeichnete, die dieser bei einem Angriff (Übertretung oder Nicht-Beachtung der „Grenze" durch eine andere Person) zu verteidigen hatte.
- **Hadith** (arab.; türk. *hadis*): Überlieferter Ausspruch oder überlieferte Taten des Propheten *Mohammed,* die als religiöse, gesellschaftliche oder rechtliche Richtschnur dienen, die aber selbst nicht im ↗Koran enthalten sind. Die Hadithe bilden in ihrer Überlieferung die ↗Sunna, die den orthodoxen Glauben der Mehrheit der ↗Muslime bezeichnet.
- **Hala:** Im engeren Sinne Tante väterlicherseits; im weiteren Sinne als Anrede an eine ältere weibliche Respektperson gebraucht (vgl. ↗*teyze*).
- **Hanım:** „Ehefrau, Frau, Dame". Respektvolle Bezeichnung für die verheiratete Frau, die auch in der Anrede an diese benutzt wird (vgl. ↗*bayan,* ↗*kız*).
- **Haram** (arab.-türk.): Das Verbotene bzw. unrechtmäßig Erworbene. Der Begriff bezeichnet das religiös Untersagte bzw. einen religiösen Tabubereich (↗*harem,* ↗*mahrem*).
- **Harem** (arab.-türk.): Bezeichnet a) den den Frauen vorbehaltenen Bereich des traditionellen türkischen Hauses (↗*haremlik, selâmlık*) sowie b) die dort lebende(n) Ehefrau(en).
- **Haremlik:** Die Frauengemächer (der geschützte Innenbereich) eines traditionellen osmanischen Hauses, im Gegensatz zu ↗*selâmlık* (vgl. auch ↗Harem, *haram, mahrem*).
- **Hedschra** (arab., türk.: *hac*): Wallfahrt nach Mekka. Der arabische Ausdruck Hidschra bzw. Hedschra („Auswanderung") bezeichnet zunächst die Flucht des Propheten *Mohammed* von Mekka nach Medina im Jahre 622. Dieses Datum stellt zugleich den Beginn der islamischen Zeitrechnung dar. Heute ist die Hedschra als Pilgerfahrt nach Mekka bekannt, und sie ist eine der fünf Säulen (↗*arkan*) des Islam. Sie wird allgemein im 12. Monat *(zilhicce)* des islamischen Mondkalenders *(hicre)* ausgeführt (vgl. ↗Ramadan).
- **Hoca:** „Lehrer". Die heutige Bedeutung dieses Wortes reicht von der respektvollen Anrede an einen Lehrer oder Professor (insbesondere an einen religiösen Lehrer der ↗*medrese*) bis zur Bezeichnung eines theologisch inoffiziell ausgewiesenen „Weisen" oder „Meisters".

- **Iblis** (arab.-türk.): Der im ↗Koran häufig als „Einflüsterer" bezeichnete Teufel oder Satan; wie im Christentum ein von Gott (↗Allah) abgefallener, bzw. aufbegehrender Engel.
- **Imam** (arab.-türk.): „Vorsteher". Hoher islamischer Geistlicher, der der Gemeinde beim wichtigen Freitagsgebet *(hutbe)* „vorsteht" (Vorbeter). In der ↗Schia gilt der Imam dagegen sogar als inspiriertes Oberhaupt (Nachfolger *Mohammeds*) der Glaubensgemeinde. Die türkischen Imame werden staatlich ausgebildet und bezahlt. Auch fungieren sie meist gleichzeitig als Freitagsprediger *(hatip)*. Die früher üblichen Eheschließungen durch den Imam sind heute ungültig – in der Türkei gilt nur noch die standesamtliche Ehe –, kommen aber in den traditionellen Gebieten Ostanatoliens gelegentlich noch vor (sogenannte Imam-Ehen).
- **Islam** (arab.): „Ergebung in den Willen Gottes" oder auch „Hingabe an Gott". Im alltäglichen Sinne die vom Propheten *Mohammed* (572–632) gegründete jüngste Weltreligion, die heute mit über 1 Milliarde Gläubigen nach dem Christentum die zweitstärkste Glaubensgemeinde der Welt darstellt.
- **Janitscharen** (türk: *yeni çeri*): Osmanische Elitetruppe, die anfänglich großenteils aus zwangsrekrutierten Christenknaben bestand, die in frühem Alter von ihren Familien getrennt und auf den Sultan eingeschworen wurden (↗*devşirme*, ↗*kapıkulları*).
- **Jungtürken** (türk. *genc türkler*): Teilweise revolutionäre Reformbewegung im spätosmanischen Reich (1876–1918). Die Ziele der Jungtürken waren von westlichem Gedankengut (Nationalismus, Gleichheit von Mann und Frau, aber auch Panturkismus) beeinflusst. Nach dem Ersten Weltkrieg verschwand die Bewegung, auch wenn *Kemal Atatürk* einige ihrer Ideen aufnahm und weiterführte.
- **Kaaba** (arab.): „Würfel". Würfelförmiges Gebäude in Mekka, das einen schwarzen Meteorstein beherbergt. Das bereits von den vorislamischen Arabern verehrte Heiligtum wurde von *Mohammed* zum Zentrum der islamischen Religion erhoben (*bait Allah* = Haus Gottes). Die siebenfache Umrundung der Kaaba *(tawaf)* und die Berührung des schwarzen Steins stellt den Höhepunkt der ↗*hac* dar.
- **Kalif** (arab. *kalifa*): „Stellvertreter". Der Kalif ist der universale politische wie religiöse Stellvertreter des Propheten *Mohammed,* also der Führer der ↗Umma. Die an dem Ideal der ↗Umma orientierte weltliche wie religiöse Doppelfunktion erfuhr auf der politischen Ebene eine schleichende Auszehrung, bis das Amt fast nur noch seine religiöse Bedeutung hatte. Die osmanischen Sultane besaßen seit 1517 die Kalifenwürde (Kalifat), die 1924 von *Kemal Atatürk* durch Ausweisung des letzten Kalifen beseitigt wurde.

- **Kapıkulları:** „Sklaven des Sultans" im Osmanischen Reich. Persönlich auf den Sultan eingeschworene Funktionsträger im osmanischen Herrschaftssystem, z. T. mit hohem Ansehen und materiellem Reichtum verbunden (z. B. Großwesir). Siehe auch ➚*devşirme,* ➚Janitscharen.
- **Kardeğ:** Im engeren Sinne jüngerer Bruder bzw. – als *kız kardeğ* – jüngere Schwester; als allgemeine Anredeform an etwa gleichaltrige – oder etwas jüngere – Männer/Frauen drückt dieses Wort Gleichheit oder (bei unterschiedlichem Alter) auch die Inanspruchnahme einer Respektposition des Ansprechenden aus (der sich also dem Angesprochenen gegenüber quasi als ➚*ağabey* bzw. ➚*abla* postiert).
- **Kemalismus:** Der Kemalismus (auch *atatürkçülük* genannt) stellt das gesamtpolitische Vermächtnis und Programm *Mustafa Kemal Atatürks* (1881–1938) dar, auch wenn von einer geschlossenen ideologischen Staatsdoktrin kaum die Rede sein kann. Der Kemalismus wird insbesondere in der Form der „Sechs-Pfeile-Doktrin" (➚*altı ok*) präsentiert, die 1931 zum Programm erhoben wurde.
- **Keyif:** „Wohlbefinden, gute Stimmung". Entspricht in etwa dem Begriff „Muße" oder dem italienischen *dolce far niente* („süßes Nichtstun").
- **Kibla** (arab.): Die Ausrichtung der Gebetsrichtung gen Mekka. In jeder Moschee wird sie durch die Plazierung der Mihrab angezeigt, in deren Richtung sich die Betenden verneigen.
- **Kısmet** (arab. *kisma*): Schicksal, Zufall, Zuteilung. Kernbegriff des orientalischen Schicksalsglauben (Fatalismus).
- **Kız:** „Mädchen, Jungfrau". Der Begriff bezeichnet sowohl kleine Mädchen (*kız oğlan* = Tochter) wie auch unverheiratete, d. h. jungfräuliche Frauen (vgl. ➚*hanım*).
- **Koran** (arab.-türk. *kuran*): Das heilige Buch des ➚Islam. Der Koran stellt die durch Gott an seinen Propheten *Mohammed* verkündeten Offenbarungen dar. Damit ist er die unmittelbare Äußerung Gottes, also kein Menschenwerk, sondern göttliche Eröffnung. Dies erklärt die Heiligkeit und Autorität des Buches im Islam.
- **Köy:** „Das Dorf" im Gegensatz zur Stadt *(şehir)*. Kommt in vielen Zusammensetzungen vor.
- **Kurban bayramı** (arab. *Id-al-Adha*): „Opferfest". Das viertägige Opferfest findet zwei Monate und zehn Tage nach dem ➚*şeker bayramı* statt und erinnert an die Gotteshingabe *Abrahams,* der sogar bereit war, Gott seinen Sohn *Isaak* zu opfern. An dieses Ereignis wird durch die Opferung eines Tieres (Ziege, Schafbock) erinnert, dessen Fleisch auch an Verwandte und Bekannte verschenkt wird.
- **Mahrem** (arab.-türk.): „Das Geheime, das Verbotene, das Intime"; die religiös-moralisch-sexuelle Tabuzone des Innenbereichs (vgl. ➚*haram,*

↗Harem). Im allgemeineren Sinne das familiäre, paarorientierte „Innen", das gegen das gesellschaftliche „Außen" (↗*namahrem*) geschützt und vor ihm verborgen wird.

- **Medrese:** Zu osmanischer Zeit theologische Lehranstalt für die Ausbildung islamischer Geistlicher und Richter. Die religiöse Ausbildung wird heute weitgehend durch die staatlichen *Imam-Hatip-Lisesi* (Berufsfachschule für Prediger) abgedeckt.
- **Mescit** (arab.-türk.): In der Türkei diejenigen, meist kleineren Moscheen, die im gegensatz zur ↗*cami* nicht das wichtige Freitagsgebet abhalten können.
- **Mevlevi:** Die Derwische des Mevleviyye-Ordens, der von dem „Meister" (*Mevlana* = „Unser Herr") *Celâleddin Rumi* (1207–1273) in Konya gegründet wurde. Obwohl alle Orden (Tarikat) seit 1925 verboten sind, führen die Mevlevi seit 1960 in Konya wieder ihre mystischen Tänze auf (Die tanzenden Derwische).
- **Mihrab:** Die in jeder Moschee enthaltene, oft kunstvoll stuckierte Gebetsnische, die die Gebetsrichtung (↗*kibla*) nach Mekka anzeigt.
- **Millet:** „Nation, Gruppe, Gilde". Der heute meist im erstgenannten Sinne gebrauchte Ausdruck (z. B. *millet meclisi* = Nationalversammlung) stellte zu osmanischer Zeit eine religiöse Gruppenbezeichnung dar; so gab es z. B. auch eine jüdische und eine christliche Millet (Gemeinde).
- **Minarett** (arab.): Der schlanke Gebetsturm einer Moschee, der ursprünglich zum Ausrufen des Gebets (↗*ezan*) durch den ↗Muezzin bestimmt war (heute in der Regel über Lautsprecher).
- **Minbar** (arab.): Die meist in den großen Moscheen (↗*cami*) neben dem ↗*mihrab* angebrachte Gebetskanzel, die dem ↗Imam für das Abhalten der Freitagspredigt *(hutbe)* dient.
- **Muezzin** (arab., türk. *müezzin*): Der heute fast immer über Lautsprecher agierende Gebetsrufer, der in der Türkei vom Staat besoldet wird (vgl. ↗*ezan*).
- **Namahrem** (arab-türk.): Im Gegensatz zu ↗*mahrem* der öffentliche Bereich, das „Außen", also die gesellschaftliche Domäne (Außenraum der traditionellen Männerwelt).
- **Namus:** „Die Ehre". Zentraler Wertebegriff der traditionellen türkischen (Agrar)gesellschaft. Namus ist ein unveränderliches, zu schützendes Gut, das räumlich den Familienbereich und darin besonders die Sphäre der Frauen abschirmt (vgl. *haram*, ↗Harem, ↗*mahrem*). Beide Geschlechter haben Namus, wobei das Ehrgefühl des Mannes aber an die Integrität und Ehrenhaftigkeit der Frauen in seiner Familie gekoppelt ist; deren Ehre besteht konkret in ihrer sexuellen Keuschheit. Der Verlust der Ehre ist irreparabel und eine Schande, sodass die Verteidigung von Namus – vor

allem in traditionellen Bereichen – oft Anlass zu Fehden und Kämpfen gab und in extremen Fällen sogar den Tod des Ehrverletzenden zur Folge haben konnte.

- **Orospu:** „Hure, Prostituierte, unehrenhafte Frau, Schlampe". Der Begriff wird nicht nur für professionelle Prostituierte, sondern auch allgemein für ehrlose Frauen (↗*namuz*) verwendet; er steht in scharfem Kontrast zu den weiblichen Respektbezeichnungen ↗*kız* und ↗*hanım*.
- **Oruç** (arab.: *saum*): Das Fasten während des Monats ↗Ramadan, das tagsüber im Verzicht auf Essen, Trinken, Rauchen und Sexualverkehr besteht.
- **Osmanen:** Nach dem Gründer *Osman* benannte türkische Dynastie (1288–1922), die seit 1453 in Istanbul residierte und erst von *Kemal Atatürk* beseitigt wurde. In einem weiteren Sinne sollten sich später unter Sultan *Abdülhamid II.* (1876–1909) alle Bewohner des Osmanischen Reichs als Osmanen fühlen (Osmanismus).
- **Patron:** „Chef". Das Wort hat eine breite Bedeutung, die vom Abteilungsleiter bis zum Großgrundbesitzer und politischem Führer reichen kann. Die Basis seiner Autorität (↗Şeref) ist fachliche, politische oder wirtschaftliche Macht. Dem Patron gegenüber ist – ähnlich wie dem Vater – Respekt (↗Saygı) zu erweisen, wofür dieser umgekehrt Schutz- und Interessenfunktionen gegenüber seinen Untergebenen übernimmt. In politischer Hinsicht (Patronatswirtschaft) kann dies soweit gehen, dass ein Patron für seine Untergebenen die zu wählende Partei vorgibt.
- **Peçe:** schwarzer Gesichtsschleier für Frauen (vgl. auch ↗*türban*, ↗*çarşaf*).
- **Pir:** „Älterer". Vorsteher bzw. Leiter einer Gemeinde der ↗Aleviten, auch ↗*dede* genannt. Als religiöser „Meister" führt er die kultischen Versammlungen (↗*cem*).
- **Pis:** „Schmutzig, unanständig, unrein". Der Gegenbegriff zu ↗*temiz*.
- **Ramadan:** (türk: *ramazan*): Der Fastenmonat, der im islamischen Kalender *(hicre)* den 9. Monat darstellt. Da der islamische Mondkalender insgesamt ca. 11 Tage kürzer ist als der christliche (gregorianische) Kalender, „wandert" auch der Monat Ramadan jedes Jahr um ca. 11 Tage nach vorne.
- **Sabır:** Geduld, Gelassenheit. Eine durchaus notwendige Disposition im dörflichen und anatolischen Reise- und Lebensbereich.
- **Saygı:** „Achtung, Respekt". Zentraler Verhaltenswert der traditionellen (Groß)familie, der sich nach den Kriterien „Alter" (Jüngere schulden Älteren Saygı) und „Geschlecht" (Frauen erweisen Männern Saygı) sowie den daraus resultierenden familiären Positionen herleitet (vgl. ↗Şeref, ↗Namus).

- **Selâmlık:** Die Herrenräume (im weiteren Sinne der Außenbereich, die männlichen Besuchsräume) eines traditionellen Hauses. Vgl. ➚*haremlik.*
- **Seldschuken:** Nach ihrem Führer benannte türkische Nomadenstämme des 10. und 11. Jh., die Kleinasien für den ➚Islam eroberten und sozusagen Vorboten der ➚Osmanen waren. Das bekannteste Fürstentum war das der Rum-Seldschuken (Rum=Rhomäer=Römer, so benannt nach dem von den Oströmern (Byzantinern) eroberten Land) in Konya.
- **Sultan** (arab.): Islamischer Herrschertitel, der sich – im Unterschied zu ➚*kalifa* – nur auf die weltliche Herrschaft bezieht. Die osmanischen Sultane hatten seit 1517 zugleich die Kalifatsautorität inne.
- **Sunna** (arab.): Die durch die Offenbarungen des ➚Koran und der ➚Hadithe bestimmte orthodoxe Glaubensrichtung des ➚Islam. Ungefähr 80% der Türken gehören der sunnitischen Glaubensrichtung an (vgl. ➚Schia).
- **Sünnet:** „Beschneidung". Rituelle Aufnahme des ca. 5- bis 9-jährigen Knaben in die Gesellschaft der Männer.
- **Sure** (arab.-türk.): In arab. Übersetzung „Reihe". Die einzelnen Kapitel des ➚Koran, der aus insgesamt 114 Suren besteht.
- **Şadırvan:** Der Moscheebrunnen, an dem vor dem Gebet (➚*namaz*) die rituellen Waschungen (➚*aptes*) vorgenommen werden.
- **Şehadet** (arab: *shahada*): Das tägliche Glaubensbekenntnis an Gott (➚Allah) und seinen Propheten *Mohammed:* „Es gibt keinen Gott außer Allah, und Mohammed ist sein Prophet"; damit die erste der fünf Pflichten eines ➚Muslim und somit Teil des ➚*arkan.*
- **Şeker bayramı** (arab.: *Id-al-Fitr*): „Zuckerfest". Das dreitägige Zuckerfest findet am Ende des Fastenmonats ➚Ramadan (deshalb auch *ramazan bayramı* genannt) statt und ist zusammen mit dem ➚*kurban bayramı* das wichtigste religiöse Fest. Ähnlich wie bei dem europäischen Dreikönigsfest bekommen die Kinder in der Nachbarschaft Süßigkeiten und andere kleine Geschenke.
- **Şeref:** „Ansehen, Ehre". Zentraler, variabler Wert der türkischen Gesellschaft, der sich aber anders als ➚Saygı vor allem aus der gesellschaftlichen, sozialen Position des Trägers ergibt (Macht, Reichtum). Vgl. auch ➚Namus.
- **Schia** (arab.): „Spaltung, Partei"; die neben der ➚Sunna größte Hauptrichtung des ➚Islam, die sich neben dem Koran in ihrer Autorität auf den 4. Kalifen, *Ali* (602–661), den Schwiegersohn *Mohammeds,* sowie seine direkten Nachkommen (vgl. ➚Imam) bezieht. Der schiitischen Glaubensrichtung gehören in der Türkei die ➚Aleviten an, die einen Anteil von knapp 20% der Gesamtbevölkerung stellen. Das Schiitentum ist die Staatsreligion des Iran.

- **Temiz:** „Rein, sauber, anständig". Der Begriff reicht von der moralischen bis zur hygienischen Sauberkeit/Reinheit *(temizlik),* die beide wiederum eng mit der religiösen „Reinheit" verbunden sind (vgl. auch ↗*pis*).
- **Tespih:** „Die Gebetskette". Die islamische Form des Rosenkranzes, die an den Säulen innerhalb des Moscheeraums liegt, aber auch außerhalb der Moschee von Männern gerne „spielerisch" (man lässt ihn durch die Hand gleiten) benutzt wird.
- **Teyze:** Im engeren Sinne Tante mütterlicherseits; im weiteren Sinne gern als Anrede an eine ältere Frau gebraucht, von der die/der Anredende Zuspruch, Vertrauen oder mütterliche Hilfe erwartet. Der Ausdruck hat – über die Lineage zur Mutter – eine gefühlsmäßig weit wärmere Note als der Gebrauch von ↗*hala.*
- **Turanismus** (türk. *turancılık*): Eine seit dem 19. Jh. entwickelte Ideologie, welche die kulturelle und – vor allem in der Form des Panturkismus – politische Zusammengehörigkeit aller Turkvölker betont und anstrebt. Durch den Zerfall der UdSSR und die dadurch erfolgte Unabhängigkeit der einstmals sowjetischen Turkstaaten – Kasachstan, Aserbaidschan, Turkmenistan, Usbekistan und Kirgisien – haben panturkistische Tendenzen auch heute noch eine gewisse (wirtschaftspolitische) Aktualität.
- **Türban:** Das streng und ostentativ getragene Kopftuch weiblicher Studenten geriet seit den 80er Jahren zum Symbol des politischen Islam; die Studentinnen begehrten demonstrativ Einlass in die Universität von Istanbul, der ihnen aufgrund des Kopftuchs verwehrt wurde (vgl. auch ↗*peçe,* ↗*çarşaf*).
- **Umma** (arab.): Gemeinde, Gemeinschaft. Der schwer fassbare Ausdruck bezeichnet sowohl die religiöse wie auch staatliche Gemeinschaft. Die arabische Umma, die sich vorbildhaft in der von *Mohammed* gegründeten ersten Glaubensgemeinde von Medina herausgebildet hatte, stellt folglich eine ideale Verbindung von religiöser und staatlicher Gemeinde dar, ein Zusammenspiel, dass im Laufe der Geschichte weitgehend verloren gegangen ist (gleichwohl z. B. der islamische „Gottesstaat" des Iran an dieses Ideal anknüpft). Heute wird der Ausdruck im arabischen Lager oft auch als „Nation" verstanden.
- **Zina** (arab.-türk.): „Ehebruch". Im ursprünglichen Sinne bezeichnet *Zina* nicht nur den Ehebruch, sondern jegliches unehrenhafte und verbotene sexuelle Verhalten (z. B. auch vorehelicher Sexualverkehr oder der Sexualakt tagsüber während des Fastens – ↗*oruç*). Der Ehebruch stellt eine existentielle Bedrohung bzw. Verletzung der Ehre (↗Namus) dar, dessen Ahndung in einer traditionellen Gemeinschaft bis zur Tötung der ehrverletzenden Personen gehen kann.

Anmerkungen

1) Propyläen Weltgeschichte, Bd. 5, hrsg. von Golo Mann u. August Nitschke, Berlin-Frankfurt/M. 1991, S. 178.
2) Zitiert nach: W. Gust: Das Imperium der Sultane, München-Wien 1995, S. 15 f.
3) Aus einem Brief Süleymans von 1562, zitiert nach: Geschichte des osmanischen Reiches, nach den Quellen dargestellt von Nicolae Jorga, Bd. III, Frankfurt/M. 1990, S. 81.
4) W. Gust, a.a.O., S. 136.
5) W. Gust, a.a.O., S. 148.
6) Der Koran, in der Übersetzung von Max Henning, Wiesbaden o.J.
7) Ebd. 4. Sure.
8) Vgl. auch den Eintrag in Klaus Kreiser: Kleines Türkei-Lexikon, München 1992, S. 43.
9) Vgl. dazu Tworuschka, Monika: Allah ist groß: Religion, Politik und Gesellschaft, Gütersloh 1983, S. 76.
10) Der Koran, 3. Sure, a.a.O., S. 83.
11) Siehe auch Çigdem Akkaya, Yasemin Özbek, Faruk Şen: Länderbericht Türkei, Darmstadt 1998, S. 166 f.
12) Chronik der Türkei, Januar–Juni 1998, hrsg. v. Zentrum für Türkeistudien in Essen, S. 19.
13) Ebd. S. 22 f.
14) Dschelaladdin Rumi: Aus dem Diwan, übertr. u. eingel. von Annemarie Schimmel, Stuttgart 1993, S. 34.
15) Wendy Buonaventura: Bauchtanz, München 1998, S. 24.
16) Lady Mary Wortley Montagu: Der Lady Mary Pierreport Wortley Montagu Reisebriefe, Wien 1932, S. 218; zitiert nach Wendy Buonaventura: Bauchtanz, a.a.O., S. 43.
17) Man vgl. dazu die sehr gute Darstellung über westliche Haremsphantasien und östliche Wirklichkeit bei Fatima Mernissi: Harem, Freiburg-Basel-Wien 2000, insbesondere S. 93 ff.
18) Barbara Yurtdaş: Gebrauchsanweisung für die Türkei, München 1989, S. 115 f.
19) Vgl. Wendy Buonaventura: Bauchtanz, a.a.O., S. 157 ff.
20) Fatima Mernissi: Harem, a.a.O., S. 68.
21) Ebd. S. 69.
22) Dschelaladdin Rumi: Aus dem Diwan, a.a.O., S. 69.
23) Nilüfer Göle: Republik und Schleier, Berlin 1995, S. 78.
24) In: „Frankfurter Allgemeine Zeitung" vom 27. 7. 1987.

25) Klaus Kreiser: Kleines Türkei-Lexikon, a.a.O., S. 14.
26) M. Strohmeier/L. Yalcin-Heckmann: Die Kurden, München 2000, S. 94.
27) Siehe dazu: Nilüfer Göle, Republik und Schleier, a.a.O., S. 58 ff.
28) Vgl. M. Strohmeier/L. Yalcin-Heckmann, a.a.O., S. 28 ff.
29) Prozentangaben entnommen: Çigdem Akkaya et al., Länderbericht Türkei, a.a.O., S. 192.
30) Diese Zahl in: Aktuell 2001, Harenberg Jahrbuch, Dortmund 2000, S. 617. Andere Quellen und Schätzungen gehen von bis zu 12 Millionen Kurden auf türkischem Staatsgebiet aus, z. B.: M. Strohmeier/L. Yalcin-Heckmann, Die Kurden, a.a.O., S. 31.
31) siehe: M. Strohmeier/L. Yalcin-Heckmann, Die Kurden, a.a.O., S. 103.
32) Vgl.: amnesty international: Jahresbericht 2000. Frankfurt/M. 2000, S. 530 ff.
33) Zum GAP-Projekt vgl.: Çigdem Akkaya et al., Länderbericht Türkei, a.a.O., S. 127 f. und 277 f.
34) Siehe auch Çigdem Akkaya et al., Länderbericht Türkei, a.a.O.
35) Ebd. S. 210.
36) Ebd. S. 212.
37) Muhlis Ileri: Die wirtschaftliche Entwicklung, in: Informationen zur politischen Bildung, Heft 223 Türkei, Hrsg. Bundeszentrale für politische Bildung, München 1989, S. 26.
38) Staatliches Amt für Statistik der Türkei, zitiert nach: Çigdem Akkaya et al., Länderbericht Türkei, a.a.O., S. 215.
39) Ebd. S. 210.
40) Günter Seufert: Café Istanbul, München 1997, S. 36.
41) Ebd. S. 94.
42) Zahlen nach: Çigdem Akkaya et al., Länderbericht Türkei, a.a.O., S. 276
43) Muhlis Ileri, a.a.O., S. 23.
44) Zu den Zahlen siehe: Çigdem Akkaya et al., Länderbericht Türkei, a.a.O., S. 214.
45) Ebd.
46) Ebd. S. 288 f.
47) Weisheiten der Völker, hrsg. von Karl August Fritz, Darmstadt 1998, S. 140.
48) Der Film behandelt mehrere typisch türkische Themenkomplexe in kaleidoskopartigen Sequenzen: Kurdenproblematik, Mann-Frau-Beziehung, Ehrproblematik usw.; der Film kann natürlich keineswegs als Abbildung der modernen Türkei verstanden werden. *Güney* destilliert gleichsam die großen Themen der anatolisch-agrarischen

Türkei, also desjenigen Teils der türkischen Gesellschaft, die sich heute im Wandel befindet. Der Film sollte deshalb als Aufklärungsfilm – und so wurde er früher häufig eingesetzt und verstanden – mit Vorsicht interpretiert werden.

49) Dies ist der Titel des höchst lesenswerten Buches von Werner Schiffauer, der anhand eines Vergewaltigungsfalles in Deutschland den Begriff der „Ehre“ untersucht und ausgezeichnet darstellt: Werner Schiffauer, Die Gewalt der Ehre, Frankfurt a.M. 1983.

50) Näheres dazu in dem bereits genannten Buch von Werner Schiffauer, siehe Anm. 49.

51) Zur gegenwärtig heftig umkämpften Bedeutung des Kopftuchs bzw. Schleiers siehe nachfolgendes Kapitel.

52) Diesen äußerst wichtigen, elementaren Unterschied in der kulturell unterschiedlichen Wahrnehmung von Wirklichkeit hat Werner Schiffauer in seinem Buch „Die Gewalt der Ehre“, a.a.O., eindrucksvoll herausgearbeitet; vgl. insbesondere S. 90.

53) Barbara Yurtdaş: Gebrauchsanweisung für die Türkei, a.a.O., S. 109.

54) Vgl. auch das nächste Kapitel.

55) Dies ist einer der Gründe dafür, dass die *gelin* (die in das Haus des Mannes ziehende Ehefrau, *gelin* = „die, die kommt“) in der Familie ihres Mannes zunächst einen schweren Stand hat, denn sie bedeutet als „Fremde“ eine prinzipielle Gefahr für die Familienehre, wenn sie sich nicht ehrenhaft verhält.

56) Hieraus lässt sich nun leicht erkennen, dass – übrigens in allen islamischen Ländern – bei reisenden Pärchen dem Mann die Schutzfunktion nach außen zufällt. Die Frau wird von ihm gedeckt und grundsätzlich im Hintergrund gehalten. Ein emanzipiertes Nebeneinander, wie im europäischen Kulturgefüge, wird im islamischen Land schnell als Schwäche des Mannes ausgelegt werden. Es ist der Mann, der im Restaurant bestellt, der die Tickets am Schalter holt, sich auf der Straße mit männlichen Bekanntschaften unterhält, seine Frau/Freundin im Bus auf dem Innensitz (Fenstersitz) absichert sowie – und das ist für viele europäische Männer besonders schwer einzuschätzen und umzusetzen – jede versuchte ungebührliche Annäherung an die „westliche“ Frau mit Entschiedenheit und Stärke überwacht und ggf. eindeutig reagiert, usw.; vgl.
das Stichwort „Paare unterwegs“ in „Die interkulturelle Begegnung im Alltag“, „Ergänzende Tipps A–Z“.

57) Andrea Petersen, Ehre und Scham, Berlin 1985, S. 26.

58) Yasar Kemal: Töte die Schlange, Zürich 1995. Der Roman, der einer wahren Begebenheit folgt, beschreibt die komplexen Wirkungen

der Namus-Psychologie auf einen heranwachsenden Jungen, der schließlich seine eigene Mutter tötet.

59) Siehe Çigdem Akkaya et al., Länderbericht Türkei, a.a.O., S. 227.

60) amnesty international, Jahresbericht 2000, a.a.O., S. 38 f. und S. 405.

61) Die von Omar Kaplan erwähnte psychologische Erklärung, dass die Jungen seit ihrer Beschneidung unter einem traumatischen Erlebnis ständen und deshalb Aggression aufbauen würden, ist als Ursache dieser sozialen Verhaltensweise wenig überzeugend; vgl. Omar Kaplan, Sexualität im Islam und in der türkischen Kultur, Franfurt a.M./Landeck 1989, S. 41.

62) Ebd. S. 44.

63) Ebd. S. 43.

64) Abdullah Aydin, Tam izahli Büyük islam ilmihali (Vollkommen erläuterter islamischer Katechismus), Istanbul o.J., S. 742; zitiert nach: Werner Schiffauer, Die Gewalt der Ehre, Frankfurt/M. 1983, S. 85.

65) Fatima Mernissi, Harem, a.a.O., S. 194 ff.

66) Nilüfer Göle, Republik und Schleier, a.a.O., S. 118.

67) Fatima Mernissi, a.a.O., S. 185.

68) zitiert nach: Nilüfer Göle, Republik und Schleier, a.a.O., S. 118.

69) Entnommen: Omar Kaplan, Sexualität im Islam, a.a.O., S. 39.

70) Die türkische Regierung hat immer wieder sogenannte Amnestie-Gesetze erlassen, mit denen die Kinder solcher Imam-Ehen nachträglich standesamtlich legitimiert werden konnten.

71) Andrea Petersen, Ehre und Scham, a.a.O., S. 28.

72) Eine größere Übersicht dazu bei: Barbara Wolbert, Türkei – Arbeitsmaterial für den Landeskundeunterricht in der Reihe Verhaltenspapiere, Zentralstelle für Auslandskunde, Bad Honnef 1998, S. 12 ff.

73) Ebd.

74) Werner Schiffauer, Die Gewalt der Ehre, a.a.O., S. 90.

75) Çigdem Akkaya et al., Länderbericht Türkei, a.a.O., S. 231.

76) Vgl. dazu Andrea Petersen, Ehre und Scham, a.a.O., S. 14; die Darstellung zur rituellen Reinheit folgt im Wesentlichen ihren Ausführungen.

77) Ebd.

78) Vgl. Barbara Wolbert, Verhaltenspapiere Türkei , a.a.O., S. 40.

79) Vgl. Andrea Petersen, a.a.O., S. 40.

80) Ebd. S. 40 f.

81) Pierre Bourdieu, Entwurf einer Theorie der Praxis, Frankfurt 1976, S. 196; zitiert nach: Andrea Petersen, Ehre und Scham, a.a.O., S. 22.

82) Ebd. S. 43.

83) Ebd. S. 42.
84) Barbara Yurtdaş, Gebrauchsanweisung für die Türkei, a.a.O., S. 27.
85) Ebd. S. 23 ff.
86) Einige Elemente der hier beschriebenen traditionellen Bewirtung folgen den guten Darstellungen von Werner Schiffauer, Die Gewalt der Ehre, a.a.O., S. 71 ff. sowie der Beschreibung von Barbara Wolbert, Verhaltenspapiere Türkei, a.a.O., S. 32 f.
87) Barbara Wolbert, Verhaltenspapiere Türkei, a.a.O., S. 33.
88) Entnommen: Yüksel Pazarkaya, Rosen im Frost - Einblicke in die türkische Kultur, Zürich 1989, S. 152 f.
89) Barbara Yurtdaş, Gebrauchsanweisung für die Türkei, a.a.O., S. 103; vgl. im Gegensatz dazu Çigdem Akkaya et al., Länderbericht Türkei, a.a.O., S. 247 f.; hier wird darauf hingewiesen, dass Gewalt in der Ehe nur selten offen als Hauptgrund angeführt wird, sondern eher allgemein „Unstimmigkeiten" für das Scheitern der Ehe verantwortlich gemacht werden. Dass sich hinter diesem allgemeinen Ausdruck auch Gewalt verbergen könne, die aber nicht offengelegt bzw. von beiden Seiten als Stigma verheimlicht wird, wird von den Autoren eingeräumt.
90) Zitiert nach: Çigdem Akkaya et al., Länderbericht Türkei, a.a.O., S. 250.

Literaturtipps

Geschichte des Osmanischen Reiches

- *Nicolae Jorga:* **Geschichte des Osmanischen Reiches.** 5 Bände, Gotha 1908–13, Reprint Darmstadt 1997. Ein Klassiker für denjenigen, der sich detailliert informieren will.
- *Fischer Weltgeschichte Bd. 15:* **Der Islam II.** Frankfurt/M. 1971. Zusammenfassende Darstellung der osmanischen und türkischen Geschichte.
- *Wolfgang Gust:* **Das Imperium der Sultane.** München/Wien 2007. Schwungvoll und anekdotenreich geschriebene Geschichte des Osmanischen Reiches.
- *Steven Runciman:* **Die Eroberung von Konstantinopel 1453.** München 2005. Spannende Lektüre für den, der gerade in Istanbul weilt und sich für die Geschichte der Stadt interessiert ...

Geschichte und Gesellschaft der modernen Türkei

- *Çigdem Akkaya/Yasemin Özbek/Faruk Şen:* **Länderbericht Türkei.** Darmstadt 1998. Eine umfassende geschichtliche, politische, soziologische wie auch ökonomische Darstellung der Türkischen Republik.
- *Udo Steinbach:* **Geschichte der Türkei.** München 2000. Eine knappe, aber aktuelle Darstellung der Geschichte der modernen Türkei.
- *Bernd Rill:* **Kemal Atatürk.** Hamburg 2004. In der Reihe „Rowohlts Monographien" veröffentlichte Darstellung des Republikgründers; für eine erste Bekanntschaft mit Atatürk geeignet.

Kurdenproblematik

- *Martin Strohmeier/Lale Yalçın-Heckmann:* **Die Kurden – Geschichte, Politik, Kultur.** München 2000. Umfassende Darstellung der kurdischen Geschichte und Kultur.

Islam

- **Der Koran.** Übers. von Max Henning, Wiesbaden o.J.
- *Annemarie Schimmel:* **Der Islam.** Stuttgart 1990. Reclam-Heftchen, das eine gute Einführung in die jüngste Weltreligion gibt.
- *Bernard Lewis:* **Der Atem Allahs – Die islamische Welt und der Westen/Kampf der Kulturen?** München 1998. Eine Geschichte des politischen Islam und seiner Auseinandersetzung mit dem Westen.

- *Kirstin Kabasci:* **Islam erleben.** Bielefeld 2007. Gut verständliche Einführung in die Grundlagen des Islam.
- *Andreas Meier:* **Politische Strömungen im modernen Islam – Quellen und Kommentare.** Wuppertal 2002. Allgemeine Darstellung der Entwicklung des modernen Politikverständnisses im Islam.
- *Juan Goytisolo:* **Kibla – Reisen in die Welt des Islam.** Frankfurt/M. 2000. Eine Sammlung von Reiseberichten aus islamischen Gebieten zwischen Marokko und Zentralasien, essayistisch im Stil und engagiert im Versuch, dem Leser die islamische „Aura" näherzubringen.

Kultur der Türkei allgemein

- *Günter Seufert:* **Café Istanbul – Alltag, Religion und Politik in der modernen Türkei.** München 1997. Ein z.T. höchst essayistischer Diskurs über politische und kulturelle Identitätsprobleme der modernen Türkei.
- *Barbara Yurtdaş:* **Gebrauchsanweisung für die Türkei.** München 1997. Ein locker und humorvoll geschriebener Wegweiser durch das Alltagsleben der Türkei; verfasst aus der Sicht einer in der Westtürkei lebenden deutschen Schriftstellerin.
- *Tim Kelsey:* **Gesichter der Türkei.** Hamburg 1999. Im Gegensatz zu *Yurtdaş* ein eher düsteres, teilweise exzentrisches und äußerst subjektiv gehaltenes Portrait der modernen Türkei; trotzdem ein interessanter Querschnitt politisch-kultureller Probleme.
- *Wilhelm Heitmeyer/Joachim Müller/Helmut Schröder:* **Verlockender Fundamentalismus – Türkische Jugendliche in Deutschland.** Frankfurt/M. 1997. Eine soziologische Studie über Selbstverständnis und Identitätsprobleme von in Deutschland lebenden türkischen Jugendlichen, eher geeignet für Lehrer u. a., die beruflich mit dieser Gruppe zu tun haben.

Türkisch-islamische Kulturkategorien – Ehre, Ansehen, Geschlechterrollen

- *Werner Schiffauer:* **Die Gewalt der Ehre.** Frankfurt/M. 2002. Hervorragende Darstellung der traditionellen türkischen Verhaltenskategorien – empfehlenswert!
- *Barbara Wolbert,* **Türkei – Arbeitsmaterial für den Landeskundeunterricht** in der Reihe Verhaltenspapiere (Heft 17), hrsg. v. Deutsche Stiftung für internationale Entwicklung, Zentralstelle für Auslandskunde, Bad Honnef 1998. Einfache und gut präsentierte Darstellung traditioneller Lebensbereiche und Verhaltensregeln.

- *Andrea Petersen:* **Ehre und Scham – das Verhältnis der Geschlechter in der Türkei.** Berlin 1988. Kurze, aber prägnante und aufschlussreiche Darstellung der entscheidenden Verhaltenskategorien im ländlichen (traditionellen) Bereich.
- *Nilüfer Göle:* **Republik und Schleier – Die muslimische Frau in der modernen Türkei.** Berlin 1995. Hervorragende, sozialwissenschaftliche Darstellung und Analyse des Selbstverständnisses türkischer Frauen in der modernen Türkei, versehen mit einem guten Überblick über den historischen Hintergrund der „Frauenfrage".
- *Fatima Mernissi:* **Harem – Westliche Phantasien, östliche Wirklichkeit.** Freiburg im Breisgau 2005. Kritisch-amüsante, eigenwillig inszenierte Suche der marokkanischen Wissenschaftlerin nach den verborgenen Harems in Ost und West, gleichzeitig ein Versuch über das orientalische bzw. westliche Geschlechterverständnis.
- *Omar Kaplan:* **Sexualität im Islam und in der türkischen Kultur.** Frankfurt a.M./Landeck 1989. Streng an Koran und Hadithe ausgerichtete Erläuterung der Sexualität im Islam.

Kunst und Literatur der Türkei

- *Yüksel Pazarkaya:* **Rosen im Frost – Einblicke in die türkische Kultur.** Zürich 1989. Mittlerweilen ein Klassiker der ins Deutsche übersetzten Einführungen in die Literatur- und Kunstgeschichte des Landes.
- *Yasar Kemal:* **Töte die Schlange.** Zürich 2004. Der Roman, der einer wahren Begebenheit folgt, beschreibt die komplexen, v. a. die destruktiven Wirkungen der Namus-Psychologie auf einen heranwachsenden Jungen, der schließlich seine eigene Mutter tötet.

Tradition und Mystik

- *Dschelalladdin Rumi:* **Aus dem Diwan.** Eingel. von Annemarie Schimmel, Stuttgart 1986. Reclam-Heftchen zum Einstieg in die Sufi-Mystik vom Mevlana der tanzenden Derwische.
- *Wendy Buonaventura:* **Bauchtanz – Die Schlange und die Sphinx.** München 1998. Ein geografisch wie historisch umfassender Versuch uber den „orientalischen Tanz".
- **Türkische Märchen.** Hrsg. v. *Adelheid Uzunoglu-Ocherbauer,* Frankfurt/M. 2000. Eine Sammlung alter, höchst heiterer Märchen, z. B. zur Einstimmung für die Reise ...

Die Reiseführer von Reis

Reisehandbücher
Urlaubshandbücher
Reisesachbücher
Edition RKH, Praxis

Algarve, Lissabon
Amrum
Amsterdam
Andalusien
Apulien
Athen
Auvergne, Cévennen

Barcelona
Berlin, Potsdam
Borkum
Bretagne
Budapest
Burgund

City-Trips mit Billigfliegern
City-Trips mit Billigfliegern, Bd.2
Cornwall
Costa Blanca
Costa Brava
Costa de la Luz
Costa del Sol
Costa Dorada
Côte d'Azur, Seealpen, Hochprovence

Dalmatien
Dänemarks Nordseeküste
Disneyland Resort Paris
Dresden

Eifel
El Hierro
Elsass, Vogesen
England, der Süden
Erste Hilfe unterwegs
Estland
Europa BikeBuch

Fahrrad-Weltführer
Fehmarn
Föhr
Formentera
Friaul, Venetien
Fuerteventura

Gardasee, Trentino
Golf von Neapel, Kampanien
Gomera
Gotland
Gran Canaria
Großbritannien

Hamburg
Helgoland
Hollands Nordseeinseln
Hollands Westküste
Holsteinische Schweiz

Ibiza, Formentera
Irland
Island, Faröer
Istanbul
Istrien, Kvarner Bucht

Juist

Kalabrien, Basilikata
Katalonien
Köln
Kopenhagen
Korfu, Ionische Inseln
Korsika
Krakau, Tschenst.
Kreta
Krim, Lemberg, Kiew
Kroatien

Landgang an der Ostsee
Langeoog
La Palma
Lanzarote
Latium mit Rom
Leipzig
Ligurien, Cinque Terre
Litauen
London

Madeira
Madrid
Mallorca
Mallorca, Leben/Arbeiten
Mallorca, Wandern
Malta, Gozo, Comino
Mecklenb./Brandenb.: Wasserwandern
Mecklenburg-Vorp. Binnenland
Menorca
Montenegro
Moskau
Motorradreisen
München

Norderney
Nordseeinseln, Dt.
Nordseeküste Niedersachsens
Nordseeküste Schleswig-Holstein
Nordspanien
Nordzypern
Normandie
Norwegen

Ostseeküste Mecklenburg-Vorp.
Ostseeküste Schleswig-Holstein
Outdoor-Praxis

Paris
Piemont, Aostatal
Polens Norden
Polens Süden
Prag
Provence
Provence, Templer
Pyrenäen

Rhodos
Rom
Rügen, Hiddensee
Ruhrgebiet
Rumänien, Rep. Moldau

Sächsische Schweiz
Salzburg, Salzkammergut
Sardinien
Schottland
Schwarzwald, südl.
Schweiz, Liechtenstein
Sizilien, Lipar. Inseln
Skandinavien, der Norden
Slowakei
Slowenien, Triest
Spaniens Mittelmeerküste
Spiekeroog
St. Tropez und Umgebung
Südnorwegen
Südwestfrankreich
Sylt

Teneriffa
Tessin, Lago Maggiore
Thüringer Wald
Toscana
Tschechien
Türkei, Hotelführer
Türkei: Mittelmeerküste

Umbrien
Usedom

Venedig

Know-How auf einen Blick

Wales
Wangerooge
Warschau
Wien

Zypern, der Süden

Wohnmobil-Tourguides

Kroatien
Provence
Sardinien
Südnorwegen
Südschweden

Edition RKH

Durchgedreht – Sieben Jahre im Sattel
Eine Finca auf Mallorca
Geschichten aus dem anderen Mallorca
Mallorca für Leib und Seele
Rad ab!

Praxis

Aktiv Algarve
Aktiv Andalusien
Aktiv Dalmatien
Aktiv frz. Atlantikküste
Aktiv Gardasee
Aktiv Gran Canaria
Aktiv Istrien
Aktiv Katalonien
Aktiv Polen
Aktiv Slowenien
All inclusive?
Bordbuch Südeuropa
Canyoning
Clever buchen, besser fliegen
Clever kuren
Drogen in Reiseländern
Feste Europas
Fliegen ohne Angst
Frau allein unterwegs
Fun u. Sport im Schnee
Geolog. Erscheinungen
Gesundheitsurlaub in Dtl. Heilthermen
GPS f. Auto, Motorrad
GPS Outdoor-Navigation
Handy global
Höhlen erkunden
Hund, Verreisen mit
Inline Skating
Inline-Skaten Bodensee
Internet für die Reise
Kanu-Handbuch
Kartenlesen
Kommunikation unterw.
Kreuzfahrt-Handbuch
Küstensegeln
Langzeitreisen
Marathon-Guide Deutschland
Mountainbiking
Mushing/ Hundeschlitten
Nordkap Routen
Orientierung mit Kompass und GPS
Paragliding-Handbuch
Pferdetrekking
Radreisen
Reisefotografie
Reisefotografie digital
Reisekochbuch
Reiserecht
Respektvoll reisen
Schutz vor Gewalt und Kriminalität
Schwanger reisen
Selbstdiagnose unterwegs
Sicherheit Meer
Sonne, Wind, Reisewetter
Spaniens Fiestas
Sprachen lernen
Survival-Handbuch Naturkatastrophen
Tauchen Kaltwasser
Tauchen Warmwasser
Trekking-Handbuch
Unterkunft/Mietwagen
Vulkane besteigen
Wandern im Watt
Wann wohin reisen?
Wein-Reiseführer Deutschland
Wein-Reiseführer Italien
Wein-Reiseführer Toskana
Wildnis-Ausrüstung
Wildnis-Backpacking
Wildnis-Küche
Winterwandern
Wohnmobil-Ausrüstung
Wohnmobil-Reisen
Wohnwagen Handbuch
Wracktauchen
Zahnersatz, Reiseziel

KulturSchock

Familienmanagement im Ausland
Finnland
Frankreich
Irland
Leben in fremden Kulturen
Polen
Rumänien
Russland
Spanien
Türkei
Ukraine
Ungarn

Europa

Wo man unsere Reiseliteratur bekommt:
Jede Buchhandlung Deutschlands, der Schweiz, Österreichs und der Benelux-Staaten kann unsere Bücher beziehen. Wer sie dort nicht findet, kann alle Bücher über unsere **Internet-Shops** bestellen.
Auf den Homepages gibt es **Informationen** zu allen Titeln:

www.reise-know-how.de oder **www.reisebuch.de**

Mit Reise Know-How ans Ziel

Die Landkarten des **world mapping project** bieten gute Orientierung – weltweit.

- Moderne Kartengrafik mit Höhenlinien, Höhenangaben und farbigen Höhenschichten
- GPS-Tauglichkeit durch eingezeichnete Längen- und Breitengrade und ab Maßstab 1:300.000 zusätzlich durch UTM-Markierungen
- Einheitlich klassifiziertes Straßennetz mit Entfernungsangaben
- Wichtige Sehenswürdigkeiten, herausragende Orientierungspunkte und Badestrände werden durch einprägsame Symbole dargestellt
- Der ausführliche Ortsindex ermöglicht das schnelle Finden des Zieles
- Wasser- und reißfestes Material
- Kein störender Pappumschlag, der das individuelle Falzen unterwegs und das Einstecken in die Jackentasche behindert

Derzeit sind über 160 Titel lieferbar (siehe www.reise-know-how.de), z. B.:

Türkei	**1:1.000.000**
Türk. Mittelmeerküste	**1:700.000**
Zypern	**1:250.000**
Ägypten	**1:1.250.000**

world mapping project
Reise Know-How Verlag, Bielefeld

KulturSchock

Diese Reihe vermittelt dem Besucher einer fremden Kultur wichtiges Hintergrundwissen. **Themen** wie Alltagsleben, Tradition, richtiges Verhalten, Religion, Tabus, das Verhältnis von Frau und Mann, Stadt und Land werden nicht in Form eines völkerkundlichen Vortrages, sondern praxisnah auf die Situation des Reisenden ausgerichtet behandelt. Der **Zweck** der Bücher ist, den Kulturschock weitgehend abzumildern oder ihm gänzlich vorzubeugen.

Bisher sind folgende Bände erschienen, weitere in Vorbereitung:

•Ägypten •Afghanistan •Argentinien
•Australien •Brasilien •VR China/Taiwan
•Cuba •Ecuador •Finnland
•Frankreich •Indien •Iran •Irland
•Japan •Jemen •Kambodscha
•Kaukasus •Kleine Golfstaaten/Oman
•Laos •Marokko •Mexiko •Pakistan
•Peru •Polen •Rumänien
•Russland •Spanien •Thailand
•Thailands Bergvölker und Seenomaden
•Ukraine •Ungarn •USA •Vietnam
•Vorderer Orient

- KulturSchock: Familienmanagement im Ausland
- KulturSchock: Mit anderen Augen sehen

Jeder Titel 208-324 Seiten, umfangreich illustriert, Register

REISE KNOW-HOW Verlag, Bielefeld

Türkisch lernen ohne Stress – am PC!

Kauderwelsch DIGITAL bringt das Kauderwelsch-Buch komplett Seite für Seite auf den Bildschirm, erweitert um die Möglichkeit, sich auf Mausklick jedes türkische Wort vorsprechen zu lassen. Die Funktionen von Buch und Begleitkassette sind hier kombiniert. Als Zugabe ist der Kauderwelsch AusspracheTrainer mit auf der CD, der sowohl am PC als auch in allen anderen Audio-CD-Geräten abgespielt werden kann.

Funktionen:

- Vorsprechen aller japanischen Wörter auf Mausklick
- leichtes Navigieren innerhalb des Buches
- Suchfunktion
- Vergrößerte Darstellung nach Bedarf
- Druckfunktion
- Anmerkungen einfügen, Textstellen farbig markieren und Bookmarks setzen.

Das ganze Programm unter: http://www.reise-know-how.de/buecher/digitalindex.html

Reise Know-How Verlag, Bielefeld

Kauderwelsch?
Kauderwelsch!

Die **Sprachführer der Reihe Kauderwelsch** helfen dem Reisenden, wirklich zu sprechen und die Leute zu verstehen. Wie wird das gemacht?

- Die **Grammatik** wird in einfacher Sprache so weit erklärt, dass es möglich wird, ohne viel Paukerei mit dem Sprechen zu beginnen, wenn auch nicht gerade druckreif.
- Alle Beispielsätze werden doppelt ins Deutsche übertragen: zum einen **Wort-für-Wort,** zum anderen in „ordentliches" Hochdeutsch. So wird das fremde Sprachsystem sehr gut durchschaubar. Ohne eine Wort-für-Wort-Übersetzung ist es so gut wie unmöglich, einzelne Wörter in einem Satz auszutauschen.
- Die **Autorinnen und Autoren** der Reihe sind Globetrotter, die die Sprache im Lande gelernt haben. Sie wissen daher genau, wie und was die Leute auf der Straße sprechen. Deren Ausdrucksweise ist häufig viel einfacher und direkter als z.B. die Sprache der Literatur. Außer der Sprache vermitteln die Autoren Verhaltenstipps und erklären Besonderheiten des Landes.
- **Jeder Band** hat 96 bis 160 Seiten. Zu jedem Titel ist ein begleitendes **Tonmaterial** erhältlich.
- **Kauderwelsch-Sprachführer** gibt es für rund 100 Sprachen in **mehr als 200 Bänden,** z. B.:

Türkisch – Wort für Wort

Kurdisch – Wort für Wort

Arabisch für Ägypten – Wort für Wort

Hocharabisch – Wort für Wort

Reise Know-How Verlag, Bielefeld

PRAXIS – für jedes Thema der richtige Ratgeber

Wer weiß schon, wie man sich Vulkanen nähert, Höhlen sicher erkundet, sich im Dschungel orientiert, ein Kanu steuert, seine Flugangst überwindet – oder einfach nur Flüge, Unterkunft und Mietwagen am cleversten bucht und mit einer Digitalkamera auf Reisen umgeht?
Die erfahrenen Autoren der Reihe PRAXIS vermitteln in jedem der über 100 Bände eine Fülle nützlicher Informationen und praktischer Tipps für alle Themen rund um Urlaub und Freizeit.

Hier eine kleine Auswahl:

- Als Frau allein unterwegs
- Clever buchen - besser fliegen
- Islam erleben
- Wüstenfahren
- Essbare Früchte Asiens
- Fliegen ohne Angst
- Handbuch für Tropenreisen
- Handy global
- Reisefotografie digital
- Respektvoll reisen
- Richtig Kartenlesen
- Sprachen lernen im Ausland
- Trekking Handbuch
- Wann wohin reisen?
- Was kriecht und krabbelt in den Tropen?
- Radreisen Basishandbuch

Weitere Titel siehe Programmübersicht und unter: www.reise-know-how.de.

Jeder Titel 144-176 Seiten, reich illustriert, handliches Taschenformat 10,5 x 17 cm, Glossar, Register und Griffmarken zur schnellen Orientierung

Reise Know-How Verlag, Bielefeld

Türkei

Die schönsten Ferienziele richtig erleben! Die Reiseführer aus dem **Reise Know-How Verlag** bieten umfassende Informationen und Hintergrundwissen von Spezialisten.

Manfred Ferner

CityGuide Istanbul und Umgebung

Der ausführliche Stadtführer mit Ausflugszielen rund um den Bosporus

408 Seiten, durchgängig farbig Illustriert, 18 Pläne und Karten, über 150 Fotos und 17 Hintergrundexkurse.

Sevan und Müjde Nisanyan

Türkei: Die schönsten kleinen Hotels

Der handliche Hotelführer für den etwas anderen Türkeiurlaub

240 Seiten, durchgängig farbig Illustriert, Übersichtskarten in den Umschlagklappen, über 200 Fotos, 50 Ortspläne und Karten.

Werner Lips

Nordzypern

Das erste deutschsprachige Reisehandbuch für diese faszinierende Region

384 Seiten, durchgängig farbig Illustriert, 22 Karten und Stadtpläne, über 90 Fotos.

Reise Know-How Verlag, Bielefeld

Kleine Sprachhilfe Türkisch

Das folgende Kapitel ist dem Kauderwelsch-Band 12, **Türkisch – Wort für Wort** (siehe Seite 247) entnommen, für den KulturSchock Türkei neu zusammengestellt und gekürzt.

Aussprache

Auch wenn sich das Türkische für deutsche Ohren erstmal sehr merkwürdig anhört – es ist doch ziemlich einfach, türkische Worte einigermaßen richtig, d. h. verständlich auszusprechen: Erstens haben wir im Deutschen teils ganz ähnliche Laute (die feineren Unterschiede bekommt man schon mit, wenn man gut hinhört). Und zweitens wird alles gesprochen „wie es geschrieben wird". Nur an ein paar neue Buchstaben muss man sich gewöhnen und daran, dass einige nicht wie im Deutschen ausgesprochen werden. In der folgenden Liste findet man alle diejenigen Buchstaben aufgeführt, für die das zutrifft. Bei allen anderen orientiert man sich an der deutschen Aussprache.

Abweichungen vom Deutschen	
ä, q, ß, w, x	kommen als Buchstaben im türk. Alphabet nicht vor
ç, ğ, ş, ı	gibt es nicht im deutschen Alphabet
c, e, h, j, s, v, y, r, z	haben eine andere Aussprache als im Deutschen

Betonung

Es gibt keine einheitliche Regel für die Betonung türkischer Wörter. Wichtig ist, dass es keinen so klaren Unterschied zwischen betonten und unbetonten Silben im Wort gibt. Je nach Stellung im Satz kann dann mal die eine, mal die andere Silbe als betonter erscheinen.

c	**cacık** Zaziki	stimmhaftes „dsch" wie in „Dschungel"oder engl. „Jim"
ç	**çok** viel, sehr	wie „tsch" in „Tschüss"
e	**gel** komm	wie das erste „e" in „essen" (nicht wie in „gehen"!)
ğ	**sağ ol** danke	nach a, ɒ, o, u nur als Verlängerung des Vokals hörbar
	değil nicht	nach e, i, ö, ü wie ein schwaches deutsches „j" (dejil)
h	**postahane** Postamt	zwischen zwei Vokalen wie deutsches „h"
	Salih (Name) **tahta** Tafel	vor Konsonanten und am Wortende wie „ch", aber meist etwas weicher (salich) (tachta)
ı	**anlamadım** ich habe nicht verstanden	(ohne i- Punkt!) ein sehr dumpfes ich- „i", fast wie das „e" in „alle" (bei nicht lässiger Aussprache)
j	**jambon** Schinken	wie „j" in Journal oder wie das zweite „g" in „Garage"
r	**Ankara**	sehr weiches Zungenspitzen „r"
s	**sen** du	stimmloses (scharfes) „s" wie in „Kuss"
ş	**şimdi** jetzt	wie „sch"
v	**hava** Wetter	wie deutsches „w" – Ausnahme: die Verbindung **av** vor Konsonanten wird ungefähr wie das deutsche „au" gesprochen (**kavga** – Streit)
y	**yarın** morgen	wie deutsches „j" in „ja"
z	**zaman** Zeit	stimmhaftes (weiches) „s" wie in „Saft"

Wichtige Wörter und Redewendungen

Die wichtigsten Fragewörter

nerede?	wo?	**hangi?**	welche(r, s)?
nereden?	woher?	**ne kadar?**	wieviel?
nereye?	wohin?	**ne zaman?**	wann?
neden?	warum?	**kaç zaman-dan beri?**	seit wann?
nasıl?	wie?	**kim?**	wer?
kimin?	wessen?	**kimi?**	wen?
ne?	was?		

Die wichtigsten Richtungsangaben

sağ	rechts	**sağa**	nach rechts
sol	links	**sola**	nach links
(dos) doşru	geradeaus	**geri**	zurück
karşı-nda	gegenüber	**hep devam**	immer weiter
uzak	weit	**yakın**	nah
yol kesimi	Kreuzung	**trafik lambası**	Ampel
şehirin dışarıda	außerhalb der Stadt	**merkez**	Zentrum
		tam burada	gleich hier
burada	hier	**orada**	dort
ileride	vorne	**ileriye**	nach vorne
geride	hinten	**geriye**	nach hinten

Die wichtigsten Zeitangaben

dün	gestern	**akşamleyin**	abends
bugün	heute	**geceleyin**	nachts
yarın	morgen	**her gün**	täglich
öbürgün	übermorgen	**önce**	früher
sabahleyin	morgens	**sonra**	später
öğleyin	mittags	**şimdi**	jetzt
öğle-den sonra	nachmittags	**yakında**	bald
... (-den/-dan)	vor (zeitl.)	**ondan önce**	davor
... (-den/-dan)	nach (zeitl.)	**ondan sonra**	danach
hiç bir zaman	nie	**seyrek**	selten
sık sık	oft	**hep, her zaman**	immer
hemen	sofort		

Die wichtigsten Floskeln & Redewendungen

ja	**evet**
nein	**hayır**
bitte (Aufforderung, Bitte)	**lütfen**
natürlich	**tabii**
keine Ursache	**bir şey değil**
danke (informell)	**sağ ol**
danke (bei Anrede mit Sie)	**sağ ol-un**
danke (sehr höflich)	**sağ ol-unuz**
Ich danke.	**teşekkür ed-er-im**
Danke gleichfalls!	**teşekkür ed-er-im, siz de**
Guten Morgen!	**gün aydin!**
Guten Tag!	**iyi gün-ler!**
Guten Abend!	**iyi akşam-lar!**
Herzlich willkommen!	**hoş gel-di-n (iz)** („Sie-Form")
Wie geht es Ihnen?	**nasıl-sınız?**
Leider schlecht.	**maalesef, iyi değil-im**
Danke gut.	**saş olunuz, iyi-yim.**
Auf Wiedersehen	**allaha ısmarladık** (Gehender) **güle güle** (Bleibender)
Hallo!	**merhaba!**
Tschüss!	**eyvallah!**
In Ordnung!	**tamam!**
Einverstanden!	**kabul!**
Achtung! Vorsicht!	**dikkat (et)!**
Ich weiß nicht.	**bil-m-iyor-um.**
Guten Appetit!	**afiyet ol-sun!**
Zum Wohl! Prost!	**şerefe**
Die Rechnung bitte!	**hesap, lütfen!**
Entschuldigen Sie!	**affed-er-siniz!**
Ich bitte um Verzeihung.	**özür dil-er-im.**
Ich spreche kaum Türkisch	**çok az türkçe konuş-uyor-um**
Wie bitte?	**efendim?**
Ich verstehe nicht.	**anla-m-ıyor-um.**
Spricht hier jemand Englisch?	**ingilizce konuşan var mı?**
Wie heißt das auf englisch?	**ingilizce ne demek?**
Wiederholen Sie bitte!	**tekrar ed-iniz! (et)!**
Sprich bitte langsamer!	**daha yavaş konuş, lütfen!**

Register

N

O

Schwarzes
(Kara
Varna
BULGARIEN
Edirne
Bosporus
(Boğaz)
Zonguldak
Pontische
Istanbul
Marmara Meer
(Marmara Deniz)
Dardanellen
Marmara-
Region
Bursa
Ankara
T Ü R
GRIECHENLAND
Zentralanatoli
Izmir
Ägäische
Küstenregion
Tuz Gölü
Pamukkale
Denizli
Eğirdir
Beyşehir
Antalya
Taurische Küstenregic
Rhodos
TÜRKISCHE REPUBLIK
NORDZYPERN
Lefkoşa
Zypern
MITTELMEER
(AKDENIZ)
LIBANO

Meer
Deniz)
Sotschi
Ordshonikidse
GEORGIEN
Kutaisi
Tbilissi
100 km
Sinop
Samsun
Trapzon
Rize
Jerewan
ARMENIEN
üstenregion
Erzincan
Erzurum
Dogu-
bayazit
Sivas
K
E
I
Ostanatolien
IRAN
Van
Van Gölü
Kayseri
Tigris
(Dicle)
Diyarbarkir
Nemrut
Daği
Atatürk Baraji
Südostanatolien
Mardin
Gaziantep
dana
Al Mawsil
Hatay
Haleb
Euphrat
(Firat)
SYRIEN
IRAK
Baghdad
Damaskus

Der Autor

Manfred Ferner, Jahrgang 1955, studierte Anglistik und Philosophie an der Universität Düsseldorf. Seine ausgedehnten Reisen führten ihn unter anderem durch viele islamische Länder zwischen Marokko und Bangladesh. Die Türkei bereiste er mehrfach, sodass er neben seiner Tätigkeit als Sprachlehrer für deutsche Firmen auch einen kulturellen Leitfaden für in der Türkei arbeitende Expatriates verfasste.

Im Jahr 1995 begann Manfred Ferner, für verschiedene deutsche Verlage Reisebücher zu schreiben, darunter auch einen Reiseführer über die türkische Mittelmeerküste zwischen Izmir und Kız Kalesi. Heute ist er als freier Reisejournalist tätig.

041tu Foto: td